Arnd Schimkat/Moses Wolff
Highway to Hellas

PIPER

Zu diesem Buch

Paladiki steht unter Schock: Die Deutschen kommen, um zu schnüffeln! Jörg Geissner – unfreiwilliger Neu-Single und Vollblutspießer – soll die korrekte Verwendung eines Kredits überprüfen. Doch angekommen auf Paladiki beginnt für den Banker eine Odyssee. Angeführt von dem gewitzten Gigolo Panos führen die Inselbewohner den Deutschen an der Nase herum. Geissner muss gegen ihre Schikanen kämpfen wie gegen die Köpfe der Hydra. Doch schließlich kommt er den Einheimischen näher und ihm wird klar: Der Ausgang seiner Reise entscheidet über die Zukunft der Insel. Geissner muss sich die Frage stellen, wem gegenüber er sich wirklich verantwortlich fühlt: Seiner Bank oder den Menschen von Paladiki …

Die Dreharbeiten zu »Highway to Hellas« begannen im Oktober 2014 auf der griechischen Insel Tinos. Die Regie übernahm Aron Lehmann, der gemeinsam mit dem Autorenduo auch für das Drehbuch verantwortlich ist. Für die Hauptrollen konnten Christoph Maria Herbst und Adam Bousdoukos gewonnen werden. Im August 2015 startete der Film in den deutschen Kinos.

Arnd Schimkat, geboren 1969, ist Schauspieler und Drehbuchautor. Er spielte in zahlreichen Rollen für das deutsche Kino und Fernsehen, unter anderem in den Kinofilmen »Nordwand«, »Otto's Eleven« und »Vaterfreuden«. Er wohnt in München-Pasing.
Moses Wolff, geboren 1969, ist Autor, Schauspieler und Komiker. Er schreibt regelmäßig für das Satiremagazin »Titanic« und ist Mitveranstalter der erfolgreichen Münchner Lesebühne »Schwabinger Schaumschläger Show«. Er wohnt in der Münchner Isarvorstadt.

Arnd Schimkat/Moses Wolff

HIGHWAY TO HELLAS

Roman

Mit 8 Seiten farbigem Bildteil

PIPER
München Berlin Zürich

Mehr über unsere Autoren und Bücher:
www.piper.de

MIX
Papier aus verantwortungsvollen Quellen
FSC® C083411

Ungekürzte Taschenbuchausgabe
1. Auflage Juli 2015
2. Auflage November 2015
© Piper Verlag GmbH, München/Berlin 2014
erschienen im Verlagsprogramm Piper Paperback
Umschlaggestaltung: Favoritbüro, München
Szenenfotos und Umschlagmotiv: © 2015 Pantaleon Films GmbH,
ARRI Film & TV Services GmbH, Warner Bros. Entertainment GmbH
Satz: Kösel Media GmbH, Krugzell
Gesetzt aus der Janson Text
Druck und Bindung: CPI books GmbH, Leck
Printed in Germany   ISBN 978-3-492-30871-7

Gewidmet allen, die Griechenland im Herzen tragen

1   Die Fähre vibrierte. Jörg Geissner kam sich vor wie in einem Spaceshuttle, das soeben Cape Canaveral verlassen hatte. Seiner Einschätzung nach lag das einzig und allein an der Achse, welche die Schiffsschraube antrieb. Wenn solch eine Antriebswelle auch nur eine winzige Unwucht hatte, dann übertrug sich das auf den gesamten Rumpf und das Schiff begann zu zittern. Das hatte er einmal in einem populärwissenschaftlichen Artikel gelesen, in dem es um Sollbruchstellen gegangen war. Das Fatale ist, erinnerte er sich, dass sich an solch einem Fehler im Nachhinein absolut nichts mehr ändern lässt. Es gibt Dinge, die entscheiden sich ganz am Anfang, im Grundsätzlichen. Wenn da gepfuscht wird, krankt das große Ganze. Dann vibriert die komplette Fähre. Wobei, diese Fähre vibrierte nicht nur, sie dröhnte regelrecht, und das ununterbrochen.

Geissner saß auf einem orangefarbenen Sessel, dessen Polster offenbar schon viel Flüssiges gesehen hatten. Der mehrsprachige Deckplan, der an zentraler Stelle neben den Treppen aushing und den Geissner ausführlich studiert hatte, zeigte in einem vielfarbigen Querschnitt den gesamten Aufbau des Schiffes. Ihm hatte Geissner entnommen, dass es sich bei den Sesseln um sogenannte Pullmansitze handelte. Die Sitzreihen waren in dem etwa zehn mal zehn Meter großen Passagierraum fast so dicht hintereinander montiert wie in dem Condor-Flugzeug, mit dem er am Vorabend nach Santorin geflogen war. Wie schon im Flieger stieß Geissner – knapp zwei Meter groß – mit seinen Knien an den Vordersitz.

In einer deutschen Werft wäre so etwas nicht passiert, dachte er, während er dem unablässigen Dröhnen lauschte.

Die besten Schiffsmotoren wurden schließlich nach wie vor in Deutschland gebaut. Gut, die Asiaten holten auf, aber die Nase vorn hatten immer noch die Deutschen. Diese Fähre war wieder mal ein kleiner Beweis. Auf dem Deckplan war nämlich ebenfalls zu lesen, dass die Fähre 1996 in Korea gebaut worden war. Es mochte ihm nicht in den Kopf gehen, dass ein Land wie Griechenland, das doch eigentlich traditionell eine große Seefahrernation war, heute sogar in dieser Branche zu großen Teilen vom Ausland abhängig war. Selbst den Chinesen hatten sie bedeutende Werften und Häfen, allen voran Piräus, überlassen! Der Gedanke machte Geissner ein wenig Angst.

Wie lange war er bereits auf diesem Schiff? Eine Stunde? Zwei? Das permanente Dröhnen schien ihm das Zeitgefühl zu rauben. Er blickte auf sein Handy: Sie hatten Santorin vor nicht einmal einer halben Stunde verlassen. Geissner seufzte. Wohl zum hundertsten Mal fragte er sich, wie er diese Reise überstehen sollte. Er hatte von Beginn an mit dem Schlimmsten gerechnet, und nun war alles noch viel schlimmer. Obwohl er nicht mit dem Auto reiste, hatte er die Fähre durch die Garage betreten müssen, in welche zuvor die Autos eingerollt waren. Als er durch die große Luke gegangen war, war ihm das Innere der Fähre wie die Vorhölle vorgekommen. Der ursprünglich blau lackierte Boden war mit Öl verschmiert, die Abgase der Fahrzeuge hatten bei ihm Würgereiz ausgelöst. Offenbar hatte das Autodeck keine ausreichende Lüftung. Es gab auch keine Beschilderung, die den Aufgang zum Passagierdeck auswies. Die Autos und Lkws waren so dicht geparkt, dass er an einigen Stellen nicht zwischen ihnen hatte hindurchgehen können und hatte umdrehen müssen, um einen anderen Weg durch das Labyrinth zu suchen. Als er endlich eine Tür gefunden hatte, hinter der eine Treppe in die Höhe führte, war ihm ein dunkelhäutiger

Mann mit ölverschmiertem Overall entgegengekommen, hatte ihm den Durchgang verwehrt und ihn wieder in die andere Richtung geschickt. Gefangen in dem stinkenden Labyrinth, hatte Geissner Schweißausbrüche bekommen, und der Würgereiz hatte sich in akute Atemnot verwandelt. Auch wenn Geissner es niemals zugegeben hätte: Er hatte kurz vor einer Panikattacke gestanden. Als er endlich den Eingang zum Passagierbereich gefunden gehabt hatte, hatte er seinen Augen kaum glauben können – eine silbern schimmernde Rolltreppe führte aus der Hölle des Autodecks nach oben in den Passagierbereich. Natürlich hatte die Rolltreppe erwartungsgemäß nicht funktioniert, und er hatte seinen blauen Rollkoffer und seine Aktentasche die Metallstufen hinaufschleppen müssen. Immerhin war ihm dort oben die Luft bedeutend frischer und kühler vorgekommen, und seine Panik hatte ein wenig nachgelassen.

Geissner ließ seinen Blick durch den Passagierraum schweifen. Er blieb an der königsblauen Auslegeware hängen, die dem Interieur wohl ein maritimes Ambiente verleihen sollte. Doch ähnlich wie die Sitze wies auch der Teppich viele unappetitliche Flecken auf. Obwohl Geissner das Autodeck gerammelt voll vorgekommen war, war der Passagierraum vergleichsweise leer, die meisten der Pullmansitze waren verwaist. Vor ihm saß eine Familie, die Chips aus einer absurd großen Tüte aß und den Boden unter ihren Sitzen vollkrümelte. Das waren sie also, die Nachfahren der einst so großen Seefahrernation. Blasse, Chips essende Gestalten mit dicklichen Kindern. Wären das die Argonauten gewesen, sie wären keine hundert Meter weit gekommen.

Geissner sinnierte oft und gern auf diese Weise. Er wusste, dass andere Menschen das nicht taten, es womöglich sogar seltsam fanden. Geissner jedoch war davon überzeugt, dass gerade die Fähigkeit, Zusammenhänge zu erkennen, sein größtes Kapital in seinem Job war. Neben seinem Interesse für Zahlen und Technik natürlich. Als Kreditmanager musste man sich seiner Ansicht nach möglichst umfassend bilden und auf dem Laufenden sein, ähnlich wie ein Politiker oder ein, ja durchaus, Geheimagent. Schon als Zwölfjähriger hatte er James-Bond-Filme und *Yps*-Hefte mit ihren Gimmicks geliebt. Er hatte fast sein ganzes Taschengeld dafür ausgegeben. Als er elf gewesen war, hatte er sich einen tragbaren Kassettenrekorder gekauft, den er mit in die Kinos genommen hatte. Als er vierzehn gewesen war, hatte er alle James-Bond-Filme von *Dr. No* bis *Moonraker* auf Kassette aufgenommen. Und noch heute hörte er sie sich ab und an gerne zum Einschlafen an.

Inzwischen bezog er sein technisches Wissen jedoch in erster Linie aus der einzigen Zeitschrift, die er seit Jahren abonniert hatte: das *P. M. Magazin*, Peter Moosleitners interessantes Magazin. Die meisten Artikel darin fand er tatsächlich interessant. Außerdem mochte er, dass der Name des Magazins seinem Inhalt entsprach, im Gegensatz zu den meisten anderen journalistischen Erzeugnissen. Was, bitte sehr, hatte er Britta einmal gefragt, hat zum Beispiel *Der Spiegel* mit einem Spiegel zu tun? Oder der *Stern* mit einem Stern? Wenn bereits beim Titel derart geflunkert wurde, dann konnte doch der Inhalt nur unseriöser Quatsch sein. Britta hatte ihn amüsiert angesehen und ihm einen Kuss gegeben.

Das Dröhnen der Fähre, so schien es Geissner, hatte in den letzten Minuten noch einmal zugenommen. Um sich abzulenken, öffnete er seinen Aktenkoffer und holte die neueste Ausgabe des *P. M.* hervor. Ein reicher Unternehmer erklärte in einem Artikel über aufblasbare Raumstationen, dass die herkömmlichen Modelle zu schwer, unflexibel und sehr teuer seien. Geissner hätte gerne mehr erfahren, doch die hinter ihm sitzenden spanischen Touristen unterhielten sich in einer Lautstärke, die sogar das Dröhnen übertönte. So konnte sich ja niemand konzentrieren. Ständig stand einer von ihnen auf, um neue Getränke oder Snacks von der kleinen schmuddeligen Bar zu holen. Geissner räusperte sich einige Male geräuschvoll, doch es half nichts – die Spanier beachteten ihn nicht.

Schließlich gab Geissner es auf und beschloss, aufs Außendeck zu flüchten. Umständlich fädelte er sich aus der Reihe der orangefarbenen Sitze und ging zu einer lackierten Stahltür mit Bullauge, die ins Freie führte. Die Federung der Tür war enorm hart eingestellt, er musste alle Kraft aufwenden, um sie aufzustemmen, was mit Rollkoffer und Aktentasche kein einfaches Unterfangen war. Draußen schlug ihm der Wind hart ins Gesicht. Er atmete tief die Seeluft ein. Sie schmeckte salzig und roch fischig. Außer ihm stand nur eine uralte Greisin an Deck, die ihm aufgrund ihrer wie mumifiziert wirkenden Gesichtshaut schon im Flieger aufgefallen war. Sie lächelte zufrieden vor sich hin und blickte auf die Wellen. Ihr Lächeln erinnerte ihn an das Lachen eines Totenkopfes. Ab und an schien sie im Fahrtwind zu schnuppern, wobei ein weicher Ausdruck in ihr Gesicht trat. Geissner fragte sich, was die alte Frau so erfreute. Seitlich, im Dunst am Horizont, konnte Geissner eine kleine Inselgruppe ausmachen. Die felsigen Silhouetten schienen unbewachsen zu sein. Genauso karg wie Santorin, erinnerte sich Geissner, wo er nach zweieinhalbstündigem Flug und einem öligen Abendessen die gestrige Nacht in einem maroden Hotel zugebracht hatte. Er begriff nicht, warum so viele Deutsche die Ägäis abgöttisch liebten, ihre Urlaube hier verbrachten und, wie die alte Frau, offenbar ein sehr emotionales Verhältnis zu ihr hatten. Geissner blinzelte hinüber zu den kleinen karstigen Inseln. Er konnte beim besten Willen nichts erkennen, was derart positive Emotionen auslösen oder rechtfertigen würde. Die Inseln waren völlig kahl und dunstverhangen. Wahrscheinlich unbewohnt.

Geissner beugte sich über die Reling und sah in die Tiefe. Das Wasser direkt unter ihm, am Rumpf der Fähre, war kobaltblau. Eine schöne, erhabene Farbe, zugegeben. Hob man jedoch den Blick und ließ ihn über die Wasseroberfläche gleiten, wurde das Blau immer blasser, bis es sich irgendwann in dem Schleier am Horizont auflöste. Egal wohin Geissner blickte, er sah nichts als eine lebensfeindliche Einöde am – mit Verlaub – Arsch der Welt. Oder besser: Arsch von Europa. Geissner verzog die Lippen zu einem dünnen Grinsen. Ja. Genau. Arsch von Europa. Das passte. Nicht einmal einen Fisch hatte er bisher gesehen.

Er schielte zu der alten Dame hinüber, die mit geschlossenen Augen den Kopf in die Sonne hielt und noch immer lächelte. Sie strahlte eine starke, ganz und gar glückliche Energie aus. Geissner war genervt. Er empfand ihr offensichtliches Wohlbehagen als aufdringlich und ausgestellt. Er wandte sich ab und ging eine kleine steile Treppe hinauf. Sein blauer Rollkoffer verkeilte sich mehrfach in dem Geländer.

Endlich oben angekommen, befand er sich nicht wie erwartet auf dem Oberdeck, sondern stand vor einer Tür, die in die erste Klasse führte. Obwohl er nur ein Ticket für die zweite Klasse besaß, trat er ein und setzte sich auf einen der Plätze. Ihm fiel auf, dass der Raum scheinbar die gleiche Größe und Ausstattung besaß wie der Pullmansitzbereich unten in der zweiten Klasse, nur dass hier die Polsterbespannung nicht orangefarben, sondern blau war. Auch der Abstand zwischen den Sitzen war der gleiche. Bis auf die unterschiedliche Farbe sah auch die Bespannung identisch aus, abgenutzt und schäbig. Das war also die erste Klasse. Sicher doppelt so teuer wie die zweite, dachte Geissner und schüttelte den Kopf über diese Unverfrorenheit der Griechen.

Kaum hatte er sich gesetzt, stand plötzlich ein etwa zehnjähriger Junge vor ihm und starrte ihn an. Der Bub war allem Anschein nach griechischer Abstammung, hatte schwarzes Haar und trug ein T-Shirt mit dem Aufdruck »*Get my balls*«. Er war geradewegs auf Geissner zugekommen, frontal, direkt von vorn. Das fand Geissner ausgesprochen dreist. Woher kam diese Selbstsicherheit und Nonchalance? Der Knirps war vermutlich noch in der Grundschule, schätzte er, sofern die in Griechenland überhaupt noch in Betrieb waren.

Der Junge fragte ihn etwas auf Griechisch. Geissner verstand nichts außer dem Wort »Basketball«. Er hasste es, von Fremden angesprochen zu werden, noch dazu in einer fremden Sprache. Wenn sie dann auch noch die dämliche Basketballfrage stellten, verzweifelte er. Nur weil er zwei Meter und drei Zentimeter groß war, hieß das noch lange nicht, dass er zwangsläufig Basketball spielte. Denn das musste es doch sein, was dieser Dreikäsehoch, der ihn ungeniert anlächelte, wissen wollte. Unwirsch winkte Geissner ab und tat so, als müsste er dringend telefonieren. Der Junge blickte ihn ratlos an.

Geissner machte mit der flachen Hand beschwichtigende Bewegungen in seine Richtung, hielt sich das Smartphone ans Ohr und drehte sich weg. »Hallo?«, rief er einer imaginären Person zu. »Erwerben Sie sämtliche festverzinslichen Wertpapiere! … Wie bitte? Nein, ich spreche von Wertpapieren, nicht von Fonds!« Geissner lugte mit einem Auge zu dem Jungen. Dieser stand immer noch regungslos da und verfolgte Geissners sonderbares Verhalten. »Kommunalobligationen!«, bellte Geissner in sein Smartphone, um das Dröhnen zu übertönen. Gleichzeitig ließ er dramatisch die Schlösser seiner Aktentasche aufschnappen und kramte in den Papieren. »Dadurch werden KÖRPERSCHAFTEN abgesichert! Das kann doch nicht so schwer sein!«

Aus dem Augenwinkel sah er, wie der Junge sich entfernte. Der Ordnung halber telefonierte er noch etwas weiter. In Gedanken überschlug er, wie oft es ihm im Leben schon passiert war, dass ihn jemand für einen Basketballspieler gehalten hatte. Überhaupt war seine Größe oft Anlass für Verlegenheitswitze auf Partys oder in Gesellschaften. »Und? Ist die Luft da oben gut?«, oder: »War dein Vater Leuchtturmwärter?« Geissner ließ sich nie etwas anmerken, doch insgeheim ärgerte er sich darüber. Er hatte sich seine Körpergröße schließlich nicht ausgesucht. Ungefähr mit vierzehn war er enorm in die Höhe geschossen und hatte alle überragt. Dadurch hatte er stets das Gefühl gehabt, ein wenig anders zu sein als die anderen. Hinzu kam, dass er schon in der Schule wegen seiner Größe gehänselt wurde. Bohnenstange, Lulatsch, langes Elend – das waren nur ein paar der Spitznamen, die er von Klassenkameraden verpasst bekommen hatte. Manchmal fragte er sich, ob er es aufgrund seiner Körperlänge damals schwerer gehabt hatte als andere, vor allem mit den Mädchen.

Mit etwa sechzehn Jahren war er in ein Mädchen aus der Parallelklasse verliebt gewesen. Sie hieß Sabine, hatte kurze blonde Haare und volle Lippen. Sie war in der Oberstufe auf Geissners Schule gewechselt und hatte von Beginn an enormen Eindruck auf ihn gemacht.

Eines Morgens, die Schüler strömten gerade ins Schulgebäude, stand der Schuldirektor am Haupteingang. Vielleicht erwartete er einen Lieferanten oder einen Handwerker – wer weiß schon, was Schuldirektoren tun. Geissner wollte gerade das Gebäude betreten, als Sabine direkt vor seiner Nase am Direktor vorbeilief und der Träger ihrer Schultasche riss. Die Tasche fiel zu Boden.

»Scheiße!«, fluchte Sabine.

»Na, na, na! Was du in den Mund nimmst, nehm ich ja nicht mal in die Hand!«, sagte der Direktor zu ihr.

Langsam hob sie den Kopf, lächelte den Direktor an und antwortete: »Da wäre ich mir an Ihrer Stelle nicht so sicher.«

Der Direktor lief puterrot an, und Geissner konnte eine Erektion nicht verhindern. Von da an wollte er Sabine näher kennenlernen.

Sie fuhr im Sommer immer mit dem Fahrrad in die Schule. Eines Mittags fasste Geissner sich ein Herz und wartete bei den Fahrradständern auf sie. Als Sabine kam, das Trägershirt am Bauch zu einem Knoten gebunden, sodass ihre nackte Taille zu sehen war, sammelte er all seinen Mut und fragte sie, ob sie ein Eis mit ihm essen gehen wolle. Er würde sie auch einladen. Erst sah sie ihn völlig perplex an. Dann fragte sie ihn, ob er spinne. Offenbar wollte sie nicht mit ihm gesehen werden oder hielt ihn für zu langweilig, um Zeit mit ihr verbringen zu dürfen. Eine andere Erklärung für Sabines Verhalten hatte er damals nicht gehabt. Und heute im Grunde auch nicht.

»Gut, bei Peak minus zehn abstoßen. Bis dann!«, beendete Geissner sein fiktives Telefonat und schloss seine Aktentasche.

Es hatte ganze zwei Jahre gedauert, bis er sich getraut hatte, wieder mit einem Mädchen zu sprechen. Um genau zu sein, hatte sie ihn angesprochen. Es war Britta gewesen. Seine Britta. Was war nur schiefgelaufen mit ihnen beiden? Er hatte sich solche Mühe mit ihr gegeben, von Anfang an, dreiundzwanzig Jahre lang. Dann, vor einem knappen halben Jahr, war ihnen ihre Liebe abhandengekommen, und sie hatte sich von ihm getrennt, ganz plötzlich. Sie hatte ihn als »Stalker« beschimpft, weil er ab und zu bei ihr angerufen hatte – gut, manchmal mehrmals am Tag – und weil sie herausgefunden hatte, dass er ihr Handy übers Internet hatte orten lassen. Aber probierte so etwas nicht jeder einmal aus?

Er lehnte sich zurück und betrachtete sein Gesicht im spiegelnden Display seines Handys, das er noch immer in der Hand hielt. Im Grunde habe er ein sympathisches Gesicht, hatte Britta ihm einmal gesagt. Kein schönes, aber ein sympathisches. Zwar sehe er ein bisschen aus wie eine Maus – spitze Nase, fliehendes Kinn –, dafür habe er leuchtende Augen und ein nettes Lächeln, das er allerdings zu selten zeige. Sein Vater hingegen hatte ihn früher immer spöttisch »eine graue Maus mit technischer Begabung« genannt. Geissner steckte das Handy in die Innentasche seines Jacketts. Heute hatten er und sein Vater kaum noch Kontakt. Sie schickten sich zum Geburtstag Postkarten, damit sie nicht miteinander sprechen mussten. Es störte ihn nicht. Er hatte nie die Nähe seines Vaters gesucht oder danach gestrebt, ihm ähnlich zu sein. In Geissners Augen war sein Vater sein Leben lang zu emotional und unvorsichtig gewesen, vor allem mit Frauen.

Inzwischen war sein Vater pensioniert und verbrachte die meiste Zeit zu Hause. Dem Drängen von Geissners Mutter, er solle sich doch ein Hobby oder ein Ehrenamt suchen, gab er nicht nach. Er saß entweder im Wohn- oder im Esszimmer, löste ununterbrochen Kreuzworträtsel und sprach so gut wie nie. Vermutlich war sein Schweigen die stumme Rache an seiner Frau dafür, dass sie ihn wie einen Hund an die Leine genommen hatte. Nicht zuletzt aufgrund dieser Entwicklung war Geissner aus Prinzip sehr vorsichtig, wenn er mit Frauen zu tun hatte. Er fand die meisten Damen launisch und unberechenbar.

Als Geissner dann das Abitur bestanden hatte, hatte sein Vater zu ihm gesagt: »Die Geissners sind Kaufleute, das liegt ihnen im Blut. Fang bei mir in der Fabrik an, da kannst du nichts falsch machen.« Geissner hatte ihm geantwortet, dass er das vergessen könne, schließlich sei er nicht bescheuert.

Die Fabrik sei immerhin so gut wie pleite. Als Geissner dann im Bankgewerbe gelandet war, hatte sein Vater gesagt: »Im Prinzip auch Kaufmann!« Nach der Lehre in der Augsburger AVA-Bank war Geissner übernommen und von seinem Arbeitgeber zum Kreditmanager ausgebildet worden. Der Job hatte sich als Glücksfall erwiesen. Sein ganzes Wesen schien wie dafür geschaffen. Inzwischen war er zwanzig Jahre dabei und hatte sich während dieser Zeit nicht ein einziges Mal die Frage gestellt, ob er das Richtige tat. Britta hatte manchmal gesagt, er sei irgendwo in seiner Entwicklung stehen geblieben, weil er zwar pflichtbewusst sei, aber in keiner Weise nach Karriere, nach Verantwortung, nach Höherem strebe. In seinen Augen jedoch trug Jörg enorme Verantwortung: Er bestimmte, er ganz allein, welches Darlehen einem Kunden bewilligt wurde und welches nicht. Er allein bestimmte, ob sich jemand ein Haus bauen, eine Wohnung oder einen Geländewagen kaufen konnte. Aber auch größere Geschäfte überprüfte er. Ob mit dem Geld seiner Bank Firmen gegründet wurden, Patente in Serie gingen, Arbeitsplätze geschaffen wurden. Mit anderen Worten: Er entschied, ob Träume Wirklichkeit wurden oder nicht. Das Schicksal so vieler Menschen hing allein von ihm ab. Hopp oder top. Stillstand oder Fortschritt. Elend oder Aufbruch. Er hatte es in der Hand. Was für eine größere Verantwortung könnte es geben? Dabei nicht von allen geliebt zu werden konnte er gut aushalten. Die größten Konflikte gab es ohnehin nicht mit den Kunden, die ein Darlehen händeringend benötigten oder nicht zurückzahlen konnten, sondern mit den Kollegen in der Beratungsabteilung, die am liebsten jeden Kredit sofort bewilligen würden. Immer wieder beschwerten sie sich, Geissner vereitle ihnen ein Jahrhundertgeschäft, wenn er Kredite nicht freigab. Dabei überprüfte er anhand der Zahlen lediglich ganz nüchtern das Ausfallrisiko. Überstieg es die zulässige Toleranzgrenze, dann schob er einen Riegel vor, und aus der Sache wurde nichts. Da war er absolut unbestechlich. Seit Frau Dr. Merkels Spar-Appell aus dem Jahr 2008 nannte ihn sein Chef Herr Laichinger unter vier Augen deswegen gerne »Die schwäbische Hausfrau«, was Geissner keineswegs als Beleidigung auffasste, im Gegenteil.

Umso größer die Ironie, dachte er bitter, dass ausgerechnet seine Zuverlässigkeit ihm nun diesen Höllentrip eingebracht hatte.

2 Panagiotis Kritikakis saß vor seinem kleinen Minimarkt und rauchte eine Zigarette. Mit schräg gelegtem Kopf blickte er auf den Stapel internationaler Groschenromane, der vor dem kleinen Häuschen an der Hafenkante von Paladiki-Ort lag und den er schon lange einmal alphabetisch sortieren wollte. Doch seine Kunden – im Sommer überwiegend Touristen – brachten stets ein solch verheerendes Chaos in seinen Laden, dass er es immer wieder bleiben ließ. Nach drei Tagen wären die Bücher ohnehin wieder völlig durcheinander.

Langsam inhalierte er den Rauch seiner Zigarette. In den letzten Jahren hatte er sein Sortiment immer weiter aufgestockt. Neben Zeitschriften, Lebensmitteln und einer großen Auswahl an alkoholischen Erfrischungsgetränken gab es auch Bürobedarf, Tabakwaren, schöne, lustige oder frivole Postkarten, DVDs, Anglerbedarf, Gesellschaftsspiele, Reiseführer, CDs, gerahmte Gemälde, Kondome und weitere Drogerieerzeugnisse, Andenken aller Art, Sandalen, Tupperware, Flossen, Taucherbrillen und ausgesucht schöne Bademode für sie und ihn.

In seinem Shop war den ganzen Vormittag schon wenig los gewesen. Es war Anfang Juni, die Saison hatte gerade begonnen, und täglich stiegen neue Touristen von der Fähre. Panagiotis, der von allen nur Panos genannt wurde, war zuversichtlich, dass dieser Sommer ein guter werden würde. Die letzten beiden Jahre waren schwierig gewesen. Nicht so sehr für ihn als für die Insel insgesamt. Einige Hotels und Restaurants hatten das Ausbleiben der Sommergäste vom Festland nicht überlebt, und natürlich hatte auch er Einbußen gehabt.

Viele Einwohner Paladikis, allen voran die Rentner und Familien, kauften weniger bei ihm, nachdem ihnen die Pensionen und Zuschüsse dramatisch gekürzt worden waren. Wie stark diese Einbußen waren, wusste er nicht genau. Er hatte noch nie Buch geführt, obwohl das neuerdings gesetzlich vorgeschrieben war. Doch die Gesetze scherten Panos nicht. Athen war weit weg, und auf Paladiki hatte man seit Menschengedenken eigene Gesetze. Sie regelten das Zusammenleben, das Erleben und das Ableben, wie Panos gerne sagte, und in besonders schwierigen Zeiten auch das Überleben auf der Insel. Davon abgesehen, wer sollte die Einhaltung dieser neuen Gesetze schon überwachen? Die Polizei? Die einzige Polizeistation im Umkreis von zweihundert Kilometern befand sich auf der regionalen Hauptinsel, mit dem Boot immerhin eine Dreiviertelstunde entfernt. Die drei dort stationierten Polizisten hatten bei den Inselbewohnern einen Ruf wie die Zöllner bei Jesus: korrupte Arschlöcher. Sollten die sich mal lieber um die echten Probleme kümmern, dachte Panos grimmig, als er aufstand, um sich ein Getränk aus dem Laden zu holen. Probleme gab es schließlich zuhauf, seitdem die EU-Troika, allen voran Deutschland, über sein Land bestimmte, als wäre Griechenland eine unmündige Kolonie. Und diese drei gottlosen Idioten steckten ihre ganze Kraft in den Schutz der bestehenden Besitzverhältnisse. Das bedeutete: Es wurde dem gedient, der ihnen am meisten Geld in das Umschlägchen, das »*fakelaki*«, steckte. Auch deswegen empfand Panos es als Zumutung, sich von der staatlichen Obrigkeit sagen zu lassen, was er zu tun oder zu lassen habe.

Ansonsten aber war Panos – trotz seines manchmal rauen Auftretens – ein friedfertiger Mensch. Er hatte ein freundliches Gesicht und lange Koteletten, die in Griechenland »*favorites*« heißen, und er liebte seine kleine Insel Paladiki mit einer Inbrunst, die er nicht in Worte fassen konnte.

Wahrscheinlich hatte das Ausmaß seiner Liebe auch damit zu tun, dass er als Fünfjähriger für acht Jahre nach Deutschland in eine Stadt namens Dortmund »verschleppt« worden war, wie er es nannte. Im ersten Jahr, so schien es ihm im Rückblick, hatte es jeden Tag vierundzwanzig Stunden lang geregnet. Die folgenden Jahre war es nicht viel besser gewesen. Abartiges, jahrelanges Heimweh hatte ihn geplagt, und immer wenn seine Eltern mit ihm nach den Sommerferien, die sie bei seinem Großvater auf Paladiki verbracht hatten, wieder nach Deutschland hatten aufbrechen müssen, hatte sich Panos bis zur Besinnungslosigkeit widersetzt. Mit dreizehn hatten seine Eltern endlich ein Einsehen gehabt, und er hatte bei seinem Großvater auf Paladiki bleiben dürfen, einem stolzen, wenngleich melancholischen, weil früh verwitweten Mann, der eine kleine Bäckerei betrieben hatte. Seitdem hatte Panos Paladiki nur noch zweimal verlassen. Das erste Mal, als er zu einem Spiel seiner geliebten Fußballmannschaft AEK nach Athen gefahren war, um die weniger geliebten Fans der gegnerischen Mannschaft Panathinaikos ordentlich aufzumischen. Das zweite Mal hatte er seinem Bruder Kostas anlässlich dessen Hochzeit in Volos einen Besuch abgestattet. Damit war es aber auch genug gewesen. Wozu sollte er diesen Ort verlassen? Er liebte den Wind, die Kräuter und die umgefallenen Säulen am Fuß des kleinen Hügels neben der Reihe von Eukalyptusbäumen. Er verehrte die Zypressen, die Pinien und die kleine Tanne am Ortseingang, die ein georgischer Fremdenlegionär einst eigenhändig gepflanzt hatte. Außerdem das große Feld Minze im Hinterland, das er von seinem Großvater geerbt hatte und das im heißen Sommer 2003 zu einer Streitigkeit zwischen ihm und dem Betreiber der damals ansässigen und bereits im Jahr darauf wieder geschlossenen Bar Entaxi geführt hatte. Der Gastronom hatte immer frühmorgens, als er Panos noch in tiefem Schlaf wähnte, büschelweise Minzblätter stibitzt, um mit ihnen abends Cocktails für die Touristen zuzubereiten. Er hatte nicht eingesehen, wieso er beim Getränkehändler dafür hohe Geldbeträge zahlen sollte, wenn man die Minze umsonst pflücken konnte. Panos jedoch war stolz auf seine Minzwiese und sorgte regelmäßig durch eigenhändiges Düngen für ihr prächtiges Gedeihen. Er hatte den Barbesitzer aufgefordert, ihn an den Einnahmen aus den Cocktails zu beteiligen, und als Panos Druck gemacht hatte, hatte man sich schließlich darauf geeinigt, dass er jederzeit umsonst dort trinken dürfe.

Das konnte Panos gut: trinken. Und Druck machen. Er war ein kräftiger Mann um die vierzig und besaß eine Ausstrahlung, die Entschiedenheit ausdrückte. Wenn ihm etwas nicht passte, suchte er die Konfrontation und scheute auch vor Handgreiflichkeiten nicht zurück. Zwar hatte er bereits ein wenig angegraute Haare, doch das fiel kaum auf, da Panos meistens eine schwarze Baseballkappe trug, die er nur von Zeit zu Zeit lüftete, wenn ihm zu warm wurde oder wenn er einer Aussage besonderes Gewicht verleihen wollte. Fremden gegenüber war er schweigsam, im Freundeskreis dafür stets zu Scherzen aufgelegt. Außerdem war er kein Kostverächter. Zumindest nicht, wenn es um Frauen, Bier oder gutes Essen ging. Nur das Rauchen nervte ihn etwas, wegen des Hustens. Er hatte es bereits öfters aufgeben wollen, allerdings war es ihm immer nur für ein paar Stunden gelungen. Schon mehrmals hatte er hochspektakulär eine fast volle Zigarettenschachtel in ein offenes Feuer oder ins Meer geworfen, um sich zu beweisen, dass es das jetzt mit der Raucherei gewesen war. Doch kaum stand ein Glas Bier vor ihm, war auch die nächste Packung am Start.

Er liebte die Frauen, und viele Frauen fühlten sich von ihm angezogen. Touristinnen waren sein Spezialgebiet. Ihm fielen immer spontan lustige Storys ein, die er ihnen erzählen und mit denen er sie für sich gewinnen konnte. Im Alter von zwanzig Jahren hatte er eine Begegnung mit einer irischen Blondine gehabt. An jenem Abend hatte er ein wenig den Boden unter den Füßen verloren, da er das Flunkern unnötig übertrieben hatte: Um der sommersprossigen, feenhaften Frau zu gefallen, erzählte er, er sei Pilot bei Olympic Airways, einer renommierten griechischen Fluglinie. Ihr gefiel das, und sie wollte im Laufe des Abends immer mehr von seinen Fliegergeschichten hören. Ihm aber wurde das Lügen lästig. In der Hoffnung, die Situation würde sich klären und in Gelächter auflösen, übertrieb er über alle Maßen und erzählte ihr, dass es seine Spezialität sei, mit seiner Linienmaschine im Kanal von Korinth unter der Autobrücke hindurchzufliegen. Doch selbst das glaubte die Irin ihm bewundernd und schmiegte sich noch fester in seine Arme. Als sie die Insel verließ, um an einer Busreise zu den antiken Anlagen von Delphi teilzunehmen, musste ihr Bus ebenjene Brücke überqueren, von der Panos gesprochen hatte. Schockiert sah sie, wie schmal der Kanal war und dass ein Unterfliegen der Autobrücke praktisch unmöglich war. Heulend rief sie bei ihm an – was damals noch schwierig gewesen war, da es auf Paladiki nur etwa fünf Fernsprecher gegeben hatte, aber sie hatte die Nummer der Bäckerei seines Großvaters gehabt und ihn an die Strippe bekommen. Er rechnete damit, eine ordentliche Standpauke zu bekommen, doch zu seinem größten Erstaunen schluchzte sie vor Sorge um ihn und flehte ihn an, zugunsten ihrer Liebe solch ein gefährliches Unterfangen doch bitte in Zukunft zu unterlassen. Panos versprach es ihr. Sie sollte ihn schließlich in guter Erinnerung behalten. Gesehen hatte er sie trotzdem nie wieder. Das war normal. Zuerst schrieben ihm die Frauen wöchentlich Liebesbriefe, die er nie beantwortete. Im Winter wurden es dann schon deutlich weniger, und nur die hartnäckigsten blieben dran. Aber auch dann hielt er still. Ein paarmal war es passiert, dass die eine oder andere Frau im darauffolgenden Jahr wieder vor seinem Laden gestanden hatte, aber damit hatte er immer umzugehen gewusst. Meistens flammte die Liebe dann noch einmal auf. Gar nicht mochte er hingegen, wenn ihn Jahre später eine seiner Liebschaften samt Ehemann und Kindern aufsuchte und wie einen alten Freund behandelte. Das war in seinen Augen das Taktloseste, was man tun konnte, um eine heilige Erinnerung zu zerstören.

Aus der Pilotengeschichte aber hatte er gelernt, und ein Fehler dieser Art war ihm nie wieder passiert. Wenn er mit Frauen sprach, sagte Panos immer die Wahrheit. Wenn das nicht ging, dann sagte er lieber nichts, und wenn auch das mal nicht ging, dann wechselte er das Thema. Damit war er seitdem gut gefahren.

3   Geissners Martyrium hatte vor ein paar Tagen mit
     einer ausgeklügelten PowerPoint-Präsentation be-
gonnen. In einer der zahlreichen Sitzungen, an denen er
und die anderen Mitglieder des mittleren Managements wöchentlich teilnehmen mussten, hatte Dr. Bernhard Laichinger, Vorstand der AVA-Investmentabteilung und Geissners
direkter Vorgesetzter, das Problem enthüllt. Ein nicht un-
erhebliches Darlehen, welches die AVA vor zwei Jahren einer
kleinen griechischen Inselgemeinde bewilligt hatte, beruhe
wahrscheinlich auf nicht korrekten Angaben. An dem huf-
eisenförmigen Tischarrangement hatten neben Geissner,
Laichinger, der Sekretärin Frau Bonatz und zwei Mitarbei-
tern noch drei honorige Herren aus dem Aufsichtsrat Platz
genommen. Die Sache musste wichtig sein, dachte Geissner.
Allerdings schien keiner der Aufsichtsräte geistig sonderlich
anwesend zu sein, was wiederum dafür sprach, dass die Angelegenheit auf höherer Ebene bereits entschieden worden
war und es nur noch um die Verkündung geschaffener Tat-
sachen ging.
     Sein Chef Dr. Laichinger liebte es, im Konferenzraum
seine Präsentationen über einen Beamer laufen zu lassen.
Dabei wurde er von seinem Assistenten Sebastian Fuchs
unterstützt, den Geissner nicht ausstehen konnte. Er war ein
Speichellecker und Dampfplauderer. Fuchs' Job bestand darin, Laichingers Texte ins Reine zu schreiben und mit Ani-
mationen zu versehen. Er durfte zudem den Beamer bedienen. Immer wenn Laichinger die Fakten einer an die Wand
geworfenen Bildschirmseite präsentiert hatte, sagte er in
Fuchs' Richtung das Wort »*Sheet!*«, und Fuchs drückte einen

Knopf auf seinem Laptop. Geissners Meinung nach war Fuchs ein Vollidiot, der sich vermutlich sein Leben lang mit PowerPoint-Animationen beschäftigen könnte, ohne dass ihm je langweilig würde. An diesem Tag hasste er Fuchs besonders, da die Fakten, die dieser an die Wand warf, Geissner und seine Abteilung in ein schlechtes Licht zu rücken drohten.

Die griechische Inselgemeinde habe, erklärte Laichinger, den Kredit seinerzeit für den Bau eines Elektrizitätswerks und einer Krankenstation beantragt. Intern sei der Antrag vom Kollegen Geissner und seiner Abteilung bearbeitet und bewilligt worden.

Geissner erinnerte sich gut. Es war kurz vor Ausbruch der Schuldenkrise in Griechenland gewesen. Alle Unterlagen, die ihm damals vorgelegen hatten, hatten von Laichingers Assistenten gestammt und waren von Geissner gewissenhaft auf Herz und Nieren geprüft worden. Fuchs war es auch gewesen, der ihn wochenlang gedrängt hatte, er solle doch endlich das Darlehen freigeben, in Griechenland gehe es gerade »um Leben und Tod«. Die Unterlagen waren in Ordnung gewesen, der vorgelegte Finanzplan wasserdicht, also hatte Geissner das Darlehen schließlich bewilligt. In den folgenden Monaten trafen in unregelmäßigen Abständen Unterlagen aus Griechenland ein, aus denen hervorging, dass die Insel Paladiki große Aufträge an Energie- und Bauunternehmen ausgeschrieben und vergeben hatte. Einmal waren den Unterlagen sepiafarbene Bilder mit Umrissen eines großen abgeholzten Areals beigelegt, auf dem Menschen in altmodischer Arbeitskleidung herumstanden und Spaten in die Erde stießen. Geissner hatte sich beim Anblick der Bilder gefragt, ob man für den Bau eines Elektrizitätswerks nicht auch moderne Bautechnik benötigte, seine Bedenken aber für sich behalten. Seine Zuständigkeit war die Vergabe von

Krediten, nicht die Kontrolle ihrer Verwendungen. Trotzdem wurde Geissner nun während der Präsentation immer nervöser.

»Warum au immer des Darlähe domols bewilligt worrde isch«, sagte Laichinger in seinem väterlichen Schwäbisch und warf Geissner einen vielsagenden Blick zu, »jetz schtellet mr fescht: Houschton, mir hänn a Broblem! Fuchs: *Sheet!*«

An der Wand erschien die Vergrößerung eines Digitalfotos, auf dem die Umrisse eines Rohres oder einer Leitung in einem Lichtkegel zu erkennen waren. Der Rest der Aufnahme war pechschwarz, bis auf eine Qualle, die links oben durchs Foto schwamm.

»Des Bild isch ä Woch alt und wurd vor dr Küscht dr Insel Paladiggi von em Taucher aufgnomme«, erklärte Laichinger. »Dr Taucher isch übrigens ä Bekannder von onsrem Kolleg Fuchs, der grad zufällig vor Ort Urlaub gmacht hot.« Fuchs grinste und hob entschuldigend die Handflächen. Geissner hasste diese Geste. »Des nur korz am Rand, damid Se verschdehä, wie ons des Bild erroichd hod. Feschd schtehd: Bei dr Leidung, die Se uf dem Bild sehe könned, handelt's sech ganz eindeudig – mir hänn des prüfe lasse – um a tüpischs Seekabl, des normalerwois nur oin Zwegg hot: Schdromtransport von Ah nach Beh.«

Laichinger warf einen bedeutungsschwangeren Blick in die Runde. Niemand sagte ein Wort. »Moine Dame und Härre, des bedeuded: Mir müsset d' Möglichkoid in Betrachd ziehe, dass uf derrere Insel gar koi E-Wärgg baut worde isch, sondern de Insel immerno vom Feschtland aus met Schdrom versorgd werd. Des Gleiche gild wahrscheinlich au für de dorddige Grangeschdazion ... Fuchs, fahret Se mal ab.«

Fuchs fummelte übertrieben geschäftig am Beamer und am Laptop herum. Auf der Leinwand erschien ein Zeitungsartikel. Die Überschrift lautete: »24-Stunden-Blackout in den nördlichen Kykladen«, und darunter: »Schleppnetz verursacht Schaden an Seekabel«.

»Den Artiggl vonerer lokalen deutschsprachigen Zeitong hot mr onsre PR-Abdeilung zukomme lasse. I hann dene Borsche gsagt, se sollet amol den Rescherschemotor anwerfä. Ond tatsächlich: Dr Artiggl beschdätigt die Beobachtung von onsrem Taucher! Do schteht, dass d' Insel Paladiggi seit viele Joahr vom Feschtland aus übr ä Seekabl zuverlässig met Schdrom versorgt wird. Dr Bau vonenem Eleggdrizitätswärgg auf derrer Insel, so wie mrs angäblich finanziert hänn, wär also ä völlig sinnlose Inveschdizion.«

Fuchs schaute Geissner mitleidig an, so als wäre das alles auf seinem Mist gewachsen.

Aber Gott sei Dank dachte Laichinger einen Schritt weiter. »D'schlechte Nachrichd: Wahrscheinlich sen mr von de Grieche übers Ohr ghaue worde. D' gute Nachrichd: D'kriminelle Ader von dene Grieche reddet ons auf gut Deutsch vielleicht sogar en Arsch. Fuchs, *Sheet!*«

Die Aufsichtsräte merkten auf. Anscheinend hatte Laichinger sie doch nicht in alles eingeweiht. Das nächste Bild der Präsentation zeigte einen unbebauten, wunderschönen, menschenleeren, ungefähr zweihundert Meter breiten Sandstrand. Das Foto musste einem Reisekatalog entnommen worden sein, so makellos paradiesisch war die Kulisse. Das Wasser leuchtete türkis und ließ den beinahe weißen Sand eindrucksvoll erstrahlen. Wunderschön geformte Marmorfelsen und steile Klippen links und rechts des Strandes wachten majestätisch über die Bucht. Dort wo der Strand ins Hinterland überging, wuchsen silbergrüne Distelgewächse zwischen hellen Kieseln. Einzelne Kiefern ragten dahinter auf, und noch weiter hinten hob sich ein Olivenhain sanft gegen den strahlend blauen Himmel ab.

»Des isch dr Schtrand, den die Grieche als Sicherhoit für

den Kredid hinterlegt hänn. Und zufälligerwois hann i grad en Inveschtor an dr Hand, der gröschtes Interesse hot, hier ordentlich was neizbuttre … Fuchs, Sie sen dran!«

Fuchs betätigte geräuschvoll eine Taste seines Laptops. Nach und nach sah man, penibel animiert, wie auf dem Strand samt Hinterland eine gigantische Ferienanlage mit Swimmingpools, Tennisplätzen, einer Tauchstation, Motorbooten, Liegestühlen, Bars und asphaltierten Wegen entstand.

Laichinger versuchte, sich die Erregung, die die Präsentation auslöste, nicht anmerken zu lassen. »Simmer ährlich: Im Grund wisset mr doch alle, dass es de Grieche met dr Wahrhoit net so genau nähmet«, sagte er versöhnlich. Dann jedoch hob er die Stimme und rief kämpferisch: »Aber diesmol hänn se sech met de Falsche eiglasse! Alles, was mr tun müsset, isch nachzweise, dass mr tatsächlich betroge worde sen und dass es des E-Wärgg in Wahrhoit gar net gibt. Nå schlaget mr zu und fordret den Kredid zrügg. De Grieche werdet net zahle könne, weil des Geld natürlich längscht in de Tasche von irgendwelche korrupde Beamte verschwunde isch. Und dann, moine Dame und Härre, holet mr ons den Schtrand!«

Die Anwesenden schwiegen. Laichinger hatte die Fäuste geballt, und sein Kopf war rot angelaufen. Er blickte erwartungsvoll in die Runde. Nach einer längeren Pause fing einer der Aufsichtsräte langsam an, mit den Fingerknöcheln auf den Tisch zu klopfen. Die anderen Aufsichtsräte fielen ein, schließlich alle anderen. Fuchs atmete auf. Der Kelch war an ihm vorübergegangen. Laichinger hob die Hände, der Applaus verebbte.

»Moine Dame und Härre, i dank Ihne. Trotzdäm würd i empfehle, dass mr diesmol Nägel met Köpf machet. Des hoißt: Mir holet ons den Nachwois direkt vor Ordd. Damet de Schlawiner ons net wieder reinleget. Klartekschtt: Mir schigget jemanden nå.«

Geissner runzelte die Brauen. »Das wird aber sicher kein Honigschlecken, bei der momentanen Deutschenfeindlichkeit da unten«, erlaubte er sich einzuwerfen. Dass die Griechen die Schuld für das Spardiktat, die Rentenkürzungen, die hohe Arbeitslosigkeit und was weiß Gott noch alles in erster Linie den Deutschen gaben, war schließlich kein Geheimnis. Entsprechend gut würden sie auf den Kollegen zu sprechen sein, den die Bank entsandte. Mit zynischem Grinsen ergänzte Geissner: »Am besten, wir schicken jemanden, den wir hier nicht all zu sehr vermissen werden, falls er gelyncht wird.«

Geissner fand seinen Scherz sehr gelungen und konnte sich ein Kichern nicht verkneifen. Die Aufsichtsräte blickten peinlich berührt auf ihre Hände.

Laichinger nickte. »Se hänn absolut rächt, Härr äh …« Geissner war es gewohnt, dass Laichinger seinen Namen nicht wusste oder zumindest so tat. Nun war er gespannt, wer denn der Glückliche sein würde, der die Reise antreten durfte. »Deswäge hänn mr da au an Sie 'dacht, Härr äh …«

Geissners Gesichtszüge entgleisten.

4   Panos seufzte und goss sich Wasser aus einer
     Karaffe in ein Glas mit Eiswürfeln und Ouzo. Die
klaren Flüssigkeiten färbten sich milchig. Ach ja, die Touristinnen. Diese Saison war es Brigitte, die er liebte. Vor zwei
Tagen hatten sie die Nacht miteinander verbracht. Sie hatten
getanzt, geschmust, getrunken und ausgezeichneten Sex gehabt. Deutsche Frauen waren Panos grundsätzlich sympa-
thisch, vielleicht lag das an seiner Dortmunder Kindheit.
Gleichzeitig war er immer offen für andere Nationalitäten
und lernte jede Saison mindestens eine neue hübsche Touristin kennen. Das war eine anständige, keineswegs maßlose
Quote für einen *kamaki*, wie er einer war. Doch diese Saison
war es anders als sonst.

Im vergangenen Jahr hatte er Jessica kennengelernt und
eine wundervolle Zeit mit ihr verbracht, und so schön es
aktuell mit Brigitte auch war, er kriegte Jessica einfach nicht
aus dem Kopf. Das war ihm noch nie passiert. Normalerweise
galt bei Frauen: aus den Augen, aus dem Sinn. Vielleicht lag
es ja an seinem Alter, überlegte er, während er sein Getränk
mit einem Plastikeislöffel umrührte. Wurde er allmählich
sentimental?

Jessica war mit ihrer Freundin Sabine nach Beendigung
ihres Studiums im Griechenlandurlaub gewesen und hatte
eine knappe Woche auf Paladiki zugebracht. Zunächst war
alles wie immer gewesen. Jessica war eine hübsche, blonde
junge Frau Mitte zwanzig, hatte ein bezauberndes Lächeln
und eine hellenische Figur. Sie mochte sowohl zarten als auch
wilden Sex, trank gern ein Schlückchen und strahlte die pure
Lebensfreude aus. Sie hatte zwei leicht vorstehende Mäuse-

zähnchen, die ihrem ohnehin hübschen Gesicht etwas Unverwechselbares gaben. Panos hatte sich ein wenig in sie verliebt, und als er es bemerkte, dieses Gefühl sogleich unterdrückt. Das gehörte zu seiner professionellen Routine.

Doch selbst eine Woche nach ihrer Abreise hatte er, trotz einer durchzechten Nacht und der tröstenden Umarmung einer jungen australischen Europareisenden, seine Sehnsucht nach Jessica nicht überwunden. Und das Schlimmste war: Jessica schien es ähnlich zu gehen. Sie hatte ihm bereits einige Briefe geschrieben, aber bis jetzt war Panos seinem Grundsatz treu geblieben und hatte ihr nicht geantwortet. Obwohl er diesmal im Prinzip dazu bereit gewesen wäre, ja er sich im Grunde sogar wünschte, Kontakt zu ihr aufzunehmen! Aber es fiel ihm einfach nicht ein, was er ihr hätte schreiben können. Solange er ihr nicht schrieb, bestand außerdem die Hoffnung, dass diese seltsamen Gefühle, die er für sie hegte und über die er bisher mit niemandem gesprochen hatte, vielleicht doch noch von selbst wieder verschwanden. In den kühlen Wintermonaten befand sich Panos ohnehin im »Winterschlaf«, wie er stets sagte. Das war keine gute Zeit zum Schreiben. Und in den Saisonmonaten war so viel los – Bestellung von Waren, Abrechnungen, Treffen mit Freunden, neue junge Touristinnen …

Dennoch hatte Panos ein schlechtes Gewissen, weil er Jessicas Briefe unbeantwortet ließ. In letzter Zeit plagten ihn die Gedanken immer öfter. Denn wenn er ehrlich war, war sie eine der tollsten Frauen, die ihm je begegnet waren. In ihrem letzten Brief hatte sie geschrieben, sie möge seinen Geruch, seine Freiheitsliebe, seinen Hang zur Anarchie und seine Freude an gutem Essen. Panos erinnerte sich, wie sie ihn davon überzeugt hatte, dass es falsch sei, Zigarettenschachteln, Bierdosen und andere unorganische Materialien ins Meer zu werfen. Sie hatte ihm gezeigt, dass man manche

Dinge theoretisch auch anders tun konnte, als er sie tat. Erstaunlicherweise hatte er dies nicht als Kritik aufgefasst, sondern im Gegenteil als bewusstseinserweiternde Offenbarung. Sicher lag das auch an Jessicas Art. Sie war nie belehrend oder altklug, sondern meist vergnügt und bei allen Aktivitäten dabei. Außerdem hatte sie ihm ein deutsches Sprichwort beigebracht, das ihm seit ihrer Abreise oft durch den Kopf ging. Mithilfe eines Wörterbuches hatte er es ins Griechische übersetzt. Auf Griechisch hieß es: »*Me to ena podi den boreís na statheís*«, und auf Deutsch: »Auf einem Bein kann man nicht stehen.«

Panos griff nach dem Glas und blickte versonnen über den Hafen von Paladiki, mit seinen bunten Bötchen und Fischkuttern, die sanft auf den Wellen schaukelten. Die Sonne stand hoch am Himmel, es war brütend heiß. Der klapprige Sonnenschirm warf seinen Schatten auf Panos' Plastikstuhl, die brummende Eistruhe und den Zeitungsständer. In einer extrem langsamen, gleichwohl fließenden Bewegung, bei der er den kleinen Finger abspreizte, hob er das Glas zum Mund und trank es in einem Zug leer. Mit der gleichen Langsamkeit stellte er das Glas auf den Tisch zurück, zog sich seine Baseballkappe tiefer in die Stirn und schloss die Augen. Kurz darauf sank ihm der Kopf auf die Brust, und Panos begann, wie meistens um diese Tageszeit, leise zu schnarchen. Keiner wusste, wovon Panos träumte, wenn er sein Schläfchen vor dem Minimarkt hielt, aber sein Gesichtsausdruck war stets friedlich. Hätte jemand genau hingesehen, hätte er erkennen können, dass Panos im Schlaf die Lippen bewegte. Und hätte er noch genauer hingesehen, hätte er erahnen können, dass sie internationale Frauennamen aus aller Welt formten. Allerdings wäre es keinem Menschen eingefallen, Panos bei seinem Mittagsschlaf zu belauschen oder zu beobachten. Die Siesta war heilig auf Paladiki.

Doch diesmal wurde Panos bei seinem Nickerchen beobachtet. Vor ihm hatte sich eine Ziege postiert und glotzte ihn aus nächster Nähe an. Als sie ihn schließlich mit einem lauten Blöken aus dem Schlaf riss, brauchte Panos einige Sekunden, um die Situation zu erfassen. Dann versuchte er, das Tier mit einer minimalistischen Handbewegung wie eine Fliege zu verscheuchen. Schließlich war es Mittag, und noch bestand die Chance, zurück in den sanften Traum zu entschwinden. Doch das Tier gab keine Ruhe. Wie die berühmte Collie-Hündin, die so lange bellt, bis der dumme Mensch versteht, dass irgendwo jemand gerettet werden muss, meckerte sie weiter. Panos wurde wütend. Ruckartig richtete er sich in seinem Plastikstuhl auf und starrte der Ziege zornig in die Augen. Die wiederum starrte zurück. Panos zischte bedrohlich: »*Skata!* Scheiße! Es reicht, verdammt noch mal! Mach, dass du verschwindest!« Als hätte sie ihn verstanden, setzte sich die Ziege langsam in Bewegung. Panos sah ihr hinterher und beleidigte sie zur Sicherheit noch einmal. »*Malakka!*«, was er offenbar für ein angemessenes Schimpfwort für eine Ziege hielt. Da bemerkte Panos einen handflächengroßen Fleck auf Brusthöhe seines kurzärmligen Hemdes, dann etwas Speichel auf seinem Kinn. Hatte das Vieh ihn vollgesabbert? Oder hatte er im Schlaf ein wenig getropft? Mit angewidertem Gesicht ging er in seinen Minimarkt, der aus allen Nähten platzte. Panos wusste, dass er jetzt nicht noch einmal würde einschlafen können. Was für ein Scheißtag!, dachte er wütend. Ohne sein Hemd aufzuknöpfen, zog er es sich über den Kopf und hängte es zum Trocknen an einen Nagel in der Wand. Sein freier Oberkörper zeigte erstaunlich dichte Behaarung, genauso wie seine Beine, die in bunten Badeshorts steckten und auf deren Hinterseite sich der Abdruck des Plastikstuhls abzeichnete. An den Füßen trug er Ledersandalen, die zu Panos gehörten wie die Sonne zu Paladiki. Er setzte sich hinter seine türkisfarbene Holztheke, die er vom Vorbesitzer übernommen hatte und die inzwischen einfach alt und schön war. Im Inneren seines Shops ging zwar kein frischer Wind, und die Abwärme der Kühlgeräte machte es sogar noch ein wenig heißer als draußen, aber immerhin trauten sich keine Ziegen in den Laden.

Er hatte gerade wieder die Augen geschlossen, da begann das Faxgerät neben der Kühltruhe für Wurst- und Milchprodukte zu brummen. Panos war der einzige Bewohner auf der Insel, der ein Faxgerät besaß. Daher kamen sämtliche Faxe bei ihm im Minimarkt an, auch die offiziellen. Es sei denn, er hatte aus Versehen vergessen, Papier einzulegen.

Halb nackt saß er hinter seiner Kasse und beobachtete in aller Seelenruhe den Druckvorgang. Lässig griff er hinter sich ins Regal und fischte, ohne das Fax aus den Augen zu lassen, eine volle Schachtel Assos heraus, öffnete sie und zündete sich mit einem Streichholz eine Zigarette an. Den ersten Zug inhalierte er mit einem gekonnt gequälten Gesichtsausdruck, als hätte er in eine Zitrone gebissen.

Die Fähre neigte sich nun stärker von der linken auf die rechte Seite. Offenbar war die See rauer geworden. Geissner wollte gerade seine Lektüre über aufblasbare Raumstationen fortsetzen, als er spürte, dass er beobachtet wurde. Er blickte auf. Der kleine griechische Junge stand mit den Füßen auf dem Polster seines Sitzes zwei Reihen vor ihm und blickte über die Rückenlehne nervös in seine Richtung. Geissner wandte rasch den Blick ab, bevor der Bengel sich ermutigt fühlen könnte, ihn erneut anzusprechen. Aus den Augenwinkeln sah er, dass auch der Vater des Jungen mit gehetztem Blick zu ihm nach hinten schaute. Geissner zog langsam die Augenbrauen zusammen. Was, bitte, sollte das? Kannten die Griechen keinen Anstand? Plötzlich sprang der Mann auf. Jörg erschrak. Der dunkle Teint des Mannes hatte sich innerhalb von Sekunden in ein gräuliches Lindgrün verwandelt. Der Grieche stürmte auf Geissner zu, an ihm vorbei und hinter ihm durch eine Tür. Kurz darauf vernahm Geissner würgende Geräusche. Er blickte sich um und bemerkte, dass sich sein Erste-Klasse-Pullmansitz direkt neben den Toiletten befand. Vermutlich hatten die beiden nicht ihn angestarrt, sondern nach dem Sanitärbereich Ausschau gehalten. Nichts ist, wie es scheint, schoss es Geissner durch den Kopf, und er beschloss, auf der Hut zu sein, wenn es darum gehen würde, den griechischen Betrügern das Handwerk zu legen.

Nach und nach standen weitere Mitreisende mit blassen, angespannten Gesichtern auf, gingen ins Freie oder postierten sich in der Nähe der Toiletten. Geissner fragte sich, warum die Nachfahren einer einst so mächtigen Seefahrernation so leicht seekrank wurden. Er hielt kurz inne, dann verzog er die Lippen zu einem dünnen Lächeln: Brachte diese Frage die derzeitige Lage Griechenlands nicht ungemein treffend auf den Punkt? In seinen Augen war es von vornherein ein Fehler gewesen, Griechenland mit in den Euro zu nehmen. Aber ihn hatte ja keiner gefragt. Nun aber, als er sich auf einer abgetakelten Fähre voller Seekranker einer kleinen Insel am äußersten Rand der zivilisierten Welt näherte, wurde ihm klar, wie richtig er damals gelegen hatte.

Ihm selbst machte das Schwanken nichts aus. Der Seegang wirkte eher beruhigend auf ihn. Um von den Toiletten wegzukommen, setzte er sich noch einmal um, in die Nähe der Tür, die aufs Außendeck führte. Neben ihm schlief ein junges Pärchen. Geissner musterte die beiden verstohlen: Der Mann war Ende zwanzig, unrasiert, hatte aber ansonsten einen gepflegten, muskulösen Körper. Sie, vielleicht zwei Jahre jünger, lehnte schlafend mit ihrem Kopf auf seiner Brust und sah – würde ihr Mund nicht offen stehen – durchaus anmutig aus. Ihr Freund machte dagegen einen ziemlich jämmerlichen Eindruck. Aus seinem linken Mundwinkel floss ein wenig Speichel, gelegentlich entfuhr seinem Schlund ein grunzendes Geräusch, wobei er jedes Mal leicht zusammenzuckte. Schön sah das nicht aus, fand Geissner. Überhaupt war es erstaunlich, wie sehr der Schlaf Menschen entstellen konnte.

Geissner wandte den Blick ab und dachte an das erste und bisher einzige Mal, das er in Griechenland gewesen war. Es lag bereits Jahrzehnte zurück, er war damals dreizehn gewesen. Sein Vater und sein Onkel hatten ihn auf eine Reise der Deutschen Kriegsgräberfürsorge mitgenommen. Der kleine Jörg hatte nicht die geringste Lust gehabt, doch seine Mutter hatte ihn unter Tränen gebeten, mitzufahren und darauf zu achten, dass der Vater sich keine Griechin anlachte.

Zwei Wochen lang waren die Erwachsenen damit beschäftigt gewesen, Kriegsgräber zu reinigen und zu katalogisieren. Sie waren damals kein einziges Mal im Meer schwimmen gewesen oder hatten sonst wie Urlaub gemacht. Alleiniger Sinn und Zweck der Reise hatte darin bestanden, nach den sterblichen Überresten von Geissners Großvater mütterlicherseits zu suchen, der im April 1941 in Griechenland gefallen war. Großvater Siegfried war, wie Geissner aus Erzählungen seiner Mutter wusste, ein musisch hochbegabter Mann gewesen, der gerne gescherzt hatte und stets mit einem Zigarillo anzutreffen gewesen war, was die wenigen verbliebenen Fotografien belegten. Auch Geissners Großmutter Adelheid wusste amüsante Anekdoten vom Siggi zu berichten, zum Beispiel wie er sich einmal in den Dreißigerjahren im Münchner Tierpark als Journalist ausgegeben und seinen Lieben dadurch freien Eintritt verschafft hatte. Ebenso oft sprach sie von dem Trick mit der Münze im Weinglas, den der Großvater oft bei Abendgesellschaften vorgeführt hatte, an dessen Sinn und Zweck sich allerdings niemand mehr erinnern konnte. Jedenfalls war der Siggi eine Nummer gewesen, da waren sich alle einig. Umso tragischer, dass er bei einem Gefecht nahe der Stadt Lamia angeschossen worden war. Die Wunde hatte sich entzündet, und der Siggi sei, so die Familienlegende, im Lazarett fern der Heimat verstorben. Angeblich war er auf einem Soldatenfriedhof begraben worden. Leider waren die Angaben diesbezüglich ausgesprochen dürftig. Und so machten sich Vater und Onkel eines Tages im Sommer 1982 auf, den Siggi auszubuddeln.

Damals gab es eine Art Milchreis mit Zimt, der *Rizogalo* hieß. Das erste Mal hatte es diese Köstlichkeit nach dem Essen in einem Restaurant gegeben, und der junge Jörg wollte ab diesem Moment nichts anderes mehr. Die Griechen jedoch wollten den unerwünschten Gästen keinesfalls entgegenkommen und verweigerten ihm diesen Nachtisch.

Jörg sprach zwar kein Griechisch, verstand aber, dass sie, jedes Mal wenn er in demselben Lokal danach fragte, schamlos in seiner Gegenwart über ihn sprachen und mehrmals die Worte »*Rizogalo*« und »*Malakka*« benutzten. Erst Jahre später erfuhr er in einem griechischen Lokal in Ulm, was »*Malakka*« bedeutete. Es war ein griechisches Schimpfwort für einen Mann, der sich gern selbst befriedigte. Noch heute ärgerte sich Jörg über diese Verspottung.

Geissner hatte bis auf den Rizogalo nur wenige Erinnerungen an den Aufenthalt, außer an jenen Tag, als sein Vater ihn zum ersten Mal in seinem Leben gelobt hatte. Sie hatten in einer kleinen Ortschaft westlich von Volos die Inschriften auf einem Kriegsgrabstein freigelegt. Sein Vater hatte ihm ein kleines Taschenmesser gegeben und ihn aufgefordert, sich an der Arbeit zu beteiligen. Da das Messer die Inschriften auf den Grabsteinen jedoch eher zerkratze als freilegte, kam Geissner auf die Idee, eine Zahnbürste zu benutzen. Er hatte glücklicherweise von seiner Mutter eine nagelneue eingepackt bekommen und konnte guten Gewissens seine alte opfern. So schrubbte er vorsichtig mit der Bürste an den Inschriften herum, aber auch diese Methode führte nicht zum Ziel. Er überlegte hin und her. Schließlich holte er sich einen kleinen Eimer mit Wasser und schrubbte die Grabinschriften mit der vom Schulzahnarzt empfohlenen Zahncreme Ajona sauber. Das Ergebnis war beeindruckend. Sein Vater hatte ihm auf die Schulter geklopft und mit einem Lächeln gesagt: »Gut gemacht, 007!«

Letztlich war die »Operation Findet-Großvater« völlig ergebnislos verlaufen, und Geissner hatte seither alle Sommerurlaube mit seinen Eltern und später mit Britta im Allgäu oder in Südtirol verbracht. Nun musste er erneut nach Griechenland, und wieder hatte er nicht die geringste Lust. Nein, er empfand tiefe Abscheu. »Operation Insel-Challenge« hatte

Laichinger das Projekt getauft und mehrmals betont, dass man sich voll und ganz auf ihn, die schwäbische Hausfrau, verlasse. Geissner blickte aus dem salzverkrusteten Fenster auf das aufgewühlte Meer und konnte immer noch nicht fassen, womit er das verdient hatte.

6 Panos starrte noch immer mit verzerrtem Gesicht dem Rauch seiner Zigarette hinterher, als drei Touristen zur Tür hereinkamen, zwei Frauen und ein Mann. Eine der Frauen kannte er: Brigitte, die Deutsche, mit der er vorgestern die Nacht verbracht hatte. Sie war hellblond und ihre Freundin brünett. Beide trugen sie Bikinis und hatten jeweils ein Strandtuch um die Hüften geschlungen. So wie sie dastanden, mit ihren gebräunten Körpern und noch leicht feuchten Haaren, waren sie für Panos Sinnbilder der Vollkommenheit, ja des Göttlichen. Sofort regte sich seine Männlichkeit. Der junge Mann, der hinter den beiden Touristinnen den Laden betreten hatte, wurde von den Frauen dermaßen überstrahlt, dass Panos ihn zunächst gar nicht bemerkt hatte. Alle drei Kunden nahmen sich eine 0,33-Liter-Dose Bier der Marke Fix aus dem Kühlregal und stellten sie vor Panos auf die Theke. Der Augenaufschlag, mit dem Brigitte ihn bedachte, ließ vermuten, dass sie einer weiteren Nacht mit ihm nicht abgeneigt wäre.

»Servus, Panos«, sagte sie mit bayerischem Akzent.

»*Yiassou, Brigitte, agapi mou.* Wie geht es dir, mein Schatz?«

Panos sprach aufgrund seiner frühen Jahre in Dortmund gut Deutsch, allerdings pflegte er – aus Prinzip – einen deutlichen griechischen Akzent.

»Passt eh guad. Mir reisen heut Mittag ab. Bringst du uns zum Schiff?«

Panos sah Brigitte einen Moment in die Augen, bevor er antwortete. Sein charmanter und zugleich subtil lüsterner Blick verriet, dass ihr Augenaufschlag seine Wirkung nicht verfehlt hatte. Charmant und gleichzeitig lüstern – für Panos war das kein Widerspruch. Im Gegenteil. Lüsterner Charme war seine Spezialität!

»Mal sehen, ob ich Zeit finde«, sagte er geheimnisvoll.

Brigitte gab Panos' Blick mit gespielter Traurigkeit zurück.

»Die Steffi und ich täten uns scho arg freun.« Dabei sah sie zu ihrer brünetten Begleiterin hinüber.

»Ich versuch's.«

»Mei, Panos, i vermiss di schon jetzt!«

Panos dachte kurz darüber nach, ob er ihr zum wiederholten Male erklären sollte, dass man in Griechenland bei der persönlichen Anrede das »s« am Ende eines Vornamens nicht ausspricht. Sie hätte ihn also »Pano« nennen müssen. Er entschied sich dann aber, es bleiben zu lassen, weil es ihm letztlich egal war. Stattdessen griff er sich an die Brust, als hätte er dort Schmerzen. »Mädchen! Willst du mir das Herz brechen?!«

Die beiden kicherten. Bevor das Theater, auf das Panos, wenn er ehrlich war, gerade gar keine Lust hatte, mit dem obligatorischen Austausch von Telefonnummern und E-Mail-Adressen weitergehen konnte, wandte er sich rasch dem Geschäftlichen zu und zeigte auf das Bier. »Einen Euro für dich, mein Schatz«, sagte er mit einem charmanten Zwinkern. Brigitte bezahlte ihr Bier. Dann wandte Panos sich Brigittes brünetter Freundin zu. »Gehörst du zu meiner Freundin?«

»Ja, eh. Hi, i bin die Steffi.«

Auch sie schien einem Flirt nicht abgeneigt.

»Freut mich ... Einen Euro für dich, Steffi.«

Steffi strahlte ihn an und bezahlte. Schließlich richtete sich Panos an den aschblonden Touristen, nun allerdings mit weniger charmanter Stimme. »Und du? Gehörst du zu den Ladys?«, fragte er schroff.

»*Sorry?*«, sagte der Tourist.

Alles klar. Engländer oder Australier, dachte sich Panos.

»*Do you belong to this girls?*«, fragte er laut, als wäre der Typ schwerhörig.

»*No.*«

»*Okay. One beer, two fifty!*«

Kichernd gingen die Mädchen hinaus. Brigitte rief Panos zum Abschied ein flötendes »Bis später!« zu. Der aschblonde Engländer oder Australier schaute irritiert und kramte übertrieben lange in seinem Geldbeutel. Panos wartete mit stoischer Ruhe, obwohl das Fax mittlerweile vollständig ausgedruckt war und er eine gewisse Neugierde verspürte, es zu lesen. Der Engländer oder Australier zahlte mit einem Zwanzigeuroschein, und Panos ließ sich alle Zeit der Welt, ihm das Wechselgeld in möglichst kleinen Münzen zu geben. Als der Tourist genervt den Laden verlassen hatte, schüttelte Panos stumm den Kopf. Uncool, dachte er.

Er nahm das Fax aus dem Gerät. Es war überschrieben mit: »*To the mayor of the community of Paladiki Island, Greece*« – »An den Bürgermeister der Gemeinde Paladiki.« Panos las die wenigen Zeilen und erstarrte.

»*Skata*«, fluchte er leise.

7 Der Wind hatte deutlich aufgefrischt, und die Fähre stampfte mühsam durch die Wellen. Auch das Vibrieren hatte, so schien es Geissner, noch einmal zugenommen. Inzwischen hatte sich nahezu jeder Mitreisende, außer ihm selbst, mindestens einmal übergeben. Zum Teil machten sich die Leute nicht mal mehr die Mühe, die Sanitärbereiche aufzusuchen, sondern erbrachen sich kurzerhand in Papiertüten. Die Urlaubsstimmung an Bord war verflogen, die Gespräche waren verstummt. Viele Passagiere lehnten mit geschlossenen Augen ihre Köpfe gegen die Scheiben oder hielten sie in den Händen. Süßsäuerlicher Geruch zog in Schwaden durch die Sitzreihen. Geissner beschloss, wieder nach draußen zu gehen, bevor auch er die Kotzerei bekam.

An Deck blies der Wind heftig von vorne, und es waren kaum Menschen zu sehen. Die Sonne schien intensiv und wärmte jetzt, Anfang Juni, bereits stark. Geissner begab sich aufs Oberdeck. Im Windschatten der Aufbauten setzte er sich auf eine Bank und betrachtete fasziniert das Kielwasser.

Plötzlich bemerkte er eine Art Luftwirbel, in dem sich allerhand Müll und Unrat im Kreis drehte. Er sah Zigarettenstummel, Krümel, Papierservietten und Pappbecher, die sich in ungleichmäßigen Schüben, mal schneller, mal langsamer, gleich neben seinen Füßen im Kreis drehten. Sogar zwei Getränkedosen schob der Wind über das blau lackierte Deck, dazu auffallend viele Haare. Er fragte sich, von wem die wohl stammen mochten. Ihn überkam die Vorstellung, sie könnten von einer Toilettenfrau stammen, und er zwang sich, an etwas anderes zu denken. Weiter vorne auf dem Oberdeck lagen zwei Touristen in Schlafsäcken auf dem Boden. Sie schliefen nicht, sondern plauderten in italienischer Sprache und tranken Bier aus Dosen. Ihre Oberkörper waren nackt, der eine hatte tätowierte Schultern und die Arme unter dem Kopf verschränkt, sodass man seine buschigen, unrasierten Achseln sehen konnte. Vielleicht stammten die Haare ja von ihm, dachte Geissner. Er verzog das Gesicht. Leute, die intime Körperzonen wie Achselhöhlen, Ansätze von Hinterteilen oder nackte Füße ungeniert in der Öffentlichkeit darboten, ekelten ihn.

Britta hatte in dieser Hinsicht genauso gedacht. Auch sie fand es unappetitlich, wenn Menschen von sich aus nicht die Grenzen des Erträglichen erkannten und respektierten. Er erinnerte sich daran, wie sie einmal Seite an Seite einen Mann aufgefordert hatten, sich die Scham zu bedecken. Es war im Freibad gewesen, an einem schönen Sommertag, sie hatten im Schatten einer Birke gesessen und Käsebrote gegessen. Der Mann war sehr behaart gewesen und hatte sich nur wenige Meter von ihnen entfernt umgezogen, wobei er sich ungewöhnlich viel Zeit gelassen hatte. Beinahe lustvoll hatte sich der Kerl seiner Kleidung entledigt. Minutenlang war er untenrum nackt gewesen. Dabei waren die Umkleidekabinen erst im Vorjahr erneuert worden.

Britta – schon wieder musste Jörg an sie denken. Vor ziemlich genau einem halben Jahr hatte sie ihn verlassen. Es war ein stinknormaler Tag gewesen. Er war von der Arbeit heimgekommen und hatte eine Platte von Klaus Lage aufgelegt, um sich zu entspannen. Mit *Tausendmal berührt* konnte er sich besonders identifizieren. Das war genau sein Credo: Man muss nur lange genug durchhalten, dann wird sich irgendwann alles zum Guten wenden. Als Britta an jenem Tag nach Hause kam, benahm sie sich seltsam. Und sie hatte diesen Gesichtsausdruck, den er nicht mochte. So schaute sie, wenn sie beim Romméspielen gewann: arrogant und selbstzufrieden.

»Jörg«, sagte sie. »Wir müssen uns unterhalten.«

Geissner drehte die Musik leiser und fragte sie, worum es gehe. Dann setzte er sich in seinen Lieblingssessel und legte die Beine hoch. Klaus Lage sang: »Und es hat Zoom gemacht.« Britta schwieg und sah Geissner an. Dann bat sie ihn, die Musik auszustellen. Er stand auf und schaltete die Anlage aus.

Bevor er sich wieder auf seinem Sessel niederlassen konnte, sagte Britta: »Jörg, ich kann nicht mehr. Ich hab irgendwie gemerkt, dass wir die letzten Jahre total aneinander vorbeigelebt haben.«

Geissner hasste Worte wie »irgendwie« und »irgendwo«. Auch »total« konnte er nicht leiden. Obwohl ihn das Gesagte wie ein Tritt in die Eingeweide traf, regte er sich in erster Linie über Brittas Wortwahl auf. Auch die Wendung »aneinander vorbeigelebt« war grässlich. Manchmal sagte sie auch: »Ich glaub, wir reden momentan aneinander vorbei.« Warum sprach sie nicht in klaren Worten und sagte, was sie wollte, anstatt ihm banale Floskeln an den Kopf zu werfen?

»Ich hab mich gefragt«, fuhr Britta fort, »ob es nicht vielleicht besser ist, wenn wir uns eine Zeit lang nicht sehen.«

Wieder ärgerte sich Geissner über Brittas Kommunikationsverhalten. Sie hatte sich gefragt, ob es nicht vielleicht besser sei. Und jetzt? Sollte er ihr die Antwort geben? Wie so oft versuchte sie, die Verantwortung auf ihn abzuwälzen. Ehe er antworten konnte, sprach Britta weiter: »Aber dann bin ich zu dem Entschluss gekommen, dass wir uns trennen sollten. Lieber ein Ende mit Schrecken als ein Schrecken ohne Ende.«

Geissner hatte sich damals zusammengerissen, sich das Ganze angehört und versucht, sie nicht zu korrigieren oder auf ihrer Wortwahl rumzureiten. Immerhin hatte sie nicht, wie so oft, das Wort »bescheuert« verwendet. Dass Britta sich von ihm trennen wollte, überraschte ihn kaum. Eigenartigerweise fand er es sogar interessant, es aus ihrem Mund zu hören. Auch wenn es schmerzhafter war als erwartet. Aber er hatte es doch geahnt. Es hatte in den letzten Monaten genug Indizien gegeben. Sehr wohl hatte er ihre neue Frisur bemerkt und den neuen gelben Ledermantel, den Jörg abartig fand. Aber er hatte nichts gesagt, schließlich war es ihr eigenes Geld. Aber im *P.M.* hatte er gelesen, dass äußerliche Veränderungen bei manchen Menschen den Wunsch nach innerer Veränderung ausdrücken. Dazu kam, dass sie schon seit einer Ewigkeit keinen Sex mehr gehabt hatten und zu Hause eigentlich nur über die Arbeit oder Essen sprachen.

Und dann die Sache mit dem Computer. Durch Zufall hatte Geissner eine von Brittas Bankabrechnungen in die Hände bekommen und gesehen, dass eine Flirthotline monatlich Gelder von ihrem Konto abbuchte. Daraufhin hatte er die Browserhistorie auf ihrem gemeinsamen Computer überprüft und mit Entsetzen festgestellt, dass Britta sich in unzähligen dieser in seinen Augen höchst zweifelhaften und unseriösen Foren herumtrieb. Als er sie zur Rede stellte, warf sie ihm vor, er würde sie kontrollieren und dies sei ja das Allerletzte. Jörg war empört. Schließlich hatte *sie* sich auf dem Bekanntschaftsmarkt umgesehen und nicht er. Danach war erst mal ein paar Tage Funkstille. Nach und nach kehrten Routine und Alltag zurück, und die Situation beruhigte sich wieder. Britta versprach ihm sogar, künftig nicht mehr im Internet zu flirten. Trotzdem beobachtete er Britta genauer. Das war normal, nach so einer Sache, fand er. Deswegen hatte er noch lange keinen, wie sie es ausdrückte, Kontrollzwang. Gut, das mit der Handyortung war vielleicht ein wenig übertrieben gewesen. Blöd war auch, dass der Betrag von 1,79 Euro für die Ortungs-App ausgerechnet von ihrer gemeinsamen Kreditkarte abgebucht worden war. Das habe die Wunde wieder aufgerissen, wie Britta ihm an jenem Freitagabend erklärte. Missmutig musste Geissner sich eingestehen, dass die Handyortung nicht einmal etwas gebracht hatte. Entweder war Britta bei ihrer Arbeit in der Apotheke oder zu Hause gewesen. Ein paarmal hatte sie auch ihre Schwester Svenja besucht. Öfter als sonst, um genau zu sein. Aber das musste er dulden.

Dass sie ihn verlassen wollte, war aber, wie gesagt, keine Überraschung für ihn. Allerdings wollte er schon wissen, warum sie sich gerade jetzt von ihm trennen wollte. Die Sache mit der Ortungs-App war Wochen her, und seitdem hatten sie zwar nicht viel miteinander gesprochen, aber sich auch nicht mehr gestritten. Vermutlich hörte sie, wie so oft, auf ihr »Gefühl«.

»Warum gerade jetzt?«, fragte er, nur um sicherzugehen.

»Es fühlt sich für mich so an.«

Bingo. Ihren Verstand setzte sie viel zu selten ein, fand Geissner. Aber es half nichts, er musste nun etwas dazu sagen. »Wenn du das tun musst, dann tu es.«

»Das gibt's doch nicht!«, war ihre empörte Reaktion. »Kannst du nicht mal in so einem Moment wie ein MENSCH reagieren? Nimmt dich das nicht irgendwie mit? Lässt dich das total kalt?«

Geissner sah sie überrascht an. Dann sagte er in sachlichem Ton: »Nein, das tut mir natürlich weh, a…«

»Ach komm, vergiss es!«, schrie Britta ihn an. »Versuch's gar nicht erst!«

»Britta, du weißt doch, ich bin nicht so emotional«, rechtfertigte er sich.

»Hach, das ist echt … irgendwie … irgendwie total bescheuert!«

»Irgendwie«, »total« und »bescheuert« – da waren sie wieder. Alle drei in einem Satz.

»Jedenfalls holt die Svenja nachher meine Sachen ab.«

Svenja. War ja klar, dass Britta das nicht allein entschieden, sondern wie immer ihre Schwester zurate gezogen hatte. Vielleicht hätte er die häufigen Besuche doch eher ansprechen müssen.

Als Svenja eintraf, ging Geissner aus dem Haus und lief drei Stunden in der Gegend herum. Als er wieder heimkam, war Britta weg und mit ihr die meisten ihrer Sachen. In den folgenden Wochen und Monaten gelang es ihm erstaunlich gut, seinen Liebeskummer zu verdrängen. Ohne eine Träne oder eine schlaflose Nacht kam er über die erste Zeit hinweg. Um sich abzulenken, fing er an, sämtliche Folgen seiner einstigen Lieblingsserie *Ein Colt für alle Fälle* auf DVD anzuschauen. Pro Abend zwei bis drei Folgen. Es waren insgesamt dreiundzwanzig Episoden. Danach *MacGyver*. Schließlich *Knight Rider*. Es hatte wunderbar funktioniert.

Hier auf der Fähre, inmitten der Ägäis, schien der ganze Kram wieder hochzukommen. Geissner war verunsichert. Ob das auch eine Form der Seekrankheit war? Jedenfalls fühlte er sich plötzlich schwer und matt. Eine nervöse Unruhe schien aus der Gegend seines Magens nach oben zu steigen und schnürte ihm die Luft ab. Er versuchte, seine Gedanken abzulenken, doch da waren nur der Müllwirbel und die Schlafsacktouristen.

Warum hatte Britta nicht versucht, sich mit ihm zu arrangieren? Er hatte doch auch alle ihre Macken akzeptiert – und sie hatte einige. Nicht nur ihre schlampige Wortwahl. Es hatte ihn auch immer gestört, wenn sie beim Essen Geräusche machte. Dieses gedankenlose Schmatzen, nicht laut, aber deutlich hörbar. Oder dass sie beim Kuscheln und Schlafen manchmal unkontrolliert zuckte, als durchführe sie ein

Stromstoß. Diese Dinge hatten ihn immer aufgeregt, trotzdem hatte er selten etwas gesagt und seinen Ärger hinuntergeschluckt. Wenn er ehrlich war, hatte er sich in den ersten Wochen nach Brittas Auszug sogar ein wenig befreit gefühlt. Er konnte seine kleinen Schrulligkeiten ungestört ausleben, mit seinen Flugmodellen spielen und von Zeit zu Zeit im Internet Pornoseiten aufrufen, um zu masturbieren. Das hatte er sonst nur unter der Dusche getan, maximal alle vierzehn Tage. Als der Sex mit Britta immer seltener geworden war, vielleicht ein wenig öfter.

Manchmal, in seltenen Momenten, wenn er mit einem Modellhubschrauber oder Schiffsnachbau nicht weiterkam, weil im Karton des Herstellers ein entscheidendes Teil fehlte, oder wenn der Pizzabote nicht kam, obwohl er schon zweimal angerufen und nachgefragt hatte, dann fehlten ihm Brittas Berührungen, ihre Stimme, ihr Geruch, ihre …

»Stopp!«, sagte Geissner mit lauter Stimme. Er wollte diese Gedanken nicht haben. Sie führten zu nichts. Die »Stopp«-Technik hatte er in einer Fortbildung zum Thema Stress-Management gelernt. Dort war ihm beigebracht worden, laut »Stopp!« zu rufen und sich selbst quasi aufzuwecken, falls er bemerkte, dass sich seine Gedanken in negativen Spiralen bewegten. Der Müllwirbel zu seinen Füßen war allerdings immer noch da.

Geissners Blick fiel wieder auf die beiden Typen auf dem Schiffsdeck. Sie hatten aufgehört, sich zu unterhalten, und sahen ihn fragend an. Geissner ignorierte sie. Er wunderte sich, dass es die Besatzung zuließ, dass Leute ihre Schlafsäcke an Deck ausbreiteten. Die beiden hatten sogar einen jungen Hund dabei, obwohl überall auf der Fähre eindeutige Verbotsschilder hingen. Überhaupt sahen die zwei ziemlich verwahrlost aus. Von der Sonne ausgebleichte Klamotten, ungewaschenes, unfrisiertes schulterlanges Haar. Was sich unter ihren Fingernägeln befand, wollte sich Geissner gar nicht erst vorstellen. Die beiden waren ihm schon beim Einsteigen aufgefallen. Sie hatten Tüten voller Bierdosen mit an Bord geschleppt, obwohl sie – ihrem Gang nach zu urteilen – bereits angetrunken gewesen waren. Was für widerliche Menschen, dachte Geissner. Keine Moral, keinen Plan, keine Inhalte. Einfach auf alles pfeifen. Dass sie schon am Vormittag ein Bier nach dem anderen kippten, passte perfekt ins Bild. Er wusste nicht, wie viel die beiden getrunken hatten, aber er hatte gesehen, dass sie anfangs zwei Sixpacks dabeigehabt hatten, und jetzt war eines dieser Sixpacks bereits weggetrunken, und im anderen waren noch vier Dosen. Jeder der beiden hatte außerdem eine in der Hand. Also, rechnete Geissner, trank jeder der beiden an seiner vierten Dose. Britta war der Meinung gewesen, dass das Rechnen bei ihm zwanghaft sei, eine Übersprunghandlung, aber das war natürlich Quatsch.

Plötzlich sprangen die Burschen aus ihren Schlafsäcken und schrien aufgeregt auf den kleinen Hund ein, für den die Überfahrt offensichtlich bereits zu lange dauerte. Jetzt konnte er sich nicht mehr zurückhalten und hatte ein Häufchen aufs blaue Deck gemacht. Aufgebracht beseitigten die jungen Männer das Ärgernis mit Klopapier, das sie aus ihrem Gepäck herausholten. Ein Fetzen des benutzten Papiers wurde vom Wind erfasst und schwebte auf Geissner und den Müllwirbel zu.

»STOPP!«, entfuhr es ihm. Einer der Burschen schnauzte etwas auf Italienisch und tippte sich an die Stirn. Der Papierfetzen kam immer näher.

Eilenden Schrittes trat Panos aus seinem Minimarkt und ging nach links, den Kai entlang, der zugleich die Hauptstraße Paladikis war. Verkehr gab es so gut wie nie, denn nur wenige Häuser rechts vom Minimarkt endete die Straße – und somit der Ort – an einer Felswand. Neben der Straße waren ein paar *kaíkia*, die traditionellen griechischen Holzfischerboote, am Ufer trockengelegt. Panos hielt das Fax in der Hand, es flatterte im Wind. Im Eiltempo stampfte er an den *kaíkia* vorbei, als er den zwölfjährigen Dimitris entdeckte, der ihn eindringlich ansah. Der Bub war klein und hatte buschige Augenbrauen. Außerdem trug er löchrige Turnschuhe ohne Socken und ein T-Shirt mit der Aufschrift *»Kounelaki«*, was so viel hieß wie »kleines Kaninchen«. Er stand vor einem Plakat mit einem traumhaften Strandmotiv. Darüber stand der Slogan: *»Back to Paradise. Back to Greece.«* Als Panos ihn sah, hielt er kurz inne und seufzte. Dann jedoch wandte er sich ab und ging weiter. Der Junge lief ihm hinterher.

»Dimitri! Was willst du? Wo ist deine Mutter?«, herrschte Panos ihn an. Dimitris ließ sich von Panos' unfreundlicher Art nicht abschrecken. »Ich suche Arbeit. Ich will bei dir arbeiten.«

Panos beschleunigte noch einmal seinen Gang. »Arbeit suchen viele. Geh nach Hause.«

Dimitris musste immer wieder ein paar Laufschritte einfügen, um mit Panos mithalten zu können. »Ich bin ein guter Arbeiter!«

Der Junge ging ihm auf die Nerven. Heute war wirklich kein guter Tag. Zuerst die Ziege, dann dieses beschissene

Fax ... und jetzt, wo er in höchst wichtiger Mission unterwegs war, hielt ihn dieser Dreikäsehoch mit seinem Quatsch auf. Ruckartig blieb Panos stehen und drehte sich mit strengem Blick um. »Ab jetzt nach Hause! Ich muss dringend zum Bürgermeister. In einer wichtigen Angelegenheit. Da kann ich dich nicht brauchen.«

Panos wandte sich ab, bevor der Knirps etwas erwidern konnte, und ließ ihn stehen. Dann fiel ihm noch etwas ein: »Und sag deiner Mutter nicht, dass du bei mir warst. Nicht, dass die am Ende noch hier auftaucht!«

Kurz darauf hastete Panos auf die Taverne Lyra zu. Davor saß breitbeinig ein etwas dicklicher Mann um die fünfzig. Es war Spyros Kantilerakis, Panos' Freund und Bürgermeister des Ortes, der mit den Händen genussvoll ein fettiges Hühnchen aß. Erstaunlich viele Bestandteile seines Gerichtes hingen ihm im Bart, was er jedoch nicht zu bemerken oder ihn zumindest nicht zu stören schien. Seine Bewegungen wirkten testosterongeladen wie die eines Mafiabosses. Spyros war so etwas wie der Inhaber der Taverne, genauer gesagt hatte seine Frau sie mit in die Ehe gebracht. Gleichzeitig war es das größte und meistfrequentierte Lokal des Ortes. Zur Hauptsaison betrieb – wie Panos nur zu gut wusste – fast jeder Depp, der hier unten am Hafen ein Haus besaß, ein Restaurant oder ein Hotel, aber in den letzten Jahren hatten einige krisenbedingt schließen müssen. Zudem war die Lyra im Winter die einzige geöffnete Taverne, und Spyros' Frau und ihr Neffe kochten ausgezeichnet. Auch das Ambiente stimmte: Im Schankraum gab es nur wenige einfache Holztische. Neben dem Tresen führte eine Wendeltreppe nach oben zu den beiden Toiletten, vor deren Türen sich ein Waschbecken samt Plastikseifenspender mit dem Aroma »Exotic« befand. Auf einer blau gestrichenen Bank neben der Eingangstür saßen die Inselältesten Barba Ilias und Barba

Stavros vor ihren kleinen griechischen Mokkas und spielten Tavli, ein altes Brettspiel, das Panos' Meinung nach aus dem alten Griechenland stammte und zunächst von den Römern, dann von den Türken und schließlich von den Engländern kopiert worden war und im siebzehnten Jahrhundert unter dem Namen »Backgammon« in der westlichen Welt populär geworden war. Panos konnte über diese Angelegenheit stundenlange Monologe halten. Die kleinen Würfel und schwarzen und weißen Spielsteine klapperten hübsch auf dem Spielbrett. Männer über fünfzig werden in Griechenland mit dem Zusatz »*Barba*« bedacht, was so viel heißt wie »Onkelchen«. Da die zwei Alten immer dort saßen, wurden sie kaum noch beachtet, sie galten sozusagen als Inventar. Sie verbrauchten wenig, tranken mal einen *kafedaki*, ein kleines Kaffeelein, mal ein Glas Wasser oder aßen ein paar Oliven. Niemals bezahlten sie mit Bargeld, brachten dafür aber immer wieder etwas Käse oder zu Ostern auch mal eine ganze Ziege mit.

Panos setzte sich zu seinem Freund. Obwohl er wegen des Faxes alarmiert war, bewegte er sich betont gelassen. Ein Grieche lässt sich nicht gern aus der Ruhe bringen. Erst recht nicht, wenn es um etwas Wichtiges geht. Bei unwichtigen Dingen schon eher.

»Grüß dich, Pano«, sagte Spyros, hielt in den Kaubewegungen inne und beobachtete sein Gegenüber argwöhnisch durch seine Augenschlitze. Panos erwiderte den Gruß nicht, nickte nur kurz mit dem Kopf und sah in die Ferne. Stille. So viel Zeit musste sein. Mochten die Weiber schwatzen, was das Zeug hielt, ein Mann sollte immer Zeit für einen Moment der Ruhe haben.

»Was gibt es?«, fragte Spyros möglichst gleichgültig. Seine Stimme war heiser und ziemlich hoch. Sie klang stets verschwörerisch.

Mit ernster Miene und in Zeitlupentempo legte Panos das Fax vor Spyros auf den Tisch. »Die Deutschen kommen«, sagte er mit Grabesstimme.

Schnell nahm Geissner seinen dunkelblauen Rollkoffer und eilte in Richtung Bug, weg von dem widerlichen Papierfetzen. Hier war es extrem windig, und er spürte die gewaltige Macht des Meeres. Die Wellen kamen ihm riesig vor, der Schiffsbug tauchte tief ins Wasser ein. Geissner kamen Berichte über sogenannte Killerwellen in den Sinn, die riesige Boote mit einem einzigen Happs verschlangen. Dann dachte er an all die Wesen im Wasser unter ihm, die Kraken und die Haie, die mit ihren Zähnen Beine abbrennten und ihre wehrlosen Opfer für immer in die Tiefe zogen. Ein wohlig-gruseliger Schauer lief über seinen Rücken. Anarchisch dachte er: Kommt nur, ihr Ungetüme der Meere! Ich halte meinen Kopf in jeden Sturm, ich bin immer an Deck, bereit, mit euch zu kämpfen! In diesem Moment flogen ihm zwei, drei spärliche Tropfen Meerwasser ins Gesicht. Geissner war entrüstet. Waren alle gegen ihn? Warum ausgerechnet er? Warum ausgerechnet Griechenland, ein Land, das einzig auf Kosten anderer existierte? Das von Betrügern und Taugenichtsen bevölkert war, die Arbeit hassten und nur in den Tag hineinlebten?

Nachdem die PowerPoint-Präsentation für Geissner höchst unangenehm geendet hatte, hatte er etwa eine halbe Stunde an seinem Arbeitsplatz gesessen und an die Wand gestarrt. Er wusste, dass er diese Reise unter keinen Umständen antreten konnte. Alles, aber auch alles in ihm sträubte sich dagegen. Sein Magen zog sich immer wieder krampfend zusammen und machte eigenartige Geräusche. Auf seiner Stirn glitzerte kalter Schweiß. Die Hände zitterten. Es gab nur eine Möglichkeit: Er musste Laichinger überzeugen, dass er hier nicht wegkonnte. Zum Glück fiel ihm eine überzeugende Begründung ein. Er hatte in der vergangenen Woche, quasi im Alleingang, den Wert eines großen Wohnhauses in der Augsburger Innenstadt erheblich steigern können, indem er zusammen mit einem Investor einen Renovierungsplan ausgeklügelt hatte, der dem Vermieter langwierige Kündigungsverfahren ersparen würde. Für die nächsten fünf Jahre würde das Haus einfach von morgens bis abends renoviert werden – mit einem Baugerüst vor den Fenstern, Bauschutt vor dem Haus, regelmäßigem Presslufthammerlärm und möglichst günstigen ausländischen Bauarbeitern. Irgendwann würden die Mieter von selbst kündigen, und die paar Verrückten, die trotz des Stresses dennoch blieben, würde man mit kleinen Beträgen abfinden. Die einstigen Mietwohnungen würde man in Eigentumswohnungen umwandeln, die sich teuer verkaufen ließen. Geissner war nur noch ein paar Behördengänge vom Ziel entfernt. Und da nur er die Unterlagen und das Detailwissen besaß, konnte niemand außer ihm diese Sache abschließen. Eigentlich hatte er Laichinger mit seinem Coup überraschen wollen, wenn alles in trockenen Tüchern war, aber jetzt ging es darum, nicht zu den vermaledeiten Griechen fahren zu müssen! Er holte die Unterlagen zu dem Wohnhaus hervor und stürzte aus seinem Büro. Mit großen, dynamischen Schritten eilte er durch die langen Gänge zum Zimmer seines Chefs. Gerade als er anklopfen wollte, öffnete sich die Tür, und Dr. Laichinger kam heraus. Er grüßte Geissner flüchtig und ging ebenso zügigen Schrittes an ihm vorbei. Offenbar wollte er nicht in ein Gespräch verwickelt werden. Doch Geissner ließ sich nicht abfertigen. Eifrig lief er seinem Chef hinterher.

»Ah, Herr Dr. Laichinger! Das gibt's ja gar nicht. Ich

wollte grade zu Ihnen. Lustiger Zufall, oder? Hätten Sie kurz Zeit? Es ist dringend!«

»Jetz isch grad schlecht.«

Laichinger ging weiter, Geissner mit großen Schritten unbeirrt hinterher. »Wissen Sie, Herr Laichinger …«

»Falls Sie Ihre Reise anschreche wollet, Härr äh …«, unterbrach ihn Laichinger gereizt.

Schon wieder! Geissner überlegte, ob Laichinger seinen Namen so gern vergaß, um ihm zu zeigen, wie austauschbar er im Grunde für ihn war. »Geissner!«, sagte Geissner.

»Ja, äh … also, falls Sie darauf anschreche wollet: De Sach isch entschiede. En Rescht entnehmet Se bitte de Onterlage, die Ihne d' Frau Bonatz hot zukomme lasse.«

»Aber, da …«

»Die Gschicht isch abghakt. Mir verlasset ons ganz auf Sie. Wiedersähn.«

Laichinger verschwand in der Herrentoilette. Geissner blieb zurück und rieb sich die Uhr am Handgelenk. Das tat er immer, wenn er aufgeregt war. Was sollte er jetzt tun? Vorsichtig klopfte er an die Tür.

»Dr. Laichinger!?«

Er lauschte. Von drinnen kam keine Antwort. Zögerlich öffnete er die Tür und ging hinein. Auf den ersten Blick war in dem stylish ausstaffierten Sanitärbereich niemand zu sehen. Die Kabine ganz links war verschlossen. So leicht ließ Jörg Geissner sich nicht abfrühstücken. Er fasste sich ein Herz, ging in die benachbarte Kabine, sperrte die Tür zu, klappte den Toilettendeckel runter, setzte sich darauf und kramte aufgeregt in seiner Mappe.

»Herr Dr. Laichinger, ich störe wirklich nur ungern …« Er versuchte mühsam, die Aufregung in seiner Stimme zu verbergen.

»Des isch jetz ned Ihr Ernscht, oder?«

»Bitte! Es gibt da einen Fall, an dem ich dran bin und …«
Aus Laichingers Kabine kam ein Rascheln. »Es geht um das
Investment der Scheibele-Gruppe. Da bin ich kurz vor einem
erfolgreichen Abschluss.«

»Isch ja brima! Gebet Se d'Onterlage em Härrn … äh,
Fuchs. Der kümmert sech drum und tütet die Sach oi.«

Geissner spürte, dass Laichinger kurz vor einem Wutaus-
bruch stand. »Aber ich weiß nicht, ob er das nötige Know-
how …«

»Da machet Se sech mol koine Sorge, der arboitet sech da
scho nei«, sagte Laichinger betont ruhig, damit der anschlie-
ßende Schnauzton besser zur Geltung kam. »Ond jetz gehet
Se verdammt nomol endlich wiedr an Ihren Arboitspladz!«

Laichinger betätigte die Klospülung. Geissner stand
schnell auf, öffnete die Kabinentür und schlich mit hochrotem Kopf aus der Herrentoilette. Zurück an seinem Arbeitsplatz, nahm Jörg den Hörer ab und wählte die Telefonnum-
mer der Betriebsärztin. Eine halbe Stunde später saß er ihr
gegenüber. Sie blickte ihm mittels eines Holzspatels in den
Mund.

»Sagen Sie mal Aaaah«, forderte sie ihn auf.

»Aaaah.« Die Betriebsärztin Frau Doktor Hasemann war
Anfang vierzig und auffallend hübsch. Sie hatte gepflegtes
blondes Haar, eine Zornesfalte zwischen den Brauen und
volle, geschwungene Lippen.

»Also, beim besten Willen, Herr Geissner, Ihnen fehlt
überhaupt nichts«, sagte sie distanziert.

»Und was ist mit meiner Flug… äh …angst?«

»Wenn Sie nicht fliegen wollen, dann fahren Sie doch über
Venedig mit dem Zug und dem Schiff!«

Geissner graute es bei dem Gedanken an eine endlose
Fahrt mit einem ausländischen Zug. Das würde die Qual
nur verlängern. Außerdem würde Laichinger so eine lange

Anreise niemals genehmigen. »Nein, das geht nicht. Termindruck.«

»Na, sehen Sie«, sagte Frau Hasemann. »Dann verschreib ich Ihnen am besten Valium. Damit können Sie zumindest angstfrei fliegen.«

»Frau Doktor … die Sache ist schwerwiegender, als Sie vielleicht denken …« Jetzt blieb ihm keine Wahl mehr. »Können Sie mich nicht bitte einfach nur krankschreiben?«

Sie sah ihn irritiert an und nahm einen tiefen Atemzug. Dann begann sie, in der Akte zu blättern, möglicherweise auf der Suche nach einer geeigneten Vorerkrankung. Geissner betrachtete sie, während sie las. Ihr Haaransatz verlief in einer wellenförmigen Linie. Noch ein Atemzug. Die Haut in ihrem Gesicht war erstaunlich rein. Nur auf ihrer Nase waren die Poren ein wenig größer. Sie biss sich kurz auf ihre Unterlippe. Nicht zum ersten Mal stellte Geissner fest, dass er extrem auf Münder fixiert war.

»Herr Geissner, ich kann das nicht machen. Ich kann Sie nicht krankschreiben, wenn Sie kerngesund sind. Allerdings, wenn Ihre Flug- und Reiseangst wirklich so gravierend ist, kann ich Sie gerne an einen Kollegen überweisen. Das scheint mir keine Kleinigkeit, das sollten Sie vielleicht in einer Therapie besprechen. Damit wären Sie dann aus der Sache raus. Ich kenne einen guten Therapeuten, der …«

Geissner bemerkte, dass sich das Gespräch in eine für ihn ungünstige Richtung entwickelte. Er fuchtelte abwehrend mit den Händen. »Oh, um Gottes willen, nein, ich brauch doch keine Therapie!« Er lachte gekünstelt.

»Na ja, die Leute denken immer gleich, wenn man eine Therapie macht, wäre man mit einem Fuß schon in der Klapsmühle. Aber das ist völliger Quatsch. Eine Therapie ist nichts anderes, als wenn Sie Ihr Auto in die Werkstatt bringen.«

»Nein, nein, haha, so schlimm ist es dann wirklich nicht bei mir. Das krieg ich schon hin.«

Er bedankte sich und stand auf. Auch aus Angst, Frau Hasemann könnte sich endgültig in die Idee verlieben, ihn zum Kopfdoktor zu überweisen. Niedergeschlagen und ein wenig gekrümmt verließ er das Arztzimmer und ging zurück zu seinem Arbeitsplatz. Dort blieb er bis lange nach Feierabend und überlegte, was er tun könnte. Aber auch nach stundenlangem Hirnen fiel ihm nur noch eine Möglichkeit ein. Er sah im Computer nach, ob die Schanzen-Apotheke heute Notdienst hatte. Eigentlich müsste sie diese Woche dran sein … Bingo!

Gegen 21:30 Uhr verließ er das Bankgebäude und fuhr den ihm so vertrauten Weg zur Schanzen-Apotheke. Er spähte durch die Glastür. Britta stand in ihrem weißen Apothekerkittel in dem hell erleuchteten Raum und bestückte eine Schublade mit Medikamenten. Ein Hauch von Wehmut überkam ihn. Diese Frau war *seine* Frau gewesen. Diesen Körper hatte *er* berühren dürfen, fast wann immer er gewollt hatte. Diesen Kittel hatte er unzählige Male aus der Waschmaschine geholt und auf den Wäscheständer gehängt. Ihm wurde ein wenig schlecht. Dann stellte er sich vor das kleine, in die Glastür der Apotheke eingelassene Fenster für die Herausgabe von Medikamenten.

Als Britta ihn erkannte, sah sie ihn einen Moment lang erschrocken an, tat dann so, als ob er nicht da wäre, und räumte die restlichen Medikamente in die Schublade. Geissner fragte sich, was wohl in ihr vorging. Vielleicht überlegte sie, einfach das Licht auszumachen und ins Lager zu flüchten. Nein, dachte er, das würde sie nicht machen, dazu war sie zu pflichtbewusst. Wenn es um ihre Arbeit ging, war Britta eine Heilige – eine weitere Gemeinsamkeit zwischen ihnen. Schließlich hatte sie Notdienst und war für den gesamten Augsburger

Südosten verantwortlich. Aber dass ihr nichts Besseres einfiel, als ihn zu ignorieren, machte ihn doch wütend.

Er klopfte an die Scheibe. »Britta! Brittaaa! Ich brauch was!«

Aufgrund seiner Körpergröße musste er sich zu der Fensteröffnung hinunterbücken. Britta trat an die Scheibe. Geissner war überrascht, wie schön er sie fand. Auf einmal fing sein Herz heftig an zu pochen.

»Jörg, was soll das? Wir haben doch ausgemacht, dass du nicht mehr herkommst«, sagte Britta abweisend.

Es war doch immer das Gleiche mit ihr, dachte Geissner. Immer wenn er etwas von ihr wollte, ließ sie ihn ihre Macht spüren. Das war beim Sex so, das war in der Küche so, das war *immer* so. Immerhin sorgte Brittas schroffe Art dafür, dass die aufkeimenden Gefühle für sie sofort wieder verflogen. Außerdem ging es jetzt um Wichtigeres. Er riss sich am Riemen. »Entschuldige, Britta, aber es ist wirklich wichtig. Bitte! Ich muss geschäftlich nach Griechenland.«

Sie lachte höhnisch auf. So kannte er sie gar nicht. Offenbar hatte sie sich innerlich schon sehr weit von ihm entfernt. So schnell ging das also bei ihr, dachte sich Geissner. Trotzdem versuchte er, cool zu bleiben.

»Das ist ja was ganz Neues, dass du ins Ausland fährst.«

»Ich hab mir das wirklich nicht ausgesucht, Britta.« Plötzlich war ihm seine Würde scheißegal. Was hatte er bei dieser Frau noch zu verlieren? »Ehrlich gesagt, ich brauche dringend was gegen Durchfall. Imodium oder so was. Und eine Malaria-Prophylaxe.«

»Komm, was soll der Quatsch? Griechenland. Das ist nicht der Kongo. Du spinnst einfach total!« Sie schüttelte resigniert den Kopf. »Das genau ist einer der Gründe, warum mir unsere Beziehung einfach die Luft abgeschnürt hat! Genau so was!«

Jetzt kommt sie wieder mit der Opfernummer, dachte Geissner. Diesen vorwurfsvollen, beleidigten Tonfall konnte er gar nicht ausstehen. Das war seelische Nötigung! Doch er durfte sich nichts anmerken lassen. Mit einem gezwungen freundlichen Gesicht flüsterte er: »Britta, bitte! Hilf mir einfach.«

Brittas Gesicht wurde hart. »Jörg, mach nicht so ein Theater. Hör auf, hier rumzujammern.«

»Bitte! Und wenn du mir etwas gibst, was Symptome auslöst?«, fragte Geissner flehend. »Etwas, das zum Beispiel Grippe oder ein Magengeschwür simuliert? Da gibt's doch bestimmt was. Damit ich nicht fahren muss, weißt du …«

Britta sah ihn entgeistert an. »Wie bitte? Du willst lieber krank werden, als nach Griechenland zu fahren?! Hallo? Das ist doch irgendwie total bescheuert!«

Da waren sie wieder. Ihre drei Worte! Doch Geissner fühlte sich inzwischen so dreckig, dass er darüber hinwegging. »Ja, Griechenland, verdammt! Ich soll auf so eine kleine Insel. Ich will da aber nicht hin!« Geissner konnte seine Verzweiflung nun nicht mehr verbergen. »Die Griechen treiben seit Jahrhunderten nur Inzest. Niemand arbeitet. Achtzig Prozent sind Simulanten, und die restlichen Leute behinderte Ziegenhirten!«

In seiner Erregung bemerkte er zu spät, dass er eine rote Linie überschritten hatte. Britta funkelte ihn böse an. Zu allem Überfluss hatte sich ein Kunde mit glasigen Augen hinter Geissner angestellt.

»Ich frag mich, wer hier simuliert«, sagte Britta unterkühlt. »Du brauchst kein Mittel, um krank zu werden. Kränker als du geht schon gar nicht mehr. Was du brauchst, ist was gegen totale Verblödung. Das habe ich leider nicht.«

Geissner war es äußerst unangenehm, dass der Kunde ihr

Gespräch mitanhörte. Er pflaumte ihn an: »Können Sie vielleicht etwas Abstand halten? Das geht ja wohl gar nicht!«

Der Mann entfernte sich und verschwand in der Dunkelheit. Als er außer Hörweite war, machte Geissner einen letzten Versuch. Er probierte es mit dem Hundeblick. Der hatte bei Britta früher immer gewirkt. »Bitte, Britta! Tu's für mich. Irgendwas, das krank macht. Ich bin's doch, dein Jörgl …«

»Du warst lang genug mein Jörgl. Es hat sich ausgejörgelt!« Sie war resolut.

Das gibt's doch nicht, dachte Geissner verzweifelt. Das hat doch sonst immer funktioniert. So ein Scheißtag! »Britta, bitte. Dieses eine Mal noch. Dann lass ich dich für immer in Ruhe … Durchfall vielleicht?«

Britta schüttelte resignierend den Kopf. Sie sah ihn noch einmal an. Geissner schien es, als wären ihre Augen feucht. Dann senkte sie den Kopf, trat von dem kleinen Fenster zurück und verschwand hinten im Lagerraum. Geissner klopfte noch eine Zeit lang an die Scheibe. Schließlich schrie er sogar laut und ein wenig hysterisch Brittas Namen. Doch sie ignorierte ihn und blieb verschwunden.

Ein Zischlaut holte Geissner schließlich aus seiner Verzweiflung. Er kam aus der Hofeinfahrt nebenan. Es war der Kunde mit den glasigen Augen. Er winkte Geissner zu sich. »Hey«, sagte der Typ. »Ich habe zufällig mitgehört. Ich denke, ich hab, was du brauchst.«

Der Mann hatte eine etwas gebückte Haltung, und eine fettige Haarsträhne hing ihm ins Gesicht. So hatte Herbert Grönemeyer, den Geissner liebte, ganz früher ausgesehen, als er *Männer* gesungen hatte. Ein sehr schlaues Lied.

»Äh, wie bitte?« Geissners Neugierde war geweckt.

»Ja, genau das Mittel, das du brauchst. Bin seit vier Wochen erfolgreich krankgeschrieben. Wenn man es einnimmt, bekommt man innerhalb von zwei Stunden erhöhte Temperatur und Grippesymptome. Es wirkt garantiert. Und wenn du es nicht mehr benötigst, setz es einfach wieder ab – fertig!«

Das hörte sich tatsächlich interessant an. »Oh, und … äh, wo bekommt man das?«

Der Mann blickte sich verstohlen um. »Ich kann dir gleich hier zehn Tabletten davon verkaufen.«

»Nun, das wäre natürlich … nicht schlecht.« Geissner versuchte, nicht zu interessiert zu wirken – wie üblich ohne Erfolg.

»Kostenpunkt: hundertfünfzig Euro. Kannst sie für hundert haben. Weil du es bist.«

Geissner musste unwillkürlich husten. »Was? Hundert Euro?!«

»Also, wie sieht's aus? Willst sie jetzt, oder willst sie nicht?«

Geissners Not war so groß, dass er all seine Prinzipien über Bord warf und mit diesem schmierigen Fremden auf der Straße wie ein Drogensüchtiger und noch dazu in völlig emotionalisiertem Zustand ein Geschäft tätigte. »Also gut, das wär's mir in dem Fall wert.«

Geissner blickte sich ebenfalls verstohlen um. Er bezahlte mit zwei Fünfzigeuroscheinen, und sein Dealer gab ihm einen Streifen mit zwei mal fünf ovalen, durchsichtigen Kapseln, die mit einer gelblichen Flüssigkeit gefüllt waren.

»Nimm für den Anfang erst mal eine. Wenn das nicht genügt, noch eine. Einfach vor dem Schlafengehen mit etwas Wasser. Wirst sehen, die Dinger wirken einwandfrei.«

Geissner steckte die Tabletten ein. Vermutlich sah er aus wie ein Laufbursche in einem Mafiafilm, als er geduckt nach Hause eilte.

Gegen Mitternacht lag er mit offenen Augen im Bett. Auf dem Nachttisch ruhte der Tablettenstreifen, in dem drei Tabletten fehlten. Geissner schaute alle zehn Minuten auf seinen Wecker. Um vier Uhr schlief er immer noch nicht. Inzwischen fehlten sieben Tabletten. Geissner war weiterhin hellwach und kerngesund. Der Abflugtermin rückte immer näher. Verzweiflung machte sich breit. Was, wenn er eine Überdosis genommen hatte? Immerhin waren jetzt schon fünf Stunden vergangen, und er verspürte keinerlei Wirkung. Also schluckte er auch noch die letzten drei Tabletten.

Am selben Morgen saß Geissner morgens um acht deutlich übernächtigt erneut der Betriebsärztin Frau Doktor Hasemann gegenüber. Er hatte noch nicht einmal seine lederne Aktentasche an seinem Schreibtisch abgestellt. Wieder schaute sie ihm in den Rachen, wieder machte er »Aaaaaah«.

»Also, Herr Geissner!«, begann sie. Die Zornesfalte auf ihrer Stirn zuckte. »Wenn ich es Ihnen doch sage: Sie haben kein Fieber! Ihnen fehlt nichts. Die Reflexe sind vielleicht ein bisschen langsam, aber sonst ist wirklich alles in Ordnung.«

Wie, nichts? Das konnte doch gar nicht sein. Immerhin hatte er gleich alle zehn dieser sündhaft teuren Hehlertabletten geschluckt. Geissner war froh, dass er überhaupt noch lebte!

»Äh, können Sie mir vielleicht sagen, was das für ein Medikament ist?«, fragte er und kramte in seiner Sakkotasche herum. Er überreichte der Ärztin den inzwischen leeren Tablettenstreifen.

Sie sah kurz auf die Reihe leer gedrückter Fächer. »Hmm, ja, das ist ein Omega-3-Konzentrat. Das kann man schon mal in Ihrem Alter nehmen, senkt die Blutfettwerte.«

»Ach, und sonst kann das nichts auslösen, keine Nebenwirkungen?«

»Nein. Dieses Präparat ist aus medizinischer Sicht völlig unbedenklich. Es hilft allerdings nicht gegen Flugangst, falls es darum geht.«

Am meisten ärgerte Geissner seine eigene Blödheit. Jetzt würde er sich seinem Schicksal ergeben müssen. Aber wenigstens konnte keiner sagen, er habe nicht alles probiert.

»Vielleicht könnten Sie mir dann doch einfach dieses Valium verschreiben?«, fragte er resignierend.

Die Betriebsärztin seufzte. Dann kramte sie in einer Schublade und holte eine Packung Valium heraus. »Hier, ich hab sogar noch ein Muster da. Da sind fünf Stück drin. Aber Vorsicht! Nehmen Sie nur eine halbe, wenn Sie zum Flughafen aufbrechen, und die andere Hälfte beim Check-in.«

Sie nahm einen Kugelschreiber und schrieb auf die Packung: »Maximal ½ + ½!« Dann stand sie energisch auf und hielt ihm die Tür auf.

Der Flug war furchtbar. Zuerst die unfreundliche Frau am Check-in-Schalter, dann das Theater an der Sicherheitskontrolle von wegen Flüssigkeiten im Handgepäck, Gürtel abnehmen, Laptop aus dem Rucksack und so weiter. Geissner war gestresst. Seine Flugangst stieg von Minute zu Minute. Dabei hatte er zu dem Zeitpunkt, gegen den Rat der Ärztin, bereits zwei halbe und dann noch eine ganze Valiumtablette genommen. Doch auch gegen dieses Mittel schien er immun zu sein. Erst viel später, als das Flugzeug bereits in der Luft war, setzte die Wirkung ein – und zwar mit der Wucht eines Hammerschlages. Geissner hatte vorsichtshalber nach dem Start noch eine weitere Tablette eingenommen.

»Für Sie noch etwas Kaffee oder Tee?«, fragte eine freundliche Flugbegleiterin.

Geissners Reaktion war stark verzögert. Mit großer Mühe drehte er seinen Kopf, schloss und öffnete die Augenlider in Superslomo und blickte die Dame mit offenem Mund an. Als er sprach, klang seine Stimme zäh, dumpf und schlierig: »Jaaaaa?«

Die Wirkung hatte erst am nächsten Morgen in dem nicht besonders komfortablen Hotel auf Santorin, wo Geissner hatte übernachten müssen, ein wenig nachgelassen.

Hier vorne auf der Fähre ging es ihm besser. Fernab der betrunkenen Italiener mit ihrem außer Kontrolle geratenen Hund und dem unberechenbaren Fäkalmüll war der Wind zwar unerträglich, aber die Luft tat ihm gut. Langsam ließ das Dröhnen in seinem Kopf nach, das des Schiffes allerdings nicht. Vor sich sah er nun deutlich Umrisse eines Eilands. Das musste Paladiki sein, einsam in der blauen Weite. Hier zu leben muss man mögen, dachte sich Jörg. Anderthalb Tagesreisen weg von Augsburg, am Rande Europas. Geissner hatte gelesen, dass auf der Insel während der Hauptsaison fünfzehnmal mehr Menschen lebten als den Rest des Jahres. Da waren es gerade mal zwölfhundert Leute. Die Insel musste um diese Jahreszeit praktisch unbewohnt sein, folgerte er.

Das Eiland war nun gut zu erkennen. Ziemlich kahl, stellte Jörg fest. Viele graue Felsen, mit spärlichem Grün bewachsen, und unten am Hafen kleine weiße, würfelartige, von Sträuchern und einzelnen Bäumen umzierte Häuser. Irgendwie mexikanisch, wie im Western, dachte Geissner. Teilweise bestanden die Eingänge und Fenster der flachen Häuser aus Rundbögen, oft mit hellblau gestrichenen Terrassen- und Fensterläden. Zwischen den Gebäuden waren kleine Wege oder Straßen zu sehen, hier und da ein Treppchen. Im Landesinneren zeichneten sich sanfte Hügel ab, wieder ziemlich felsig. Und je näher die Fähre der Insel kam, umso türkisfarbener wurde das Meer. Das Wasser plätscherte lustig auf die langen Sandstrände und Klippen ein. Über der Insel spannte sich ein Himmel, der sonst nur in Schwaben und Altbayern so klar und blau war. Mit hartem Blick starrte Geissner der Küste entgegen. Er stellte sich vor, was er tun würde, wenn er ein Cowboy wäre. Er hätte vermutlich in diesem Augenblick seinen Colt gezogen und ihn ein wenig gestreichelt. Denn diese Insel war sein Feind. Und er würde sie besiegen.

10 *Die Deutschen kommen.* Spyros schien mit dieser Aussage nichts anfangen zu können und blickte Panos verständnislos an. Deutsche Touristen waren eigentlich gern gesehen, außer sie führten sich wie Imperialisten aus der Kolonialzeit auf.

»Ein Brief für dich«, sagte Panos und schob Spyros das Fax hin. Der aber hielt seine fettigen Hände in die Luft, um Panos zu zeigen, dass er gerade Wichtigeres zu tun hatte und nicht in der Lage war, irgendwelche Briefe zu lesen.

»Lies du!«

»*Entaxi*«, sagte Panos, was »in Ordnung« bedeutete, man aber am trefflichsten mit dem bayerischen »passt scho« übersetzen könnte.

Mit starkem griechischem Akzent las er den englischen Text vor.

»*To the mayor of the community of Paladiki Island, Greece. Dear Mr Kantilerakis, during reviewing your collateral securities, we have noticed confusion. Therefore, we will send Mr Geissner, one of our employees for verification to Paladiki. He will reach your island this afternoon. Best wishes, yours faithfully Dr. Bernhard Laichinger, AVA-Bank Augsburg.*« Er übersetzte für Spyros das Wesentliche: »Die Deutschen schicken einen Schnüffler, um unsere Angaben bezüglich des Kredits zu überprüfen. Er kommt schon heute Nachmittag an!«

Spyros warf panisch sein Hähnchen zurück auf den Teller, spritzte sich dabei etwas Fett aufs Hemd und schimpfte los. »Verdammt! Ich wusste, dass die früher oder später einen dieser *Malakkes* vorbeischicken! Woher sollen wir jetzt ein Elektrizitätswerk zaubern?! Was sollen wir machen?«

»Keine Ahnung.« Panos hob die Handflächen in Richtung Firmament wie Jesus beim Segnen.

Spyros begann, stark an der Stirn zu schwitzen. »Wenn uns nichts einfällt, bekommen die Athanasios.«

»Was soll das denn heißen?«, stieß Panos entsetzt aus.

»Nun …« Spyros senkte den Blick.

»Du hast unseren historischen Athanasios-Strand als Sicherheit hinterlegt?«

»Ja, irgendeine Sicherheit haben wir ja gebraucht. Was hättest du ihnen denn gegeben? Dein altes Motorrad?«

»Zum Beispiel! Und jetzt? Da sitzen wir jetzt wirklich in der Tinte.«

»Da hast du recht, lieber Freund. Mit welcher Fähre kommt er an?«

»Wir sind in der Nebensaison. Da kommt nur eine Fähre pro Tag«, sagte Panos und fragte sich, wieso der Bürgermeister nicht mal die einfachsten Abläufe auf der Insel kannte. »In zwei Stunden ist sie da.«

»Verdammt, was könnten die wissen?«

Barba Ilias, durch Spyros' heftige Reaktion aufgeschreckt, stieß gegen den kleinen Tisch, sodass alle Tavli-Steine sich kreuz und quer über das Spielbrett verteilten. Barba Stavros schimpfte nuschelnd über die zerstörte Spielrunde.

Panos versuchte indes, Spyros zu beruhigen. »Was sollen die schon wissen? Die wollen, was alle Deutschen zurzeit machen: NSA spielen und herumschnüffeln. Als hätten sie nicht selbst genug vor der eigenen Tür zu kehren.«

Aus dem Hintergrund schaltete sich Barba Ilias ein. »Was ist überhaupt los?«

»Die Deutschen kommen! Die wollen die Verwendung unseres Kredits kontrollieren«, klärte Spyros ihn auf.

Der Alte griff sich besorgt an den Kopf. »*Skata.*«

Stavros hatte noch immer nicht so richtig verstanden,

worin der Grund für die Unruhe lag, und fragte: »Welcher Kredit?«

Barba Ilias sah seinen Freund und Weggefährten, den er bereits seit vierundachtzig Jahren kannte, verzweifelt an. »Na, *der* Kredit eben!«

Nach dieser Erklärung klingelte es endlich auch bei Barba Stavros. Erschrocken hielt er die Hände vor den Mund. »Nein …«

»Leute! Wir werden uns doch wohl nicht von so einem dahergelaufenen Deutschen rumkommandieren lassen!«, wurde Panos patriotisch.

Der Tonfall schien Spyros zu gefallen. Er klatschte zustimmend in die Hände. »Absolut richtig!«

Stavros war weniger optimistisch: »Unterschätzt die Deutschen mal lieber nicht, ihr Sumpfhühner. Die sind uns in vielen Bereichen voraus.«

Panos und Spyros starrten den Alten wie vom Blitz getroffen an. Das ging dann doch zu sehr an die Ehre.

»Spinnst du?!?« Panos spuckte aus. »Willst du mit denen zusammenarbeiten, oder was? Verkauf ihnen doch gleich die Insel!«

»Ja!«, pflichtete Spyros ihm bei. »Geh halt nach Deutschland.«

Panos setzte noch einen drauf: »Genau. Heirate doch gleich Angela Merkel!«

Barba Stavros schaute geknickt in seinen Kaffee, und sein sehr alter Freund Barba Ilias schaute mitfühlend zu ihm herüber.

Panos wandte sich wieder Spyros zu. »Wirst sehen, der Deutsche wird sich wundern. Überlass ihn nur mir. Und glaub mir, in kürzester Zeit frisst der mir aus der Hand.«

Was genau Panos damit gemeint hatte, wusste er selbst nicht, aber sie alle waren es gewohnt, jede Situation – sei sie noch so bedrohlich – wie im Wilden Westen mit einem extrem lässigen Spruch zu beenden.

Spyros lachte sein hohes Lachen, schlug Panos auf die Schulter und sagte: »So hab ich dich gern, mein Freund! So, ich werd mich auf den Schreck erst mal ein halbes Stündchen hinlegen. Die Fähre mit dem Deutschen kommt ja erst in zwei Stunden.« Er wischte sich die Hände an seiner Serviette ab, stand auf und ging in Richtung Hafen, wo sich sein Haus befand.

Panos sah seinem Freund versonnen nach und seufzte beunruhigt. In der Tiefe seines Herzens machte er sich ernsthafte Sorgen über den Besuch dieses deutschen Inspekteurs, und er wusste, dass es Spyros genauso ging. Wenn der *Malakka* das mit dem E-Werk rausfand – und das würde selbst ein blinder Esel ohne Blindenhund –, dann wäre die Gemeinde Paladiki endgültig am Ende. Sie müssten das Darlehen auf einen Schlag zurückbezahlen, was unmöglich war, da das Geld längst in andere Projekte, gute Projekte, investiert worden war. Panos war stolz auf seinen Freund Spyros, der die Gemeinde über Jahre mit unbändiger Energie vorangetrieben hatte. Zugegeben, die Projekte waren nicht zu hundert Prozent von der Sorte, wie sie von den Banken geliebt wurde, aber sie waren – Panos musste nachdenken, um das richtige Wort zu finden – visionär. Ja, das waren Spyros' Ideen: visionär!

Zu Panos' Stolz gesellte sich aber gleichzeitig eine enorme Wut. Wie konnte sein Bürgermeister, der doch die Verantwortung für sie alle trug, einen Vertrag aushandeln, der im Falle des Scheiterns die Übertragung des schönsten Strandes der Insel an eine deutsche Bank beinhaltete?! Nun näherte sich diese Gefahr unaufhaltsam mit der nächsten Fähre, und Spyros hatte offensichtlich keinen Plan B.

Panos stand auf und ging in die Taverne. Als er wieder herauskam, hatte er eine kleine Flasche Tsipouro in der Hand. Er goss sich ein Gläschen ein und obendrauf ein paar Spritzer frisches Wasser aus dem Glaskrug. Der Tresterschnaps, ähnlich dem italienischen Grappa, verfärbte sich milchig wie zuvor der Ouzo. Sein Cousin Kostas brannte auf der benachbarten Hauptinsel köstlichen Tsipouro und versorgte Panos immer mit ausreichend Vorrat für den privaten Verzehr. Im Gegenzug nahm Panos von Kostas Sportwetten entgegen. In seinem Minimarkt betrieb er nämlich auch das einzige Wettbüro der Insel. Allerdings nur für Einheimische oder »*special friends*«.

Der Tsipouro beruhigte Panos tatsächlich für ein paar Augenblicke. Er spürte wieder diese große innere, fast schon fatalistische Ruhe, die ihm zu sagen schien: »Die Dinge, die man nicht ändern kann, soll man einfach kommen lassen. Der Rest ergibt sich von alleine.«

Es blieb noch ungefähr eine Stunde bis zur Ankunft der Fähre und des deutschen Schnüfflers. Panos saß nur da und genoss die Ruhe. *Sigá, sigá.* Immer hübsch langsam.

Er schaute auf das Lichtspiel, das die Sonne durch die Blätter der Platane, die hier seit Menschengedenken stand, auf den mit rohen Steinplatten belegten Boden warf. Über ihm, wo die Äste des Baumes mit ihren großen, stolzen Blättern ein Dach bildeten, waberte das vom Meerwasser reflektierte Licht. Im Hintergrund klackerten in regelmäßigen Abständen die kleinen Tavli-Würfel von Barba Ilias und Barba Stavros, gefolgt von dem etwas satteren Klackern der hölzernen Spielsteine. Sollte er nur kommen, der Deutsche.

11

»*Leydies end Tsentelmen. In a fju minidss wie will arraaaiv ed Paladiki Eilend*«, knarzte eine Frauenstimme in brutaler Lautstärke aus den Lautsprechern der Fähre. Geissner hatte sich bereits vor fünfzehn Minuten in den unteren Bereich des Schiffes begeben und wartete ungeduldig auf die Landung. Laut Fahrplan waren sie schon weit hinter der angegebenen Einfahrtszeit in den Hafen. Aus Sorge hatte Geissner sich bei einem der griechischen Stewards erkundigt, ob Paladiki auch tatsächlich angefahren wurde. Diesen Chaoten war schließlich alles zuzutrauen. Aber nun hörte er die Ansage und war halbwegs beruhigt. Das Schiffshorn tutete mehrmals geräuschvoll. Dann öffnete sich langsam die Luke, sodass man durch den Spalt ein paar Hügel sehen konnte. Um Geissner herum begannen sich einige Ausstiegswillige zu scharen. Durch die sich nun weiter öffnende Luke sah Geissner, wie das Schiff auf die Anlegestelle zufuhr. Ein Mann stellte sich unverschämt nah an ihn heran. Geissner trat etwas echauffiert zwei Schritte zurück. Er machte seinem Unmut Luft, indem er mehrmals verächtlich durch die Nase schnaubte, was dieser Flegel aber scheinbar nicht mitbekam. Nun war die Luke beinahe vollständig geöffnet und bildete eine Ebene zum Ausstieg der Passagiere und zur Ausfahrt der Fahrzeuge. Zwei Stewards begaben sich, mit dicken Schiffstauen bewaffnet, in Position zum Anlegen. Dazu schrien sie irgendwelche griechischen Befehle. Geissner überprüfte, ob er auch alles bei sich trug und nicht versehentlich etwas vergessen hatte. Beruhigt stellte er fest, dass alles an seinem Platz war, und machte sich zum Ausstieg auf die feindliche Insel bereit.

12 Die Neuigkeit von der Ankunft des unerwünschten Spions hatte sich wie ein Lauffeuer verbreitet. Die rasche Streuung von Informationen hatte auf Paladiki eine lange Tradition, noch aus der Zeit bevor es Handys, Internet oder Telefone gab. Wenn früher ein Händler einem Fischer am Hafen von einer anregenden Begebenheit erzählte, wusste es der Schmied am anderen Ende der Insel bereits, bevor der Fischer es seiner Gemahlin hatte weitertragen können. Panos hatte sich oft gefragt, wie genau das funktionierte. Vielleicht verstanden die Bewohner die Sprache der Möwen, oder der Wind blies so günstig, dass er vollständige Gesprächsfetzen kilometerweit mit sich tragen konnte? Panos betrachtete dieses Phänomen als eines jener vielen Geheimnisse seiner Heimat, die er gerne unbeantwortet ließ, um deren Zauber nicht zu zerstören. Außerdem waren zu viel Forscherei und weibisches Hinterfragen unmännlich. Genauso wie bei jedem Wehwehchen zum Arzt zu rennen. Kerle mussten auch etwas einstecken können.

Panos stand neben dem inzwischen ausgeruhten Spyros auf dem flachen Dach eines Rohbaus, der ihm eines fernen Tages einmal als Lager für seinen Minimarkt dienen sollte. Gemeinsam erwarteten sie die Ankunft der Fähre, auf der sich der *germanos dynastis*, wie er und Spyros den Deutschen inzwischen nannten, befand. Er hatte vor drei Jahren mit dem Bau des Hauses begonnen, derzeit fehlte Panos jedoch das Geld, ihn abzuschließen. Allerdings stellte das Dach bereits eine wunderbare Aussichtsplattform dar. Von hier aus konnte man den ganzen Ort und den Hafen bestens überblicken.

Panos ließ den Blick über Paladiki-Ort schweifen. Der Wind hatte sich, wie jeden Tag um diese Zeit, etwas gelegt. Außer dem fernen Brummen eines Schiffsmotors und ein paar zirpenden Grillen war kein Laut zu hören. Auch die Sonne hatte an Kraft nachgelassen. Es war die Zeit des Tages, an der das Blau des Meeres stetig intensiver wurde, immer tiefer und mysteriöser. Ein paar Inselbewohner erwarteten die Ankunft der täglichen Fähre an der Hafenmole. Ein paar arbeiteten für den Fährbetrieb und halfen beim Anlegen und Entladen, andere harrten der Ankunft von Gütern, wieder andere versuchten, Geschäfte mit ankommenden Fremden zu machen. Und dann gab es noch jene, denen die Ankunft der Fähre einfach egal war, wie zum Beispiel den drei älteren Fischern, die gemütlich ein Boot lackierten, das mit dem Bug nach oben auf dem Trockenen lag. Aber vermutlich wussten auch die bereits, wie alle anderen, dass sich an Bord der Fähre ein Kreditprüfer aus Deutschland befand. Allerdings – und das war das Problem – hatte niemand einen Schimmer, wie er aussah.

Aus der Ferne hörte Panos das Signalhorn, und kurz danach schoben sich die Aufbauten der Fähre um die Felsnase, die den Hafen gegen das Meer schützte. Die folgenden Minuten, in denen die Fähre in den Hafen einlief und schließlich im Schritttempo auf die Mole zutrieb, kamen ihm außergewöhnlich zäh vor. Erst jetzt merkte er, wie nervös er war. Er kniff die Augen etwas zusammen und erkannte Nikos und Petros, die beiden Hafenpolizisten, die gerade aus ihrem gekühlten Kabuff herausschlenderten. Panos kannte die beiden seit seiner Kindheit, sie waren nur ein paar Jahre älter als er. Nikos saß die meiste Zeit des Tages über seinem Sudokuheft und versuchte, Denkspiele mit der Kennzeichnung »sehr schwer« zu lösen. Petros zeichnete gerne mit Kugelschreiber nebeneinanderliegende Quadrate auf ein kariertes Din-A4-

Blatt. In jedes Viereck malte er einen kleinen Stern. Er hatte Panos neulich erzählt, dass sein neuestes Projekt der Bau einer kleinen Garage für seine Angelruten sei, dessen Errichtung er akribisch plante. Allerdings verwarf er täglich die Einfälle des Vortages wieder.

Panos wandte den Kopf und blickte zu Spyros, der neben ihm auf dem Flachdach stand und seine Erregung über den bevorstehenden Besuch kaum verbergen konnte. Sein stets lebhaftes Gesicht wirkte angespannt, Schweißperlen standen ihm auf der Stirn. Er hielt sich ein Jagdfernglas vor die Augen. Panos versuchte, seine eigene Nervosität zu bekämpfen, indem er tief ausatmete, sich rücklings auf den kieselsteinübersäten Boden des Daches legte und erst mal eine Zigarette rauchte. Mit zugekniffenen Augen blickte er in den Himmel.

»Warum legst du dich hin, du Holzkopf?«, fragte Spyros. »Willst du vielleicht schlafen, während die Deutschen uns überfallen?«

»Nein, aber wenn du stehst, kann er dich ja sehen, du Zapfsäule.«

»Meinst du?«, fragte Spyros mit Fistelstimme.

»Ja klar, es sind nur fünfzig Meter bis zum Hafen, so weit sieht sogar ein Schaf.«

»Vielleicht hast du recht.« Wie ein Fremdenlegionär im Gebirge legte Spyros sich mit seinem Fernglas neben Panos auf den Bauch. »So, die Fähre hat angelegt, sie machen gerade die Leinen fest.«

Panos drehte sich um und beobachtete ebenfalls das Treiben auf dem Pier. Das Schiff wirkte in der kleinen Bucht von Paladiki überproportioniert. Wieder staunte Panos, dass eine so große Fähre in einem so kleinen Hafen anlegen konnte, obwohl er dieses Schauspiel ja täglich beobachtete.

Die Luke der Fähre öffnete sich, und einzelne Passagiere

spazierten hinaus. Zu dieser Jahreszeit waren es nicht sehr viele. Als Erstes kam ein älterer Herr ins Freie.

»Das kann er nicht sein«, entschied Spyros sofort. »Der sieht zu griechisch aus.«

Panos pflichtete ihm bei, obwohl er ihn ohne Fernglas einschätzen musste. Aber alle Inselhasen waren fabelhaft darin trainiert, griechische Touristen von ausländischen zu unterscheiden. Das war wichtig fürs Geschäft. Jedes Kind auf Paladiki konnte mühelos die Nationalität eines Fremden erraten, bevor es auch nur ein Wort mit ihm gewechselt hatte. Panos war besonders auf Frauen spezialisiert – worauf auch sonst? Auf hundert Meter konnte er problemlos eine Schweizerin von einer Berlinerin oder eine Österreicherin von einer Rheinländerin unterscheiden. Der Gang, die Mimik, die Kleidung – es war eine Mischung aus vielen Faktoren. Davon ließ sich profitieren. So hatte es immer einen großen Effekt, wenn er auf eine Schönheit zuging, die er als Norddeutsche identifiziert hatte, und sie zuallererst fragte, wie denn das Wetter in Hamburg sei. Seine Trefferquote war immens hoch und machte auf die meisten Frauen gewaltig Eindruck. Damit hatte er sie schon so gut wie im Schlafzimmer.

»Gib mal her!«, sagte Panos und entriss Spyros das Fernglas.

»He!«

Panos ignorierte ihn und beobachtete hoch konzentriert, wie zwei junge Typen mit einem Hund über die Fährenrampe schlenderten. »Iren …«, murmelte er.

»Iren?«, fragte Spyros ungläubig. »Um diese Jahreszeit?«

»Oder Italiener.«

»Die kommen erst im August.«

Spyros versuchte, Panos das Fernglas wieder zu entreißen, was dieser nicht zuließ. Es entstand ein kurzes Gerangel, aus dem Panos als Sieger hervorging.

»Beruhig dich, Mann!«, sagte er, während Spyros sich den Staub von dem verlorenen Machtkampf aus dem Hemd klopfte. Er spähte weiter durch das Doppelokular, als ihm plötzlich Brigitte und Steffi ins Blickfeld gerieten. Verdammt! Die hatte er ganz vergessen! Die beiden sahen sich suchend um, während sie vom Hafencafé zur Fährenrampe liefen. Gleich würden sie an Bord steigen. »Oh nein! Meine Mädchen!«, rief Panos und wollte sich aufrichten, aber Spyros packte ihn unwirsch am Handgelenk und zog ihn in Deckung.

»Willst du, dass man dich sieht, du Penner? Unsere Insel steht am Abgrund, und du Idiot denkst wieder nur ans Weibsvolk. Reiß dich gefälligst zusammen!«

»Ich wollte ihnen doch nur zurufen, dass ich sie liebe«, jammerte Panos. Dann sackte er erschöpft zurück.

Spyros brachte mit vorwurfsvollem Blick das Fernglas wieder in seinen Besitz und setzte es an die Augen. »Verdammt hübsche Dinger. Wie machst du das nur immer, du alter Hund? Die könnten doch jeden Adonis haben.«

»Die jungen Adonisse sind zum Einschlafen langweilig«, konterte Panos matt. »Außerdem hat mein Großvater immer gesagt: ›Auf alten Fregatten lernt man segeln.‹«

»Das hat *mein* Großvater gesagt«, gab Spyros zurück, ohne das Fernglas von den Augen zu nehmen.

»Egal. Sie sind dahin. Ich konnte mich nicht mal mehr von ihnen verabschieden. Diese kleinen Honigbienen. Was für Beine. Und dieser Duft! Ich hätte alles gegeben für eine letzte Stunde der Leidenschaft«, seufzte Panos, der inzwischen kraftlos auf der Seite lag.

»Reiß dich zusammen!«

Spyros hatte offensichtlich kein Verständnis für seine Sehnsüchte, mutmaßte Panos. Dabei musste er, wenn er ehrlich war, beinahe selbst über sein Verhalten lachen. Er beschloss, die Situation noch ein wenig auszureizen und seinen geliebten Odysseus zu zitieren: »Werden unsere Taten die Zeiten überdauern? Werden Fremde unsere Namen hören, lange nachdem wir tot sind, und sich fragen, wer wir waren? Wie tapfer wir kämpften, wie leidenschaftlich wir liebten?«

Panos verglich gerne seine Reise von Frau zu Frau mit der Irrfahrt des großen griechischen Helden. Besonders, wenn Spyros dabei war, der schon oft gejammert hatte, er könne diese ewigen Zitate nicht mehr ertragen. Das spornte Panos erst recht an. Im letzten Herbst zum Beispiel, als sie zusammen auf der Jagd nach Wildschweinen gewesen waren, hatten sie eine ganze Nacht auf der Lauer verbracht. Als der Morgen angebrochen war, hatten sie kein Schwein gesehen oder gehört. Diese Viecher waren einfach zu schlau. Selbstverständlich hatte Panos in dieser Situation Odysseus zitiert: »Erheb sich nimmer ein Mann zu frevlem Hochmut, sondern still empfang er ein jedes Geschenk von den Göttern.«

Spyros hatte daraufhin geseufzt und trocken entgegnet: »Es ist eine unendliche Trauer, dieses Elend.«

Unten am Hafen wurde es zunehmend betriebsamer. Nikos und Petros standen blöd herum. Was sind das nur für nutzlose Gesellen, dachte sich Panos. Kein Wunder, dass unser Land in eine Krise geraten ist, wenn überall lauter unbrauchbare Strolche beschäftigt sind und für ihr Nichtstun Geld bekommen. Wie immer saßen die beiden in dem kleinen Kabuff am Hafen. Was machten die eigentlich den ganzen Tag? Vermutlich schlafen, Pornofilme gucken und *Counterstrike* spielen – oder wie auch immer dieser Quatsch hieß. Panos schüttelte den Kopf. Nikos und Petros beaufsichtigten in ihren blauen Uniformen den Passagier- und Güterverkehr. An silbernen Stahlketten hingen überdurchschnittlich große und überdurchschnittlich laute Trillerpfeifen um ihre Hälse, von denen sie jetzt – wie immer, wenn ein Schiff ankam –

unaufhörlich Gebrauch machten. Im Prinzip war das Ankommen eines Schiffes der einzige Moment, in dem sie ihren Beruf ausüben konnten.

Das Trillern drang bis zu dem Aussichtsposten hinauf. Panos stöhnte. »Ihre gesamte Funktion scheint sich im Trillern zu erschöpfen.«

Spyros bleckte angewidert die Zähne und starrte weiter mürrisch durchs Fernglas. Panos drehte sich wieder auf den Bauch und betrachtete erneut den Pier. Der dickliche Nikos wischte sich gerade den Schweiß von der Stirn. Immerhin hatte der Polizist sich soeben etwa fünfzehn Meter von seiner Amtsstube entfernt – da konnte man schon mal ins Transpirieren geraten. Im Moment war Panos froh, dass er weit von Nikos entfernt war und dessen fürchterliches amerikanisches Deodorant, das aufdringlich nach Zypresse roch, nicht ertragen musste. Petros war von Natur aus eher schmächtig, hatte sich allerdings durch fleißiges Hanteltraining ein paar stattliche Muskeln angelacht. Er war gut gebräunt und hatte sehr volle Lippen. Eines seiner Augen hing etwas nach unten, daher wirkte er auf Menschen, die ihn nicht gut kannten, etwas unterbelichtet. Eigentlich war er das auch, fand Panos. Dafür hatte Petros einen guten Instinkt beim Poker. Schon mehrmals hatte er in winterlichen Pokernächten zwei- bis dreistellige Summen gewonnen – auch gegen Panos, was dieser zähneknirschend zugeben musste.

Panos beobachtete, wie die beiden Bekloppten auf ihren Pfeifen herumtrillerten, wild mit den Armen fuchtelten und den Autos, die von der Fähre fuhren, im Weg standen. Auch die wenigen Fußgänger, die das Schiff verließen, wurden aufs Wildeste angepfiffen. Nikos und Petros liebten diese täglichen Sekunden der Macht. Die größte Freude bereiteten ihnen Ausländer und im Besonderen Deutsche oder Schweizer, die zum ersten Mal in Griechenland waren, denn die hatten, im Gegensatz zu den Einheimischen, eine natürliche Ehrfurcht vor Uniformen, und das wirkte immer sehr wohltuend auf die beiden Gesetzeshüter. Panos dachte sich, dass die beiden Ehefrauen von Nikos und Petros vermutlich ziemlich glücklich sein müssten, weil ihre Gatten sich ja tagsüber spitze am Hafen austoben konnten und wahrscheinlich recht entspannt und gut gelaunt nach Hause kamen. Obwohl Panos ein guter Freund des Bürgermeisters war, schätzte er Obrigkeiten absolut nicht – vermutlich ebenso wenig wie jeder andere Bewohner auf Paladiki, abgesehen von Petros, Nikos und deren Ehefrauen.

Plötzlich schrie Spyros auf. »Oh, ein Basketballspieler!«

Panos wurde schlagartig hellwach, entriss Spyros das Fernglas erneut und setzte es an die Augen. Ein baumlanger, schlaksiger Typ mit Seitenscheitel und grauem Anzug lief unsicheren Schrittes die geriffelte Stahlrampe herunter. Mit einer Mischung aus Abscheu und Faszination blickte er auf Nikos und Petros, die ihn mit ihren Trillerpfeifen anpfiffen und ihm Instruktionen zuriefen. Der Mann deutete fragend nach links und rechts, oben und unten. Anscheinend war er tatsächlich gewillt, den Anweisungen der beiden Hafenpolizisten zu folgen, hätte er sie verstanden.

»Das ist kein Basketballspieler«, sprach Panos ruhig und konzentriert wie ein Jäger, der seine Beute im Zielfernrohr hat. »Das ist unser Deutscher.«

»Wie kannst du da so sicher sein?«

»Nur ein Deutscher würde versuchen, die Anweisungen dieser Idioten zu befolgen.«

13 Eine derart mangelhafte Organisation hatte Geissner noch nicht erlebt. Ungefähr so hatte er sich immer einen Basar in Kairo vorgestellt. Er hatte die Fähre verlassen und war nun auf dem asphaltierten Landungsplatz angekommen. Schwer atmend zog er seinen Rollkoffer hinter sich her. Was hatten bloß die beiden Hafenbeamten von ihm gewollt? Der eine hatte nach links gezeigt, der andere nach hinten, beide hatten auf ihn eingebrüllt, und er hatte keinen blassen Schimmer gehabt, was er hatte tun sollen. Wie sollte das nur weitergehen?

Er schritt durch eine stählerne Absperrung, wie man sie bei großen Rockkonzerten oder Demonstrationen verwendete und deren Sinn ihm in diesem Fall komplett verschlossen blieb. Er bemerkte einige Griechen, die vermutlich auf eintreffende Menschen warteten. Eine kleine Frau kam energisch auf Geissner zu und stellte sich ihm in den Weg. Sie war etwas dicklich, oder besser gesagt, vollschlank, ihre dunklen Augen waren gutmütig, und die Haut in ihrem Gesicht für ihr Alter – Geissner schätzte sie auf Mitte vierzig – erstaunlich glatt. Neben ihr stand ein etwa zehnjähriger Junge, der ihn mit lebendigen Augen musterte und ein Schild in der Hand hielt, auf dem »Rooms to let« stand. Geissner, der jederzeit damit rechnete, von den Griechen ausgeraubt, betrogen oder überwältigt zu werden, hielt seine Tasche fest umklammert und kontrollierte erneut, ob noch alle seine Habseligkeiten bei ihm waren – Armbanduhr, Smartphone, Brieftasche, Schlüssel. Das war ihm einfach alles zu viel auf einmal. Was wollte das Kind? Wer war diese Frau? Am liebsten wäre Geissner weinend zusammengebrochen. Ihn überkamen Erinnerungen an seine Kindheit, in der er oft das gleiche Gefühl verspürt hatte. Aber damals war meistens seine Mama oder seine Oma zur Stelle gewesen, die ihn in die Arme genommen und mögliches Unheil von ihm abgewendet hatten. Hier aber war er auf sich allein gestellt. Er versuchte, ruhig zu atmen, und entschloss sich, Frau und Knaben einfach zu ignorieren und festen Schrittes weiterzugehen.

Da sprach ihn die fremde Frau unvermittelt an, und zwar auf Deutsch. »Herzlich willkommen auf Paladiki! Ich heiße Maria und habe ein schönes Zimmer für Sie. Unser Hotel befindet sich nicht weit von hier, mit wunderbarem Blick auf das Meer. Fünfundzwanzig Euro pro Nacht.«

Ihr Deutsch war gut, und sie sprach trotz starkem Akzent sehr deutlich. Woher wusste sie eigentlich, dass er Deutscher war? Selbstbewusst lächelte sie ihn an. Das ist gewiss irgendeine miese Abzocke, dachte sich Geissner und versuchte, den beiden auszuweichen. »Äh, nein danke.«

Er wollte weiter, doch das »*Rooms to let*«-Schild kam ihm in die Quere. Dieser unverschämte Dreikäsehoch streckte es, so weit es ging, nach oben, direkt vor Geissners Gesicht. Vorsichtshalber tastete Geissner noch mal seine Taschen ab.

»Nur fünfundzwanzig Euro«, hakte die Frau freundlich nach. »Sie können das umfassende Angebot unseres Hauses nutzen. Sämtliche Einrichtungen sind im Preis inbegriffen.«

Geissner schüttelte noch einmal entschieden den Kopf und schob sich an den beiden vorbei. Man sollte nichts bei Straßenhändlern oder Hausierern kaufen. Das Erlebnis mit dem Tablettendealer war ihm da eine Lehre gewesen.

Jörg holperte eilig mit seinem Gepäck die übersichtliche Hafenstraße entlang. Leicht panisch drehte er sich um. Keiner war ihm gefolgt. Er zog sein Smartphone aus der Tasche und aktivierte Google Maps. Obwohl der Ort wirklich nicht groß und alles in Sichtweite war, würde er sich mit der digitalen Landkarte sicherer fühlen. Er verharrte einige Sekunden, und endlich erschien die vertraute Grafik des Navigationssystems. Er spürte, dass er sich und die Situation allmählich wieder unter Kontrolle hatte. Sein Atem wurde ruhiger. Er sah sich um. Bis auf die paar Leute am Hafen wirkte der Ort ausgestorben – abgesehen von einigen Ziegen, die durch die Straßen irrten. Plötzlich fing sein Smartphone an zu vibrieren, die Karte verschwand und wurde von Dr. Laichingers strengem Gesicht überblendet. Dazu ertönte die Titelmelodie von *Bonanza*. Geissner zuckte zusammen. Sein Chef wollte wie immer sofort alles wissen. Als ob er innerhalb von zehn Minuten gleichzeitig die Insel erkundet, die Einheimischen befragt, alles besichtigt und dokumentiert hätte und bereits wieder zur Abreise bereit wäre. Die Eigenschaft seines Chefs, ständig alles im Griff haben zu wollen, imponierte ihm zwar durchaus, andererseits fühlte er sich manchmal in den Status eines Schulbuben zurückversetzt – wie auch jetzt. Jörg holte tief Luft und nahm dann das Gespräch an.

»Sen Se ankomme auf derere Insel do?« Laichingers Stimme plärrte in sein Ohr.

»Ja, ich bin da … Gerade auf dem Weg ins Hotel … Sieht hier alles recht schäbig aus … Wir wollen jetzt die Roamingkosten nicht zu hoch werden lassen. Ich melde mich …«

»Ja, sehr gud, meldet Se sech schpäder aus em Hotel nomol, Härr äh …«

»Geissner. Mach ich. Auf Wiederhören.«

Roamingkosten. Damit konnte man Laichinger immer ruhigstellen, da sein Chef grundsätzlich großen Wert darauf legte, dass seine Mitarbeiter Reisekosten so gering wie möglich hielten.

Geissner sah sich um. Er war vor einem geschlossenen Geschäft stehen geblieben. Durch das staubige Schaufenster sah er gestapelte Stühle. Die Tapeten waren teilweise entfernt, nur wenige Fetzen klebten noch an den Wänden. Vermutlich ein ehemaliges Restaurant. Auf der Scheibe war von innen ein Schild mit der Aufschrift »*Poleitai – For Sale*« befestigt. Direkt neben dem Geschäft erblickte er ein stattliches Gebäude. Geissner ging ein paar Schritte zurück und betrachtete die nebeneinanderliegenden Bauwerke. Der Prachtbau neben dem Restaurant musste das größte Haus am Hafen sein, entschied er. Auf einem großen weißen Leuchtschild stand mit blauen Buchstaben »*Travel Agency*« und »*Tourist Office*«. Bingo!

Auf der Fähre hatte Geissner beschlossen, sich nach der Ankunft als Allererstes um sein Rückfahrticket für die Fähre zu kümmern. Schließlich hatte er mit Laichinger vereinbart, den Aufenthalt auf der Insel möglichst kurz zu halten. Frau Bonatz hatte die entsprechenden Buchungen für die Flüge und das Hotel veranlasst. Um die Fährtickets jedoch hatte er sich selbst kümmern müssen, da war sie an dem Onlineportal *www.greekferries.com* gescheitert. Auf Santorin hatte er versucht, Hin- und Rückfahrt in einem zu kaufen, jedoch hatte man ihm ohne Angabe von Gründen erklärt, dass er sich das Rückfahrticket auf Paladiki besorgen müsse. Außerdem besaß Geissner keine Wegbeschreibung zum Hotel Pelikan, das Frau Bonatz für ihn gebucht hatte. Schon seit seiner Abfahrt verunsicherte ihn diese Tatsache. Zumal das Hotel – typisch griechisch – die Onlinebuchung nicht bestätigt hatte. Er hatte also weder eine Adresse noch einen Buchungsbeleg. Auf dem Hotel-Informationsblatt war zwar die Rede von einem Swimmingpool und einer Hausbar, Aircondition, Fernseher, Meerblick und einem reichhaltigen Frühstücksangebot, die Anschrift jedoch stand nicht dabei. Und so war Geissner erleichtert, dass er das Touristenbüro von Paladiki auf Anhieb gefunden hatte. Hier würde man ihm weiterhelfen können. Er trat ein.

Hinter dem Informationstresen saß ein schlecht rasierter Mann um die fünfzig. Er hatte eine Glatze, dunkle Augenringe und eine Habichtnase mit stark geblähten Nasenflügeln. Sein Mund war sehr schmal, gerade mal ein Strich, und als er jetzt aufblickte, konnte Geissner eine Reihe schneeweißer dritter Zähne bestaunen. Geissner erwartete, dass der Mann etwas sagen würde, doch er sah ihn lediglich mit einem gequälten Gesichtsausdruck an. Seine Bäckchen hingen herunter wie bei einer Bulldogge. An wen erinnerte er ihn? Ah, genau! An Walter Matthau. Vermutlich hatte der Typ diesen Vergleich schon oft gehört, und es war auch nicht der richtige Zeitpunkt für derartige Bemerkungen, entschied Geissner leidenschaftslos. Er fragte sich, was das für ein Berufsleben war, tagein, tagaus in einem Touristenbüro zu verbringen. Auskünfte erteilen, Prospekte sortieren, Fahrkarten verkaufen, Landkarten betrachten – stinklangweilig. Und sicher nicht besonders gut bezahlt. Der Kerl war bestimmt schon seit einer halben Ewigkeit hier beschäftigt und empfand gleichzeitig Liebe und Abscheu für seinen Beruf. Besonders wenn irgendwelche Touristen kamen und etwas von ihm wollten – da war sich Geissner todsicher.

A ticket for the Naxos Express Ferry tomorrow afternoon, please«, sagte Geissner in seinem besten Englisch und sah sich im Raum um, um nicht die ganze Zeit auf die dritten Zähne starren zu müssen. Frau Bonatz hatte ihm kundgetan, dass man als Fremder in Griechenland mit Englisch praktisch überall durchkommen würde. Seine Aussprache war zwar nicht die beste und von einem deutlichen Akzent geprägt, aber bisher hatten seine Kenntnisse ausgereicht, um in einfachen Alltagssituationen zu bestehen. Der Mann senkte seinen Blick und wandte sich wieder seinem Computer zu. Geissner betrachtete den Bildschirm. Der Reisebüromensch hatte die Website eines griechischen Baumarktes geöffnet, und man sah eine hochwertige silberne Stabtaschenlampe auf dem Bildschirm. Gerade gab er einen neuen Begriff in das Suchfeld ein. Geissners Anliegen wurde leger ignoriert. Hinter dem Typ hing ein Kalender an der Wand, der vier Monate gleichzeitig anzeigte und dessen Datum man mittels eines verschiebbaren roten Vierecks ändern konnte. Er zeigte das gestrige Datum an.

»*Sorry, please!*« Geissner winkte dem Mann am Computer vor dem Gesicht herum, als wäre der ein krankes Pferd. Der Mann reagierte nicht. »*A ticket for the Naxos Express Ferry to Santorin, one-way, tomorrow afternoon, please!!!*«

»*What time?*«, fragte der Verkäufer nach einer gekonnt gesetzten Pause, ohne aufzublicken.

»*As I know, this ship travels only at two thirty in the afternoon.*«

»*Entaxi. Boat to Santorini. Naxos Express. Two thirty. Tomorrow afternoon*«, sagte der Verkäufer ernst, weiterhin ohne Geissner auch nur eine Sekunde angesehen zu haben. Er tippte die gewünschte Fährverbindung in seinen Computer. Dann schob er Geissner einen Zettel hin und sagte: »*Name!*«

Geissner schrieb säuberlich in Druckbuchstaben seinen Nachnamen. Der Verkäufer tippte die Buchstaben ab und druckte, nachdem sein Drucker hochgefahren und vorgewärmt hatte, das Ticket aus.

»*Forty-five Euro*«, sagte der Verkäufer und starrte hinter Geissner an die Wand.

Fünfundvierzig Euro? Also dreizehn Euro mehr, als er auf der Hinfahrt bezahlt hatte. Das gab es doch nicht! Geissner musste sich schon wieder zusammennehmen, um nicht emotional zu werden. Die leichte Schnappatmung allerdings konnte er nicht kontrollieren.

»*But … I have paid only thirty-two on the way to Paladiki.*« Jörg versuchte, nicht unsicher zu wirken.

»*Sorry, only Business Class. Economy is sold out, my friend.*« Diesmal blickte er Geissner an und lächelte gequält. Seine Zähne blitzten hell wie der Mond.

Geissner fühlte sich hilflos. Er spürte, dass jegliches Verhandeln mit dem unrasierten Reiseagenten völlig aussichtslos war, vor allem, weil er mit eigenen Augen gesehen hatte, dass es zwischen den verschiedenen Klassen auf der Fähre keinerlei Unterschied gab. Und nun sollte die zweite Klasse ausgebucht sein? So ein Blödsinn. Man versuchte augenscheinlich, ihn übers Ohr zu hauen. Wenn ihm das in Augsburg passiert wäre, hätte er jetzt nach dem Vorgesetzten verlangt. Hier aber blieb ihm nichts anderes übrig, als zähneknirschend die fünfundvierzig Euro zu bezahlen. Er nahm das Ticket entgegen. Als Namen hatte der Reisebüromann »Q. Giesman« eingetragen. Geissner ging nicht näher darauf ein. Man würde ihn ja hoffentlich auch mit dieser Karte aufs Schiff lassen.

Nun galt es noch, das Hotel zu finden. »*Can you tell me, where is the Hotel Pelikan?*«

»*Ochi*«, sagte der unfreundliche Reiseagent und starrte weiter auf seinen PC.

Wie bitte? »*What? Can you please tell me where is Hotel Pelikan?*« Geissner legte dem Reiseagenten das ausgedruckte Informationsblatt auf den Schreibtisch. Der Mann warf einen kurzen Blick darauf und bewegte dann ruckartig seinen Kopf nach oben, wobei sein Kinn in Geissners Richtung wies. Dazu schnalzte er sanft mit der Zunge zwischen den geschlossenen Schneidezähnen. Es machte ein Geräusch, wie wenn man eine kleine Flasche mit einem kohlensäurehaltigen Getränk öffnete. Geissner interpretierte diese Geste als ein bestätigendes Nicken und wartete artig auf die folgende Wegbeschreibung. Doch der Reiseagent rührte sich nicht. Stille. Der Computerausdruck lag auf dem Tresen. Geissner klopfte ungeduldig darauf. Was, bitte sehr, sollte dieses Theater hier?

»*Excuse me, I'm in hurry* … sprechen Sie Deutsch?« Der Verkäufer wiederholte seine Geste, diesmal etwas nachdrücklicher. »Na prima. Also, worauf warten Sie?!«

Geissner fuchtelte heftig mit den Armen, um den Reiseagenten anzuspornen. Doch der stand plötzlich auf und schrie Geissner an, als wäre der schwer von Begriff. »*Hotel Pelikan closed. We have crisis in Greece. Owner of hotel is dead.*«

Was? Das Hotel sollte geschlossen sein? Der Besitzer tot?

»*Dead?*«, fragte Geissner fassungslos nach.

»*Yeah, died in the sea. Drown. Understand?!*«

»*What? Drown?* Ertrunken?«

»*Yes, drown. In the sea. Need other hotel?*«

»*No.*« Mit diesem unfreundlichen Gauner wollte er nichts weiter zu tun haben. Er würde schon eine andere Unterkunft finden. »*I find hotel by myself.*«

Geissner schüttelte den Kopf und verließ das Touristenbüro. In Deutschland könnte es sich keiner erlauben, so mit Kunden umzuspringen. Der Hotelbesitzer sollte ertrunken sein? So ein Blödsinn. Die erzählten ihm doch die ganze Zeit einen vom Pferd, da war er sich sicher. Und dann noch die mutwillig falsche Schreibweise seines Namens: Giesman. Eigentlich eine enorme Respektlosigkeit.

Er stapfte mit seinem Rollkoffer zurück in Richtung Hafen, der – das fiel ihm erst jetzt auf – ziemlich dilettantisch aus grobem Beton gegossen worden war. Die kleinen Rollen seines Koffers klackerten laut über den unebenen Untergrund. Er sehnte sich nach seinem Büro.

In einem kleinen Café neben der Mole saß die Frau mit dem Knaben, die ihm vorhin das Zimmer angeboten hatte. Sie trank nichts, blickte nur hinaus aufs Meer. Der Knirps beschäftigte sich mit einem Spuckefaden, den er, den Kopf in die Arme gestützt, möglichst lange baumeln ließ. Geissner räusperte sich angeekelt. Der Junge blickte auf und starrte ihn an. Geissner versuchte, ihn zu ignorieren, allerdings wie üblich ohne Erfolg. Obwohl er absolut keine Lust hatte, die Frau anzusprechen, musste er über seinen Schatten springen. Er brauchte schließlich eine Unterkunft, und sie schien ihm noch immer vertrauenswürdiger als der übergeschnappte Reiseagent. Jörg baute sich mit leicht gespreizten Beinen und lässigem Colt-Seavers-Blick vor den beiden auf und merkte, dass er leicht im Gesicht und unter den Achseln schwitzte. Er freute sich auf eine Dusche. Natürlich gab er sich die größte Mühe, sich seine Unsicherheit nicht anmerken zu lassen und versuchte, entsprechend seinem Gesichtsausdruck, kernig zu sprechen, doch seine Stimme klang eher brüchig: »Äh, Entschuldigung, dann würde ich doch gerne noch mal auf Ihr Angebot zurückkommen.«

Geissner hasste es, auf diese Art indirekt seinen Fehler einzugestehen. Man sollte sich eben nie auf eine Sekretärin verlassen.

»Kein Problem«, antwortete die Frau. »Das Zimmer für dreißig Euro pro Nacht. Sämtliche Einrichtungen inbegriffen.«

Jörgs Hirnfunktionen setzten kurz aus. Das Gefühl der Handlungsunfähigkeit, diese Blutleere im Kopf, diese Ohnmacht war ihm nicht neu. Normalerweise aber setzte dieser Schockzustand nur bei wirklich großen Problemen ein, zum Beispiel, wenn beim Pinkeln einer neben ihm stand und er deswegen nicht »konnte«. Lebten denn nur Gangster hier auf dieser Insel?

Jörg riss sich zusammen. »Waren es vorhin nicht fünfundzwanzig Euro?« Er versuchte, freundlich zu bleiben, was allerdings komplett in die Hose ging.

»Ja. Nur leider ist jetzt das günstige Zimmer nicht mehr frei, mein Herr.«

»Äh, also …«

»Sie können dafür sämtliche Angebote und Anlagen des Hotels nach Lust und Laune nutzen.«

Sie lächelte ihn gewinnend an. Was sollte er tun? Es half nichts. Er musste in den sauren Apfel beißen. Er nickte und sagte: »Okay.«

Die Frau lächelte, stand auf und streckte ihm die Hand hin: »Ich bin, wie gesagt, Maria. Das ist mein Sohn Dimitris.« Sie zeigte auf den kleinen Jungen, der das Schild gehalten hatte und sich in seinem Stuhl lümmelte. Dann setzte sie sich in Bewegung und machte Jörg ein Zeichen, ihr zu folgen.

14

Von ihrem Spionageplatz aus beobachteten Panos und Spyros, wie der Deutsche Maria und ihrem Sohn folgte.

»Was ist das für ein Bankangestellter, der ohne Hotelreservierung auf eine fremde Insel fährt und sich dann am Hafen von einer wildfremden Frau ein Zimmer aufschwatzen lässt?«, fragte Spyros. »Er hat ja schließlich einen geschäftlichen Termin, da kümmert man sich doch vorher. Hat der keine Sekretärin? Ich verstehe das nicht.«

»Bei den Deutschen blick ich sowieso nie durch. Die machen die Sachen gern komplizierter als nötig. Denk nur mal an Kartenspiele! Bis man da die Regeln erklärt hat, vergehen Wochen.«

»Das stimmt. Wenn du mit einem Deutschen Tavli spielst, kommt er immer mit noch nie gehörten Regeln daher und erklärt dir, dass du diesen oder jenen Zug aus diesem oder jenem Grund so nicht machen kannst – zufällig immer zu seinen Gunsten.«

»*Malakkes.*«

Ächzend standen die beiden auf, klopften sich den Staub aus den Klamotten und machten sich wie jeden Tag um diese Zeit auf den Weg in die Lyra.

»Wie wollen wir vorgehen? Gibt es eine Strategie?«, fragte Spyros.

»Ich würde sagen, wir lassen es auf uns zukommen. Manchmal ist die beste Strategie, keine Strategie zu haben«, gab Panos zu bedenken. Schließlich hatten sie hier den Heimvorteil und saßen im Zweifelsfall am längeren Hebel. Außerdem, dachte Panos, wenn einer eine Strategie nötig hatte, um hier nicht vor die Hunde zu gehen, dann war es dieser Banker. Diesem Investorenpack war es ja offenbar genug, durchs Land zu ziehen, um anderer Leute Früchte zu ernten. Worüber er sich dabei am meisten aufregen konnte, war die Tatsache, dass sich diese Schmarotzer auch noch so wahnsinnig clever und überlegen vorkamen. Gerade die Deutschen fühlten sich oft besonders überlegen. Was sie im Zweiten Weltkrieg nicht bekommen hatten, versuchten sie jetzt mit ihrem Geld zu erkaufen: die Weltherrschaft. Dabei waren sie einfach nur käsebleiche Sesselfurzer, die er längst durchschaut hatte. Und dieser Typ! Mein Gott! Panos musste ein Lachen unterdrücken. Dieser Typ war einfach nur eine Witzfigur. So steif und überfordert, wie der aussah, musste man keine Angst vor ihm haben. Sich wegen so einem eine »Strategie« auszudenken wäre wirklich übertrieben.

Mittlerweile hatten sie die Lyra schon fast erreicht. Sie waren auf die Hauptgasse eingebogen, die direkt zur Platia, dem Dorfplatz, führte und wie alle anderen Gassen für Autos zu eng war.

»Der Deutsche wird nach seiner Reise hungrig sein. Wahrscheinlich wird Maria ihn in die Lyra schicken«, sagte Panos. »Früher oder später taucht er hier auf.«

»Dann lass uns entspannt auf ihn warten.«

»Klar, *giati ochi* – warum nicht?« Es war immer ein gutes Gefühl, wenn sich die Dinge arrangierten, fand Panos. »Da gibt es doch so ein deutsches Märchen mit einem Hasen und einem Igel, die einen Wettlauf machen«, fiel Panos ein. »Eigentlich sollte man meinen, der Igel hätte keine Chance, aber der Kleine ist schlau. Er sagt seiner aktuellen Igelfrau, sie solle sich am anderen Ende der Rennstrecke hinstellen und warten. Am Start läuft der Hase jedes Mal wie ein Wahnsinniger los, und die Igel bleiben, wo sie sind. Für den Hasen sehen die Igel aber alle gleich aus, und er merkt nicht, dass es zwei sind. Jedes Mal, wenn er ankommt, sagt einer der Igel: *Ich bin schon da.* So ähnlich läuft es jetzt bei uns auch.«

Sie waren an der Lyra angekommen, und Panos setzte sich zufrieden auf einen der mit Bast beflochtenen Holzstühle in den Schatten. Der Bürgermeister setzte sich nachdenklich zu ihm. »Was soll das heißen? Denken die Deutschen, dass wir alle gleich aussehen?«

15 Das Hotel trug originellerweise den Namen Hotel Paladiki. Nachdem Maria ihm kurz sein Zimmer gezeigt hatte, nahm sie am Empfangstresen Jörgs Daten auf. Geissner bemerkte, dass außer zwei kleinen Tischen neben der Rezeption, drei völlig identischen Gästezimmern (von denen zwei leer standen), zwei Toiletten und einer Gemeinschaftsdusche auf dem Gang keinerlei Einrichtungen zu sehen waren.

»Äh, Sie sprachen vorhin von Angeboten und Anlagen, die ich nutzen könne. Was genau haben Sie damit gemeint?«

Maria zuckte freundlich mit den Schultern. »Damit habe ich selbstverständlich die Anlagen des Hotels gemeint. Sie können an der Rezeption sitzen, abends gemütlich einen Ouzo trinken, die Dusche und das WC benutzen, das Zimmer besitzt ein Fernsehgerät und Aircondition. Wir haben auch einen öffentlichen Fernsprecher auf unserer schönen kleinen Platia.«

»Platia?«

»Dorfplatz.«

»Aha. Ist das weit von hier?«

Maria legte den Kopf nach hinten und schnalzte mit der Zunge wie vorhin der unverschämte Reisebüromensch.

»Was bedeutet denn das, wenn Sie so mit der Zunge schnalzen?«

Maria lachte. »Oh, das bedeutet ›nein‹.«

»Interessant.«

Geissners sämtliche Vorurteile und Befürchtungen wurden exakt bestätigt. Diese Leute waren nicht nur betrügerisch, unverschämt und verlogen, sondern hatten auch noch völlig geisteskranke Gesten. All dies beunruhigte ihn sehr, und er war wirklich froh, bald wieder abreisen zu können. Er beschloss, das Hotel samt seinen sogenannten Anlagen etwas zu erkunden. Das Gebäude hatte neben dem Parterre nur ein Obergeschoss. Alles war ausgesprochen spärlich eingerichtet, an den Wänden im Flur und an der Rezeption hingen ein paar Bilder mit naiven Malereien und diverse, völlig verblichene Ansichtskarten, außerdem ein großes gerahmtes Poster von Carlos Santana. Hinter dem Empfangstresen hing ein kleines Bücherregal mit vier oder fünf Taschenbüchern, ein Schlüsselboard und etwas seitlich ein abgerundeter, mit einem Vorhang verhangener Durchgang. Vermutlich ging es dort in die privaten Räumlichkeiten der Hoteliersfrau.

Noch trostloser war es oben im Gästebereich. Hier wohnte allem Anschein nach Marias Sohn, denn an einer der Türen stand mit bunten Buchstaben: »Dimitris«. In Geissners Zimmer roch es, wie überall im Hotel, intensiv nach Mottenkugeln. Die Zimmerausstattung bestand aus einem Tisch mit Stuhl, einem kleinen Fernseher, der mit einer abenteuerlichen Konstruktion an der Decke befestigt war, einer ziemlich mitgenommen wirkenden Klimaanlage, einem Aschenbecher und zwei teils mit Tesafilm geflickten Fernbedienungen, die eine vermutlich für den Fernseher und die andere für die Aircondition, sowie einem Bett aus Kiefernholz samt Matratze. Statt ordentlichem Bettzeug waren eine blaue Polyesterdecke und ein dünnes, weißes Leintuch bereitgelegt. Geissner hasste es, wenn Bettdecken im Hotel keinen Bezug hatten. Er öffnete seinen Koffer und packte zunächst seine Arbeitssachen aus. Fein säuberlich reihte er – in genauen Abständen und nach Größe geordnet – Stifte, Büroutensilien und Mappen neben seinem im Zentrum platzierten Laptop auf. Ein choreografisch tadellos bestückter Arbeitsplatz. Den Aschenbecher stellte er unter das Bett und schob ihn mit dem

Fuß weit genug darunter, dass er aus keinem Blickwinkel mehr zu sehen war.

Generell hasste Geissner es, auswärts zu schlafen. Dieses »Hotel« aber schlug dem Fass den Boden aus. Es war eine Zumutung, in solch einer Absteige wohnen zu müssen. Hier war seit Jahrzehnten nicht investiert worden, das war offensichtlich. Kein Wunder, so dachte er sich, dass Griechenland pleitegegangen war. Wer Geld verdienen wollte, musste rechtzeitig und kontinuierlich investieren und vor allem reinvestieren. Für ihn war es schon immer selbstverständlich gewesen, dass Erfolg nicht von ungefähr kam und dass man, wenn man es im Leben zu etwas bringen wollte, Verzicht üben musste. Gerade dann, wenn man nicht in der Poleposition startete oder intellektuell nicht zu den Gesegneten gehörte. Und beides traf in seinen Augen auf Griechenland zu. Die Griechen könnten einiges von den Deutschen lernen, aber sie wollten offenbar nicht. Sie waren beratungsresistent, und außerdem jeder auf seine Art ein kleiner Ganove, das hatte er ja schon bei seinen ersten beiden Kontakten mit Maria und dem Touristenmann erleben dürfen. Diese Haltung konnte ja nur in die Hose gehen. Nie Steuern zahlen, die ganze Welt anlügen und sich dann wundern, dass der Schwindel eines Tages auffliegt. Nein, dafür hatte Geissner kein Verständnis.

Er selbst hatte sich schon in sehr jungen Jahren auf sein Ziel fokussiert, als sich seine Klassenkameraden noch im Hormonsumpf verloren hatten. Bereits als Fünfzehnjähriger hatte er bei einem Informationsnachmittag, den das Arbeitsamt seinerzeit in seiner Schule veranstaltet hatte, mehrere Bankinstitute kennengelernt, unter ihnen auch die AVA-Bank. Ab dem Moment stand sein Traumberuf fest. Nach dem Abitur hatte er die Ausbildung zum Bankkaufmann samt Abschlussprüfung mit Bravour abgeschlossen, war auch planmäßig von dem Bankinstitut übernommen worden und schnell bis zum Leiter der Kreditmanagementabteilung aufgestiegen. Nie hatte Jörg was anderes probiert oder gewollt. Wozu auch? Seine Arbeit war gewiss nicht immer ein Honigschlecken gewesen, aber seine Karriere lief wie gewünscht, und er hatte stets ein Ziel und eine Beschäftigung gehabt. Im Prinzip – da konnte Britta sagen, was sie wollte – gefiel ihm seine Arbeit und sein geregeltes Leben ausgezeichnet. Sie entsprachen ihm eben. Daran hatte sich bis zum heutigen Tag nichts geändert.

Beruflich musste Geissner neben seinem Hauptgeschäft, dem Prüfen von Sicherheiten und dem Einschätzen von allerhand abstrusen Geschäftsideen – ein absolutes Muss vor der Bewilligung eines Darlehens –, auch von Zeit zu Zeit die Leistungen von Kollegen beurteilen. Mitarbeiterführung war nicht sein Ding. Vorträge halten, Mitarbeitergespräche führen – ein Albtraum für Geissner. Aber im Lauf der Jahre hatte er sich halbwegs damit abgefunden. Seine eigentlichen Stärken allerdings waren seine Unbestechlichkeit und Zuverlässigkeit. Er hatte seiner Bank noch nie einen Schaden verursacht, und er war beharrlich, oh ja, das war er wirklich!

Sein Handy klingelte erneut, vielmehr: Die *Bonanza*-Melodie ertönte.

Natürlich Laichinger. Wer sonst? »Ond, sen Se im Hotel, Härr …?«

»Ja, ich bin im Hotel, aber in einem anderen als geplant«, antwortete Geissner. »Das von Frau Bonatz gebuchte Hotel Pelikan gibt es nicht mehr, weil der Besitzer angeblich verstorben ist …«

»Verschtorbe?«

»Ja, haha, wirklich, offenbar ertrunken.«

»Wann denn des?«

»Oh, äh, wann … das kann ich nicht sagen. Aber ich habe mir sofort eine andere Unterkunft organisiert. Ich wohne jetzt im Hotel Paladiki.«

Geissner stellte sich gerade vor, wie sein Chef in seinem großzügigen Büro in Augsburg auf dem dunkelbraunen Glattlederchefsessel saß, vermutlich leicht die Augenbrauen hob und auf seine Fotowand blickte, die Aufnahmen von Laichinger mit bekannten Persönlichkeiten aus Wirtschaft und Politik zeigte. Sogar ein Foto von ihm mit Joachim Gauck hing dort, hübsch gerahmt, und eines mit Guido Westerwelle.

»Ah so?«, sagte Laichinger mit leicht besorgtem Unterton. »Hoffentlich isch des net doppelt so teuer wies erschte.«

»Doppelt so teuer?« Geissner lachte künstlich empört. »Nein, nein, das ist durchaus bezahlbar.«

In einem Rhetorikkurs hatte Jörg einmal gelernt, dass es beim Gegenüber gut ankam, wenn man die letzten Worte des Vorredners wiederholte. Seitdem wandte er diesen Trick möglichst in jedem Telefonat an.

»Nur interessehalber: Wie viel zahlet Se denn pro Nacht?«

»Vierzig Euro.«

»Ah, des geht. Frühschtügg inbegriffe?«

»Frühstück?«

»Ja! Frühstügg!«, blaffte Laichinger. »Und höret Se met derer saublöde Wiederholerei auf!«

Geissner fragte sich, ob die plötzliche Gereiztheit seines Chefs nicht überzogen war. Gut, auch Britta hatte ihn häufig darauf aufmerksam gemacht, dass sich der Wiederholungstrick auf Dauer dümmlich und senil anhörte. Aber er hatte nicht das Gefühl, es eben übertrieben zu haben. Vielleicht ein bisschen, was daran liegen mochte, dass er sich in die Enge getrieben fühlte.

»Frühstück ist dabei«, log Geissner, weil er gar nicht

wusste, ob Frühstück im Preis inbegriffen war. Gab es überhaupt einen Frühstücksraum? Zur Not müsste er es eben selbst zahlen.

»Ond? Konnte Se scho was wege dem E-Wärgg rausfinde?«

»Nein, äh, wie gesagt, ich bin erst grad vorhin …« Es klopfte an seine Zimmertür. »Entschuldigen Sie, Herr Laichinger, es hat geklopft. Moment, bitte.«

»Wie?«

»Geklopft hat es. An der Tür!«

»Ah ja, na ja, nå machet Se halt auf!«

Geissner stellte sich vor, dass Laichinger gerade die Urkunde, die ihn als »Augsburger Unternehmer des Jahres 1998« auswies, fokussierte.

Jörg legte das Handy aufs Bett, sprang auf und öffnete. Vor der Tür stand Maria. Hinter ihr lugte neugierig ihr Sohn Dimitris hervor. »Was ist denn?!«

»Verzeihen Sie«, sagte Maria, wieder sehr freundlich. »Ich weiß, es ist ungewöhnlich, aber wäre es sehr unhöflich von mir, wenn ich Sie bitte, mir das Geld für Ihren Aufenthalt schon im Voraus zu bezahlen?!«

Also, das ging ja gar nicht! Er hatte hier ein Geschäftstelefonat mit seinem Chef zu führen, und die Alte platzte mit Geldforderungen herein. »Entschuldigen Sie, ich telefoniere gerade!«, blaffte er sie an. »Ich komm nachher runter!«

Er schloss energisch die Tür, sodass Maria zurückweichen musste. Bevor die Tür jedoch ganz zu war, sagte sie noch: »Verzeihung.«

Geissner nahm das Telefon wieder ans Ohr. »Unglaublich. Zustände sind das …«

»Aha. Wann schauet Se sech jetz des E-Wärgg an? Mir wartet auf Ergäbniss, guder Mann«, sagte Laichinger.

»Ich will versuchen, heute noch den Bürgermeister zu treffen. Den Strand besichtige ich auch … und selbstverständlich das E-Werk, alles! … Ja, natürlich, ich schicke Ihnen Fotos … Ich weiß, dass es dringend ist …«

Geissner wusste, dass seine Kollegen ihn hinter seinem Rücken mit Spitznamen wie »graue Maus«, »Doktor Allwissend« oder eben »schwäbische Hausfrau« bedachten. Doch wahrscheinlich bewunderten sie ihn nun insgeheim, dass er mit diesem verantwortungsvollen Auftrag betreut und einfach so mir nix, dir nix nach Griechenland gereist war. Vielleicht lachten sie sich aber auch über die Vorstellung kaputt, wie er sich mit den Griechen abplagen würde. Doch das war ihm egal. Er würde die Sache zur Zufriedenheit seines Unternehmens vollenden. Hier ging es schließlich nicht um Peanuts. Deshalb verstand Geissner Laichingers Nervosität.

»Also, Sie meldet sech, Härr äh …«

Wie immer war er enttäuscht, dass sein Boss sich nicht die Mühe machte, seinen Namen zu behalten. Gerade diesmal hätte er sich gefreut, ihn direkt und mit Stolz aus dem Telefon zu hören. Schließlich war er es, Jörg Geissner, der sich hier für die Firma – mit Verlaub – den Arsch aufriss. Geissner ließ sich dennoch nichts anmerken und verabschiedete sich artig. Als er das Gespräch beendet hatte, blickte er auf sein Smartphone und dann an die Wand. Auch wenn Laichinger ihn immer wieder demütigte, war Geissner im Grunde fasziniert von der Männlichkeit seines Chefs, seiner Ausdauer und jener unbeugsamen Beharrlichkeit. Dem konnte keiner ein X für ein U vormachen. Das war schon ein toller Bursche, der Laichinger, ein Draufgänger, ein Desperado, ein Teufelskerl! Bei ihm saß jeder Handgriff, jeder Satz traf ins Schwarze, sämtliche Entscheidungen waren wohldurchdacht, Diskrepanzen wurden rigoros ausgeräumt. Geissner war sich sicher, dass Laichinger sich in entsprechenden Situationen ebenso mutig und heldenhaft benehmen würde wie Bruce Willis in *Stirb langsam* oder Arnold Schwarzenegger in *Total Recall*. Geissner lächelte.

Da klopfte es erneut, und Maria kam, diesmal ohne eine Einladung abzuwarten, in sein Zimmer. Sie machte nicht den Eindruck, als wäre ihr das Hereinspazieren unangenehm. Hinter ihr lugte wieder ihr Sohn Dimitris durch die Tür.

»Hören Sie, ich würde mich schon über etwas mehr Privatsphäre freuen!«, beschwerte sich Geissner.

»Selbstverständlich«, sagte Maria freundlich wie immer. »Aber wäre es unhöflich, wenn ich nochmals fragen …«

»Ja, schon gut.« Geissner schnaubte, rollte mit den Augen, blies Luft aus den Backen und schüttelte leicht den Kopf. Diese Kombination von Gesichtsausdrücken hatte er sich von Britta abgeschaut. Er kramte demonstrativ genervt die passenden Scheine aus seinem Geldbeutel und gab sie ihr. »Ich bräuchte dann bitte eine ordentliche Rechnung mit ausgewiesener Mehrwertsteuer. Mehr-wert-steu-er! Falls Sie wissen, was ich meine.« Geissner gab sich keine Mühe, freundlich zu sein. Sie hatte ihn aus seinen schönen Gedanken über seinen Chef gerissen. Dazu kam noch diese Insel, das Hotel, der Preis, die Vermieterin und ihr Sohn, überhaupt diese verflixte Mission – es war zum Kotzen.

»Selbstverständlich bekommen Sie eine Rechnung. Vielen Dank.«

Freundlich lächelnd zog sie sich zurück. Dimitris rannte polternd vor ihr die Treppe nach unten. Geissner hörte noch, wie sie ihrem Sohn auf Griechisch in strengem Ton etwas zurief. Jörg holte aus seinem blauen Rollkoffer einen sauber zusammengelegten blauen Müllsack heraus und entfaltete ihn. Angewidert nahm er die Polyesterdecke vom Bett, legte sie sorgfältig zusammen und deponierte sie in dem Plastiksack. Dann schob er ihn neben den Aschenbecher unter das

Bett. Sodann nahm Geissner seine eigene mitgebrachte Decke, auf der japanische Schriftzeichen in Orange und Rot abgebildet waren, sowie ein hellblaues Leintuch aus dem Koffer und begann, das Bett zu beziehen. Nach vollendeter Arbeit begutachtete Jörg sein Werk. Nicht ein Fältchen war zu erkennen. Doch dann schien ihn etwas zu stören. Mit zweifelndem Blick betrachtete er das Bett. Probehalber legte er sich darauf, und sein Verdacht bestätigte sich: Es war viel zu kurz. Geissners Füße standen gute fünfzehn Zentimeter über das Fußende hinaus. Er seufzte.

Nachdem er ausgepackt hatte, wollte er sich ein wenig frisch machen. Er trat auf den Gang und öffnete die Holztür zur Gemeinschaftsdusche. Es gab keinen Duschvorhang. Er schüttelte kurz den Kopf, aber eigentlich wunderte ihn gar nichts mehr. Jörg entkleidete sich, nachdem er überprüft hatte, dass die Tür durch den kleinen Absperrhaken auch wirklich ordentlich zu war, stellte sich unter die Dusche und drehte das Rad mit dem roten Punkt. Ein ausgesprochen spärliches Rinnsal floss aus dem Duschkopf, aber wenigstens war das Wasser warm. Lauwarm. Er hatte sich gerade eingeschäumt, als auf einmal eine brühend heiße Fontäne herausschoss. Er kreischte auf und sprang zur Seite. Dann drehte er an dem Rädchen mit dem blauen Punkt und regulierte halbwegs die Temperatur. Sorgfältig frottierte er seinen weißen Körper ab, zog sich seinen Lieblingsschlüpfer – weiß mit Eingriff – und ein sauberes Unterhemd an, hängte sich wie Rocky Balboa sein Homer-Simpson-Handtuch um den Nacken und watschelte zurück in sein Zimmer. Dort angelangt, zog er sich vollständig an, ging zum Fenster und sah hinaus. Er hatte ein Zimmer mit Blick aufs Meer bekommen. Man sah Teile der Insel mit ihren schroffen Felsen, das viele Grün und die netten weißen Häuser links und rechts. Dazu hörte man das Meer rauschen, der Himmel war strahlend blau und wolkenlos. Jörg beobachtete ein paar Möwen, die sich im Wind treiben ließen. Die Luft roch nach einem bestimmten Gewürz, dessen Name ihm nicht einfiel. Aber der Geruch machte ihn hungrig. Auch wenn es ihm vor dem Gedanken graute, sich hier in der Fremde was zum Essen organisieren zu müssen, beschloss er, auf »Nahrungssuche« zu gehen, wie sein Vater nächtliche Besuche des Kühlschrankes bis zum heutigen Tage scherzhaft nannte.

Er nahm seine schwarze Aktentasche mit den nötigsten Unterlagen in die Hand. Darin befanden sich: ein Mäppchen mit Kugelschreibern, die alle das AVA-Logo eingraviert hatten, diverse Blöcke sowie der schwarze Terminkalender, in den er pedantisch die wichtigsten Geburtstage von Kunden, Kollegen und Verwandten immer kurz vor Weihnachten aus dem Vorjahreskalender übertrug. Dann sperrte er sein Zimmer von außen ab und ging hinunter zur Rezeption, an der Maria saß und gerade Unterlagen sortierte.

»Entschuldigen Sie, wo ist dieser Platz, von dem Sie vorhin gesprochen haben?«

»Nur wenige Schritte von hier. Dort befindet sich neben dem Minimarkt auch die Lyra, ein kleines griechisches Lokal. Sie können dort sehr gut essen, und es gibt ausgezeichneten Wein. Sie gehen einfach nach links aus dem Hotel hinaus, dann bergauf bis zu der lauschigen Platia. Dann sehen Sie es schon.«

»Danke schön! Und ... es gibt doch hier so einen historischen Strand. Können Sie mir sagen, wie ich dorthinkomme?«

»Ach, der Strand ist leicht zu finden. Rechts vom Hotel führt eine Straße in Richtung der Berge. Da gehen Sie entlang und kommen nach einiger Zeit an eine Kreuzung. Dort biegen Sie links ein, und nach circa einer Viertelstunde sind Sie am Strand. Dort ist es wirklich wunderschön, meist menschenleer, und man hört nur die Wellen und die Möwen. Übrigens, hier.« Sie reichte ihm die bereits ausgefüllte Quittung für sein Zimmer.

Jörg bedankte sich und marschierte los. In einer sehr engen Gasse begegnete er einer uralten Griechin, die ihm freundlich zunickte. Tatsächlich war er nach wenigen Minuten vor besagtem Lokal.

Im puristisch gehaltenen Innenraum waren keine Gäste. Ein Fernseher, der wie in Geissners Hotelzimmer mit einer eigenwilligen Konstruktion an der Decke angebracht worden war, übertrug in brüllender Lautstärke ein Fußballspiel. Vor dem Lokal saßen ein paar Einheimische, und auf einer Bank an der Wand neben dem Fenster beugten sich zwei Greise über ein Spielbrett.

Geissner setzte sich unter die Platane an einen der einfachen Holztische, die vor dem Lokal aufgestellt waren. Der Tisch wackelte. Geissner suchte nach Bierdeckeln oder Ähnlichem, fand aber nichts. Auf dem Tisch stand neben einem gläsernen Aschenbecher ein metallener Serviettenhalter mit sehr dünnen weißen Servietten. Von denen hätte er hundert benötigt, um den Tisch zu stabilisieren. Also ließ er es bleiben.

Einer der Griechen – wohl der Ober – stand betont langsam auf und trat an Geissners Tisch. »*What can I do for you?*«

Der Mann war schätzungsweise um die vierzig, hatte graues Haar, Koteletten und war unrasiert. Er trug Jeans und ein weißes Hemd, das er nicht in die Hose gesteckt hatte. Es hing einfach so herunter. Schöne Manieren, dachte Jörg. Er entschied sich für ein großes Wasser und einen griechischen Bauernsalat. »*A greek salad and a big water, please.*«

»*No problem.*« Der Ober verschwand im Inneren des Lokals.

Geissner schaute vorsichtig erst zu den alten, dann zu den etwas jüngeren Griechen, die ihm sämtlich keine Beachtung zu schenken schienen. Hatte sich seine Ankunft noch gar nicht herumgesprochen? Oder waren diese Leute einfach ignorant? Interessierten sich nur für ihre kleinen Belange und bekamen von der weiten Welt nichts mit? Oder stellten sie sich nur teilnahmslos? Geissner ließ die Gedanken und seinen Blick schweifen. Die jüngeren Griechen tranken Bier, die älteren Wein. Und das am helllichten Tag, bemerkte Geissner missfällig. Solch ein zügelloses Verhalten war ihm unverständlich. Er selbst trank so gut wie nie Alkohol, höchstens an Silvester oder mal ein Glas Sekt bei Firmenfeiern. Die jüngeren Einheimischen waren in eine Diskussion vertieft, von der Jörg nichts verstand. Außer das Wort »*Malakka*«, das auffällig oft zu vernehmen war und das er automatisch auf sich bezog.

16

Panos hatte den Schnüffler als Erster bemerkt und den anderen zu verstehen gegeben, sich unauffällig und neutral zu verhalten. Neben ihm saßen Spyros und Dimitris. Vasilis war gerade aufgestanden, um den Fremden zu bedienen. Auf ihrer dunkelblau gestrichenen Bank an der Wand neben dem Fenster hockten wie immer die zwei Alten Barba Ilias und Barba Stavros.

»Das ist beschämend!«, eiferte sich Spyros. »Sie schicken uns tatsächlich einen Gauleiter, der aussieht wie ein Basketballspieler.« Er saß auf seinem Stammplatz, von dem aus er sowohl die Platia als auch den Fernseher im Innenraum gut im Blick hatte. Spyros versuchte erst gar nicht, leise oder unauffällig zu sprechen, so sicher war er sich, dass auch dieser Deutsche kein Wort Griechisch verstand. Dass der Mann aufgrund seiner Größe eventuell das Wort »Basketballspieler« schon einmal gehört haben könnte, kam Spyros anscheinend nicht in den Sinn. Na ja, was sollte es, dachte Panos. Sollte er es eben hören, der Idiot. Spyros, der aufgrund seines runden Gesichtes und seiner Körperfülle sonst eigentlich harmlos wirkte, hatte bereits des Öfteren seine Verärgerung darüber kundgetan, dass die Touristen zwar in Scharen in sein schönes Land kämen, die Sprache und die Kultur ihnen jedoch scheißegal seien. Panos erkannte an den kleinen, stechenden, fast schwarzen Augen seines Freundes, dass ihn ebendiese Wut auch jetzt gepackt hatte. Um ihn zu besänftigen, sagte Panos, der seinen Minimarkt vorübergehend abgeschlossen hatte, möglichst ruhig: »Er sieht tatsächlich aus wie ein Spion. Soll nur aufpassen, dass ich ihm nicht seine Nase breche, mit der er doch so gerne herumschnüffelt, der *Malakka*.«

»Um sicherzugehen, dass er es wirklich ist, sollten wir erst mal sichergehen, dass er es wirklich ist«, sagte Spyros weise.

»Das lässt sich einfach herausfinden.«

»Aha. Und wie?«

»Wenn er die Station und das E-Werk besichtigen will, dann wissen wir: Er ist es.«

Spyros klickte mit dem Daumen ein paar der orangefarbenen Perlen seiner Gebetskette durch die Hand. Seine Augen verengten sich zu Schlitzen, und er beobachtete gemeinsam mit Panos schweigend, wie Vasilis dem Deutschen den Salat hinstellte.

»Wenn er schlau ist, wird er so tun, als ob er ein gewöhnlicher Tourist ist, der irgendetwas anderes sehen will«, sagte Spyros.

»Was könnte er denn sehen wollen? Der Hafen mit den *kaíkia* ist die einzige Attraktion, und da war er schon.«

»Dann sollte er sagen, er wolle zum Strand oder eine Kirche betrachten oder was weiß ich.«

»Was machen wir also?«, fragte Panos.

Der zehnjährige Dimitris, der das Gespräch bisher schweigend verfolgt hatte, wandte sich jetzt an die beiden Erwachsenen: »Fragt ihn doch einfach, ob er der Mann von dem Kreditinstitut ist. Sie haben doch seinen Besuch per Fax angekündigt.«

Hatte der Junge doch tatsächlich wieder mal die Frechheit, sich einzumischen, dachte Panos erbost. Und dann noch dermaßen unqualifiziert. Wieso saß er überhaupt schon wieder bei ihnen rum? »Bist du verrückt? Du bist wohl von allen guten Geistern verlassen, du Ochse! Geh zu deiner Mutter!« Um seinen Worten Nachdruck zu verleihen, schlug Panos mit den Fingerspitzen seiner rechten Hand leicht gegen Dimitris' Nase.

»Wir haben die Insel und unseren Strand seit Urzeiten

erfolgreich verteidigt«, sagte Barba Stavros, ohne vom Spielbrett aufzublicken. Die beiden Alten hatten die Gewohnheit, alle Gespräche in der Lyra mitzuhören und gegebenenfalls auch zu kommentieren.

»Erst gegen die Osmanen, dann im Krieg gegen die Deutschen«, ergänzte sein Spielpartner.

»Danach haben wir die Engländer, Amerikaner und Militärjunta überstanden …«, setzte Barba Stavros den Dialog fort.

»Dann wird doch wohl die heutige Generation mit einem Basketballspieler fertigwerden«, vollendete schließlich Barba Ilias.

Kurz hoben beide den Blick, um zu überprüfen, ob ihre Rede auch die gewünschte Wirkung entfaltete. Dann befassten sie sich wieder mit ihrem Spielbrett und schleuderten die Würfelchen.

Die beiden Alten hatten ins Schwarze getroffen. Panos und Spyros achteten die Worte der Alten schon aus Anstand und Tradition. Auch wenn es manchmal schwerfiel. Panos gab Dimitris durch einen auffordernden Blick zu verstehen, dass er sich an den Erwachsenen ein Beispiel nehmen sollte.

Spyros überlegte kurz und entschied dann: »Einer von uns muss rübergehen und ihn ausfragen, ohne dass er merkt, dass er ausgefragt wird.«

»*Entaxi*. Und wer?«, fragte Panos.

»Ich nicht, ich bin der Bürgermeister.« Spyros nippte gelassen an seinem Weinglas.

»Gerade deshalb solltest du gehen.« Panos fand schon immer, dass sein Freund die Tendenz hatte, sich aus der Affäre zu ziehen, wenn es in der Gemeinde wichtige Dinge zu erledigen gab.

Spyros aber wusste um die Würde seines Amtes und ignorierte den Einwand. Stattdessen deutete er mit dem Kinn in Richtung Fernseher. »Lass uns wetten, wer das nächste Tor schießt. Der Verlierer muss rübergehen.«

Das war ein guter Vorschlag. Durch seine jahrelange Erfahrung und sein politisches Feingefühl wusste der Bürgermeister, wie man festgefahrene Situationen löste. Und wie die meisten Inselbewohner liebte er es zu wetten.

Im Fernseher lief ein Freundschaftsspiel mit verdienten griechischen Altstars von Panathinaikos und AEK. Spyros tippte auf Konstantinos Katsouranis, seinen absoluten Lieblingsspieler, der für Panathinaikos Athen antrat. Panos hingegen setzte auf Nikos Liberopoulos von AEK. Der war vielleicht nicht der stärkste Spieler, aber er hatte Patriotismus und Rückgrat bewiesen, indem er in diesen schwierigen Zeiten der deutschen Fußballbundesliga den Rücken gekehrt hatte und zurück nach Griechenland gekommen war. Das imponierte Panos. Außerdem war er seit seiner Kindheit AEK-Fan und seit seinem zwanzigsten Lebensjahr Mitglied der AEK-Ultra-Fanbewegung »Original 21«. Er hatte sich zwar schon viele Jahre nicht mehr mit den Anhängern anderer Mannschaften geprügelt, dafür als Jugendlicher umso öfter. Auch Dimitris wollte gerne einen Tipp abgeben, doch Panos und Spyros waren sich einig, dass er für derlei gewichtige Themen deutlich zu jung war. Sie nickten gleichzeitig und mit ernsten Blicken und schnalzten leise mit der Zunge: nein.

Geissner stocherte in seinem Salat herum und betrachtete misstrauisch den Käse auf seinem Teller. Ihm war aufgefallen, dass der Schafskäse im Supermarkt seit einiger Zeit nicht mehr »Schafskäse«, sondern »Schafkäse« hieß und aus »Schafmilch« gemacht wurde. Wieso ließen die Hersteller das »s« weg? Es hieß ja auch »Rindsgulasch« und nicht »Rindgulasch«. Geissner war kein großer Freund von Veränderungen, und er befürchtete schon, dass dieses Modell eines Tages Schule machen könnte und die Leute »Vereinheim«, »Vertragverlängerung« und »Sicherheitgurt« sagen würden. Ihn fror bei dieser Vorstellung.

Der Koch hatte für Geissners Geschmack viel zu viele Zwiebeln auf dem Salat verstreut. Da konnte auch das gute Olivenöl nichts helfen. Jörg hatte das Gefühl, angestarrt zu werden, und drehte seinen Kopf blitzschnell zu der Gruppe Griechen, bei denen auch der Kellner gesessen hatte. Einer der Männer wandte sich schnell ab und starrte auf den Fernseher. Geissner konnte aus seiner Perspektive nicht sehen, was sich auf dem Bildschirm tat, er konnte nur den extrem schnell sprechenden Kommentator hören.

Plötzlich schrie der Sprecher: »*Gkoooooool! Katsouranis! Gkoooooool!*« Laute Geräusche waren auch so eine Sache, die Geissner hasste.

Ein Tor war gefallen, Katsouranis hatte getroffen, und Spyros die Wette gewonnen. Der Bürgermeister lächelte fein und lehnte sich zurück. Selbstverständlich akzeptierte Panos ohne Murren, dass es an ihm war, den Deutschen auszuhorchen. Die Insulaner hatten zwar immer wieder kleine Meinungsverschiedenheiten, wenn zum Beispiel der Esel des einen auf dem Grundstück des anderen weidete oder der Rauch beim Verbrennen von Laub in das Schlafzimmer der Nachbarsfamilie wehte, aber wenn es gegen Fremde ging, zogen sie alle an einem Strang. Das war Ehrensache, quasi organisierter Widerstand. Und Panos war wie immer das Zentrum der Verschwörung, was ihn insgeheim mit Stolz erfüllte. Er war genau der Richtige für den Job, denn er genoss großes Vertrauen in der Gemeinde und war aufgrund seines Geschäftes samt Wettbüro der zentrale Anlaufpunkt.

Mit hoch erhobenem Kopf stand er nun auf, ging gelassenen Schrittes hinüber zu dem Tisch des Deutschen, der gerade mit einem Stück Weißbrot den letzten Rest Olivenöl von seinem Teller gewischt hatte, und setzte sich neben ihn.

»Yiassas«, grüßte Panos, gerade höflich genug, um keinen Verdacht aufkommen zu lassen, aber trotzdem nicht zu freundlich, um sich keine Blöße zu geben. Er musterte den Fremden und war ihm sofort abgeneigt. Dieser Mensch vereinte sämtliche unangenehmen Seiten eines Schwachkopfes: Er war unentspannt, dem Anschein nach nicht besonders männlich, hektisch, trank Wasser zum Essen, hatte eine spießige Frisur und konnte ihm nicht mal in die Augen sehen.

»Guten Tag«, antwortete der Mann steif und schaute unsicher in der Gegend herum. Keinen Funken Stolz hatte der Deutsche. Zudem fand Panos es äußerst unpassend, dass der Typ ihn auf Deutsch begrüßte. Das sollte er zu Hause machen, aber nicht hier auf *seiner* Insel.

»*First time on Paladiki?*«, fragte Panos daher weiter auf Englisch.

»*Yes*«, antwortete der Deutsche. »*I want to visit electricity plant and clinic center. I work for German bank and have to check some things on the island.*«

Donnerwetter! So einfach hätte sich Panos seine verdeckten Ermittlungen nicht vorgestellt. Der Typ hatte ihm direkt seinen Plan verraten! Für einen Moment war er aus dem Konzept gebracht.

»*And what do you do for living?*«, fragte der Deutsche in seinem etwas holprigen Englisch und sah seinem Gegenüber zum ersten Mal ins Gesicht.

Panos fielen die braunen Augen auf, die in ihrer Sanftheit in vollkommenem Gegensatz zu der sonstigen Erscheinung des sich kühl und sachlich gebenden Deutschen standen. Panos war überrascht. Er entschied sich, ab jetzt deutsch zu sprechen. »Ich? Äh, ich betreibe einen kleinen Minimarkt gleich hier nebenan.« Er deutete mit dem Kinn die Straße hoch.

»Aha. Sehr interessant.« Der Schnüffler tupfte sich den Mund mit einer Serviette ab. »Schön, dass Sie meine Sprache sprechen. Können Sie mir sagen, wie ich zum Büro des Bürgermeisters komme?«

»Haben Sie denn einen Termin?«, fragte Panos kühl zurück.

»Ja, sozusagen.«

Aha, einen Termin hast du also. Dieser Termin wurde aber leider nicht bestätigt, Herr Wichtigtuer. Deutsche und Amerikaner dachten wirklich immer, sie seien der Mittelpunkt der Erde. Warum nur glaubten sie, sich in alles einmischen zu müssen? Und woher kam dieser Drang, alles regeln zu wollen? Manchmal musste man die Dinge einfach sich selbst überlassen, damit sie sich in Ruhe entwickeln konnten. Und schließlich war der Deutsche zu Gast und hatte sich gefälligst an die Gepflogenheiten der Einwohner von Paladiki zu halten. »Dann wird Sie sicher jemand abholen«, sagte Panos lächelnd, stand auf und setzte sich wieder an seinen Platz. Der Deutsche blickte ihm irritiert hinterher.

»Und? Ist er es?«, fragte Spyros, der die Spannung kaum noch ertragen konnte.

»Ja, er will das E-Werk und die Klinik besichtigen.«

»*Skata!* Wie hast du es aus ihm herausbekommen?«

»Durch geschicktes, taktisches Hinterfragen. Er hat keinen Verdacht geschöpft.«

»Bravo, mein Freund!«, rief der Bürgermeister und gab eine Runde Raki aus. Dimitris bekam eine Zitronenlimonade aus der Glasflasche.

»Was machen wir nun?«, fragte Spyros, nachdem die Männer ihren Raki ausgetrunken hatten. Dimitris nuckelte noch an seiner Limo. Der Junge sog das trübe Gesöff langsam durch den Strohhalm in den Mund, spülte es von der linken in die rechte Backe und ließ es dann für eine spätere Verwertung durch den Strohhalm zurück in die Flasche sacken.

»Wir müssen ihn hinhalten«, entschied Panos nach längerem Nachdenken.

»Bravo!«, wiederholte der Bürgermeister und spendierte eine weitere Runde Raki. Doch bevor der Schnaps serviert werden konnte, stand der Deutsche auf und kam zu ihnen herüber.

»*Excuse me. Does somebody know, where I have to go to the mayor's house?*«, fragte er unsicher in die Runde.

»Das Bürgermeisteramt hat leider bis 17 Uhr keinen Parteiverkehr«, entgegnete Spyros nun in einwandfreiem, jedoch mit deutlichem griechischem Akzent verziertem Deutsch. »Sie können gerne solange hier warten. Das Lokal hat durchgehend geöffnet. Ich führe Sie dann später zum Büro des Bürgermeisters.«

»Oh, na ja, gut, dann warte ich gern hier.«

»*Entaxi*«, sagte Spyros und blickte den langen Lulatsch durchdringend an. »Spielen Sie eigentlich Basketball?«

»Äh, nein«, antwortete er, bedankte sich nuschelnd und setzte sich wieder zurück an seinen Platz. Er blickte auf seine Armbanduhr und seufzte tief.

»Keine Angst«, flüsterte Spyros verschwörerisch. »Ich halte ihn hin. Nicht *wir* müssen beweisen, dass es die Gebäude gibt, er muss beweisen, dass es sie *nicht* gibt!« Und genau so war es.

Panos sah auf die Uhr, die über der Bar hing, und grinste: Es war noch nicht einmal 16 Uhr.

17 Eine geschlagene Stunde saß Jörg Geissner nun bereits an dem Tisch und nippte an seinem Wasser. Der Kellner und überhaupt alle ignorierten ihn mittlerweile vollkommen. Langsam schlug es ihm aufs Gemüt. Er fühlte sich wie ein kleiner Junge und hatte Heimweh. Er verabscheute dieses Gefühl, aber ja, es war nicht zu verleugnen. Nur selten hatte er sich dermaßen einsam gefühlt. Was hätte Jörg jetzt dafür gegeben, bei Britta vor der Apotheke zu stehen oder in seinem Büro zu sitzen und Kreditanträge abzulehnen. Stattdessen musste er zusehen, wie die Griechen Kaffee, Wein, Oliven, Schafskäse, bunte pürierte Speisen, gefüllte Weinblätter, Pistazien und weitere kleine Köstlichkeiten in runden Schüsseln serviert bekamen, die sie gesellig und scherzend verzehrten. Vermutlich verbrachten sie jeden Nachmittag so. Ein derartiges Gelage hatte Geissner bislang nur in München erlebt, wo alle Biergärten auch unter der Woche schon mittags überfüllt waren und er sich gefragt hatte, wer denn dann die Arbeit in den Büros erledigte. Hier war es genauso. Wie konnte man seine Zeit nur derartig vergeuden?

Er hatte sich vor seiner Abreise noch von Herrn Laichinger genehmigen lassen, sich in Griechenland von seinem Smartphone aus ins Internet einwählen zu dürfen, allerdings bekam er im Augenblick keinen Empfang, sonst hätte er kurz seine E-Mails checken können. Früher hatte er auch manchmal mit Britta Quizduell gespielt, doch die letzten Wochen hatte sie seine Spielanfragen konsequent ignoriert. Zudem waren die Roaminggebühren gewiss unverschämt hoch, sodass er fast schon wieder froh war, keine Internetverbindung zu haben. Auch wenn es sich um ein Firmenhandy handelte und die Rechnung von der AVA übernommen wurde, widerstrebte es Geissners Prinzipien, Kosten zu verursachen. Er überlegte, ob er das erst kürzlich heruntergeladene Spiel »Minigolf« spielen sollte. Die App war ja installiert und verursachte keine weiteren Gebühren. Nein, nicht dass die Griechen ihn noch für infantil hielten. So blieb ihm nichts anderes übrig, als sich durch die Wartezeit zu quälen.

Zwei Minuten vor 17 Uhr bezahlte Jörg, gab zwanzig Cent Trinkgeld, wie es seine Art war, und ging wieder hinüber zu den Griechen. »So, ich denke, es sollte jetzt mit dem Parteiverkehr so weit sein.« Geissner versuchte, nicht ungeduldig zu wirken.

»Moment noch«, entgegnete der beleibte Mann, der ihm vorhin bereits die Öffnungszeiten verraten hatte. Seine Bewegungen wirkten auf Geissner provozierend langsam, während er demonstrativ gelassen seinen Kaffee austrank. Anscheinend sollte Geissner merken, dass er hier nichts zu melden hatte. Der Typ ließ ihn einfach warten, plauderte noch kurz mit dem Kellner, stand dann in Zeitlupe auf und fasste Geissner sachte an der Schulter. Geissner hasste Berührungen dieser Art. Britta hatte immer gesagt, das sei pathologisch bei ihm. Das war natürlich Blödsinn. Er hatte bei einer unerwarteten Berührung lediglich das Gefühl, dass der fremde Körperteil ihn bis aufs Mark durchdrang, seine Nerven in Flammen aufgingen und ein »Abdruck« entstand, der bis zu einer Stunde anhielt und ihn nicht mehr zur Ruhe kommen ließ, bis er ihn mit fließendem Wasser abgewaschen hatte. Falls kein fließendes Wasser in der Nähe war, hatte er in seiner Therapie gelernt, den »Abdruck« mit einem lauten Mantra »zurück ins Universum zu schleudern«, wie seine Therapeutin sich auszudrücken pflegte. Doch jetzt und hier sich die Arme auszuschütteln und dabei laut und lang gezogen »*Away!*« zu rufen empfand er als unangemessen.

Während Geissner noch überlegte, schob der Grieche ihn bereits ins Innere des Restaurants in Richtung der Toiletten. »Kommen Sie, ich bringe Sie hin.«

Währenddessen belauschte Panos, wie sich die beiden Alten auf ihrer Bank ihre eigenen Gedanken machten.

»Er wird das Elektrizitätswerk sehen wollen«, orakelte Ilias.

»Ja, das wird er gewiss.«

»Die Jüngelchen haben ein Problem. Was auch immer sie machen, es wird wie jedes Mal im absoluten Desaster enden.«

»›Desaster‹ ist das treffende Wort. Wir sollten ihnen ein wenig unter die Arme greifen.«

»Du hast wie immer recht, mein lieber Stavro. Lass uns einen Plan machen.«

»Weihen wir sie ein?«

»Normalerweise würde ich sagen: nein. Aber in diesem Fall … Wir brauchen vermutlich ihre Unterstützung.«

»Erneut sind deine Worte die eines weisen Mannes.«

»Ich bedanke mich und möchte dir versichern, dass deine Gedanken den meinen in nichts nachstehen.«

Sie stießen mit ihren Mokkatassen an, als wären es Trinkhörner.

Geissner war irritiert. Der beleibte und eigenbrötlerische Grieche führte ihn an der Küche und den Toiletten des Lokals vorbei zu einem kleinen Hinterzimmer. Es roch nach Essen, Mottengift und Putzmittel mit Zitronenaroma.

Mit einer Handbewegung forderte er Geissner zum Eintreten auf: »*Parakalló!*« Dieses Wort kannte Jörg. Es bedeutete »bitte«.

Er spähte in das Zimmer und war fassungslos. So etwas

hatte er noch nie gesehen: Mitten im Raum stand ein komplett unter Akten vergrabener Schreibtisch. Wer sollte denn hier arbeiten? Man konnte kaum einen Schritt in den Raum machen, denn auch am Boden stapelten sich die Aktenordner. An den Wänden standen völlig überlastete Regale mit Zeitschriften, verstaubten Ordnern, leeren Weinflaschen, vertrockneten Pflanzen, Stempeln, Stiften, losen Blättern, einem *Monopoly*-Spiel, ausgedienten Lautsprecherboxen und einigen Gegenständen, die in weiße Plastiktüten eingepackt waren. Geissner versuchte, sich seinen Schockzustand nicht anmerken zu lassen.

Der komische Grieche räumte zwei Stühle frei und wirbelte dabei möglichst viel Staub auf. Endlich hatten sich beide gesetzt. »Also. Was kann ich für Sie tun, mein Freund?«, fragte der sonderbare Grieche.

Geissner räusperte sich. »Ich möchte den Bürgermeister sprechen«, antwortete er kleinlaut.

»Bitte sehr! Er sitzt direkt vor Ihnen! Ich bin der Bürgermeister. Spyros Kantilerakis mein Name, aber nennen Sie mich Spyros. Angenehm.«

Das war ja wohl ein starkes Stück! Geissner war entrüstet. Normalerweise gab ihm dieser Zustand Kraft zum Aufbegehren, doch diesmal fühlte er sich ohnmächtig. Er war auf einmal schrecklich müde. Kurz überlegte er, ob er überhaupt noch die Kraft hatte, den Mund zum Sprechen erneut zu öffnen. Er versuchte es, und es funktionierte: »Äh … ach so … ja … angenehm, Geissner.« Er konnte sich nicht mal echauffieren so baff war er. Doch es half nichts, er musste sich überwinden. »Also, wie Sie wissen, arbeite ich für die AVA-Bank und bin geschickt worden, um für den von uns gewährten Kredit die angegebenen Verwendungszwecke zu überprüfen. Sprich: das Elektrizitätswerk und die Krankenstation.«

»Ah ja.« Spyros lachte laut und entwaffnend auf. »Natürlich, ich habe Ihr Fax bekommen. Die Krankenstation und das E-Werk wollen Sie sehen? Kein Problem, mein Freund! Sie sind hier bei mir genau richtig. Wissen Sie, wir haben auf unserer Insel zur Effizienzsteigerung sämtliche Verwaltungsbereiche zusammengelegt: das Bürgermeisteramt, das Finanzamt, das Meldeamt, das Grundbuch- und Katasteramt. Was genau kann ich also für Sie tun?!«

Spyros' Worte drangen wie aus weiter Ferne an Geissners Ohren. Hinter dem Bürgermeister bewegte sich etwas. Bekam Geissner etwa Halluzinationen? Er meinte zu sehen, wie ein Hammel seinen Kopf durch das offene Fenster streckte und genüsslich ein paar lose Akten verspeiste.

Spyros folgte Geissners Blick, drehte sich um und entriss dem kauenden Bock ein bereits zur Hälfte aufgefressenes Din-A4-Blatt. Dann verjagte er das Tier mit fuchtelnden Bewegungen. »Fige! Hau ab, Aristoteles!« Er wandte sich wieder an Geissner. »Kein Problem, das war nur die Steuererklärung meines Cousins.« Wieder lachte er laut auf.

Geissner war von dem Verhalten des Bürgermeisters verstört. »Ach so, äh, gut.« Es fiel ihm schwer, sein Verhalten einzuordnen. Wollte er ihn verarschen? Oder waren diese Leute einfach Chaoten, genau so, wie er es eben von den Griechen erwartet hatte? Er versuchte, sich nichts von seiner Unsicherheit anmerken zu lassen. »Nun, ich bräuchte im Prinzip nur ein paar detaillierte Kostenaufstellungen des E-Werks und eine aktuelle Jahresbilanz der Krankenstation, am liebsten vom Vorjahr. Und dann hätte ich gern Einsicht in die üblichen Unterlagen, also Baupläne, Rechnungen, Grundbuchauszüge und so weiter. Sprich: alles, was Sie zu dem Thema haben.«

»Aber natürlich, mein Lieber. Sehr gerne. Ich halte es für das Beste, wenn Sie sich einfach mal in aller Ruhe hier umsehen und sich das heraussuchen, was Sie benötigen. Fühlen Sie sich wie zu Hause!«

Geissner spürte, wie er zu schwitzen begann. Zum zweiten Mal an diesem Tag sehnte er sich nach einer Dusche.

»Wissen Sie«, sprach Spyros weiter, während er zur Tür ging, »meine Sekretärin musste ich leider entlassen. Kürzungen im Etat, Sie verstehen. Sie haben ja sicherlich von der sogenannten ›Krise‹ in unserem Land gehört. Im Zuge dessen mussten auch wir in letzter Zeit den Gürtel ein wenig enger schnallen. Bis später.«

Spyros war hinausgegangen, und Geissner sah entsetzt auf die Papierberge um sich herum: Tausende von Zetteln, Briefen und Formularen, überwiegend in griechischer Sprache verfasst, einige zu Paketen verschnürt, viele lose, oft geknickt oder eingerissen, unzählige davon am Boden mit den Abdrücken von Schuhsohlen. Geissners Atem schien für ein paar Sekunden auszusetzen. Einer derartigen Impertinenz war er nicht gewachsen. Er wünschte sich, ohnmächtig zu werden und in einem Luxussanatorium wieder zu erwachen. Bildschöne Schwestern mit rosafarbenen Wangen, kurzen Kleidchen mit Beinschlitz und sehr langen, gepflegten, glatt rasierten Beinen würden ihm mit ihren eleganten, nach Biotherm duftenden Händen erlesene Speisen und gesunde Getränke aus Obst, Karotten und Quellwasser servieren und mit samtweichen Kamilletüchern die Stirn abtupfen. Ab und zu würde er einen Blick auf die blütenweiße Unterwäsche werfen können, was die Schwestern charmant lächelnd zur Kenntnis nähmen. Diese Vision hatte er einst mit seiner Therapeutin in einer Sitzung herausgearbeitet, um sie in Situationen wie dieser abrufen zu können, falls keine Dusche in der Nähe war. Wie es ihm seine Therapeutin damals gezeigt hatte, atmete er jetzt mehrmals stoßartig aus und rief mit kehliger Stimme: »*Aaaaway!*« Dabei schüttelte er die

Arme aus, um wieder in der Realität »anzukommen«. Augenblicklich fühlte er sich besser.

Vorsichtig zog er ein Blatt Papier unter einem Stapel hervor und löste eine kleine Aktenlawine aus. Zum Vorschein kam ein schwedisches Pornoheft. Hastig stopfte er es zurück in den Stapel.

»Kommen Sie zurecht?«, fragte Spyros, der unerwartet den Kopf zur Tür hereinsteckte. Sein Gesichtsausdruck verriet diebisches Vergnügen.

Geissner lief rot an – vor Scham, aber auch vor Zorn. »Jetzt mal Spaß beiseite«, sagte er. »Das ist nicht Ihr Ernst, oder? Hier herrscht ja ein absolutes Chaos, hier findet sich selbst nach zwei Wochen Großputz noch kein Mensch zurecht. Offenbar kann ich die Unterlagen nicht einsehen, also möchte ich mir gerne vor Ort einen Eindruck verschaffen. Vielleicht herrscht dort ja mehr Ordnung.«

Hatte dieser schmierige Bürgermeister wirklich gedacht, er ließe sich so leicht austricksen?

Der Mann setzte eine schuldbewusste Miene auf und sagte: »Aber natürlich. Da haben Sie recht. Wir werden Ihnen alles zeigen, was Sie sehen wollen, mein Freund.«

»Hervorragend! Wollen wir uns gleich auf den Weg machen?«

»Leider rufen mich wichtige Geschäfte, und ich kann Sie nicht begleiten.«

»Na schön, dann beschreiben Sie mir bitte, wie ich zum Elektrizitätswerk und zur Klinik komme.«

»Oh, da muss ich Sie enttäuschen. Alleine finden Sie da niemals hin, und es wäre für mich als Gastgeber unhöflich, Sie ganz ohne Ortskenntnisse in der Gegend herumzuschicken.« Spyros machte eine Kunstpause, senkte seine Stimme und fügte großzügig hinzu: »Ich kann gerne versuchen, einen geeigneten Führer für Sie zu organisieren.«

»Danke, sehr freundlich, aber ich glaube, ich nehme mir lieber ein Taxi.«

»Ein Taxi? Warum nicht? Gerne. Kein Problem. Es gibt zwei Taxis hier auf der Insel. Der eine Taxiunternehmer ist aber leider vor ein paar Monaten ertrunken, und seine Frau hat das Taxi nach Athen verkauft.«

»Ertrunken?« Schon wieder hatte Geissner das Gefühl, man wollte ihn verschaukeln. Warum ertranken denn hier ständig Leute?

»Ja, tragisch«, erwiderte Spyros trocken. »Der andere Taxiunternehmer ist mein Cousin. Er ist ein sehr zuverlässiger Fahrer mit einem Mercedes-Taxi. Aus Deutschland. Mit Airbag und Klimaanlage. Superauto, wirklich. Nicht billig. Ich kann es Ihnen rufen, mein Freund. Nur bedauerlicherweise nicht sofort, denn heute und morgen befindet sich das Taxi wegen einer Hochzeit auf der Nachbarinsel.«

Nachbarinsel? Geissner fühlte sich plötzlich sehr müde. »Okay, dann nehme ich eben einen Leihwagen.«

»Einen Leihwagen? Warum nicht? Gerne. Kein Problem. Ich halte es sogar für eine ausgezeichnete Idee. Die Autovermietung finden Sie im Minimarkt von meinem lieben Freund Panos. Sie haben ihn, glaube ich, vorhin schon kennengelernt. Nur hat die Autovermietung – und das finde ich wirklich zutiefst bedauerlich – erst morgen Vormittag wieder geöffnet.«

Das war der endgültige Beweis. Der dicke Bürgermeister wollte ihn übel verschaukeln. Da war er aber gründlich an der falschen Adresse! So leicht ließ sich ein Jörg Geissner nicht hinter den Busch führen.

In der berechtigten Ahnung, dass man ihm hier gewaltig auf der Nase herumtanzte, beschloss Jörg, sich erst einmal zurückzuziehen. »Schade, aber wenn es nicht anders geht, müssen wir eben bis morgen warten.« Geissner wandte sich zum Gehen.

»Ja, so leid es mir tut«, bedauerte Spyros, der Geissner nach draußen folgte. »Ich wünsche Ihnen noch einen schönen Abend. *Kalo bradi.*«

18   Wütend verließ Geissner das Büro des Bürgermeisters. Von wegen, kein Taxi, dachte er. Die Strategie der Griechen war ihm jetzt klar. Er sollte so lange hingehalten werden, bis er von selbst aufgab und abreiste oder mit einem Nervenzusammenbruch in die Psychiatrie eingeliefert wurde. Dann würde er wenigstens wissen, wo die Klinik wäre, überlegte Jörg zynisch. Er musste bitter kichern über diesen verrückten Gedanken. Nein, so weit würde er es nicht kommen lassen. Dann musste er eben auf eigene Faust Fakten schaffen. Zumindest den begehrten Strand würde er noch heute inspizieren, schließlich war er dieser Maria zufolge in Laufnähe. Auf dem Weg dorthin würde er sich einen Überblick über die Insel verschaffen und den Kopf frei bekommen. Vielleicht hatte der Bürgermeister ihn ja auch angelogen, und es fand sich noch eine andere Autovermietung oder gar ein Taxi für die Fahrt zum Elektrizitätswerk und zur Krankenstation.

Geissner marschierte durch die engen Gassen des Inselorts, in der Hand die alte schwarze Lederaktentasche. Sein hellgelbes Businesshemd sah noch immer frisch gebügelt aus, die Krawatte hatte er wie üblich nicht gelockert. Das war auch nicht nötig. Zum einen trug er seit seinem siebzehnten Lebensjahr leidenschaftlich gern Schlipse, zum anderen hatte er eine sehr hilfreiche Regel entwickelt, die er sowohl beim Hemdkauf als auch beim Binden des Schlipses befolgte: Zwei Finger mussten locker zwischen Hals und den zugeknöpften und geschlipsten Kragen passen, dann war der Tag dein Freund.

Noch immer empört, ging Geissner die Straße entlang und

ließ seinen kreisenden Gedanken freien Lauf. Er blickte nicht auf, um die Schönheit der Architektur zu bestaunen, der sämtlich weißen Häuser, die im wunderbaren Kontrast zu den tiefblauen Fensterläden und Türen und zum ebenso blauen Himmel standen. Er bemerkte weder die bunt bemalten Blechkanister, die die Hausbesitzer vor ihre Häuser gestellt hatten, um darin rosa blühenden Oleander, üppige Geranien, Gewürze wie Salbei, Thymian oder Rosmarin oder ganze Zitronenbäumchen zu ziehen, noch den gemütlich vor sich hin weidenden Esel. Seine Augen hielt er auf sein Smartphone gerichtet, das tatsächlich eine Internetverbindung anzeigte. Jörg orientierte sich, wie er es gewohnt war, mithilfe von Google Maps. Der Pfeil auf der kleinen Karte folgte seinen Bewegungen und zeigte ihm sein gewünschtes Ziel: den Strand.

An einer Kreuzung sah Jörg von seinem Handy auf und blickte zufällig durch das blaue Portal der kleinen, bescheidenen Dorfkirche, die ebenso wie die Wohnhäuser und Geschäfte ganz in Weiß verputzt war. In dem Halbdunkel des Kirchleins schimmerte ein üppig mit Gold verzierter Altar. Na bitte, dachte Geissner, einen auf arm machen, und da drin verrottet das Gold. Er beobachtete ein paar ältere Menschen, die offenbar nichts Besseres zu tun hatten, als vor ihrem Hauseingang auf schlanken Holzstühlen zu sitzen und ihn unverhohlen anzustarren. Da fiel ihm ein Sprichwort ein: »Müßiggang ist aller Laster Anfang.« Er ging weiter und überlegte, woher er dieses Zitat kannte. Vermutlich hatten seine Eltern oder Großeltern es verwendet, oder stammte es von einem seiner Lehrer? Jedenfalls empfand er es als äußerst unangenehm, wie ein Affe im Tierpark angegafft zu werden.

Er konzentrierte sich wieder auf sein Handy. Hoppla! Beinah wäre er über eine der Stufen gestolpert, die hier in unregelmäßigen Abständen den mit Natursteinplatten gepflasterten Weg kreuzten. Eine deutsche Baubehörde hätte so etwas zu verhindern gewusst, dachte er. Wahrscheinlich hat sich die Erfindung des Rades erst kürzlich bis nach Griechenland herumgesprochen, denn die Straßen waren beim besten Willen nicht für Fahrzeuge geeignet, sondern höchstens für Fußgänger und Lasttiere. Geissner musste ein Kichern unterdrücken.

Auf einmal sprach ihn jemand von hinten an. Es war Dimitris, der Sohn seiner Zimmerwirtin. Geissner verstand ihn nicht. Scheinbar war es der Nervensäge schnurzegal, dass Geissner kein Griechisch sprach. Jörg hatte aber den Eindruck, dass es schon wieder um Basketball ging, weil der kleine Junge so tat, als würde er einen Ball dribbeln. Diese Griechen hatten es offensichtlich allesamt darauf angelegt, ihn zur Weißglut zu bringen. Aber den Gefallen würde er diesem Dreikäsehoch mit Sicherheit nicht tun.

»Sorry, I don't understand«, antwortete er kühl, machte scheuchende Handbewegungen und fühlte sich dabei ungefähr so wie ein Aristokrat, der einen lästigen Diener oder einen Hund fortjagen wollte. Dann ging Geissner weiter. Dimitris blieb stehen und sah ihm hinterher. Vermutlich war der Junge enttäuscht, das aber war Geissner egal. Er hatte ihn immerhin nicht gebeten, ihn anzusprechen.

19

Der Strand, den die AVA als Sicherheit für ihr Darlehen in den Vertrag hatte aufnehmen lassen, war tatsächlich so schön, wie es der schleimige Fuchs in seiner PowerPoint-Präsentation vor drei Tagen in der Bank gezeigt hatte. Himmel! Drei Tage war das erst her. Sie kamen Jörg wie drei Wochen vor. Hier schien die Zeit anders zu verstreichen als daheim. Zu dem paradiesischen Bild gesellten sich nun auch noch die Gerüche des Meeres und die des würzigen Landes. Die Eindrücke vermischten sich zu einer wunderbaren Komposition. Geissner lief einen schmalen Weg zum Meer hinab und sog die Luft ein. Er ließ die Szenerie auf sich wirken. Der weiche Wind umschmeichelte sein Gesicht. Das Wasser strahlte türkis und lag fast unbewegt in der vom weißen Sand gesäumten Bucht. An den geschliffenen Marmorfelsen, die den Strand begrenzten, ließ sich gelegentlich ein beruhigendes Plätschern vernehmen.

Geissner genoss den Ausblick. Er überschlug vor seinem inneren Auge, welch prächtige Ferienanlage hier entstehen könnte, ja entstehen würde. Und er bewunderte seinen Chef für dessen untrügliches Gespür. Kein Wunder, dass Laichinger bereits einen Investor gefunden hatte. Dieses Idyll war wirklich eine Goldgrube, und in Krisenzeiten würden die Griechen solch ein Großprojekt nicht verhindern können. Geissner wollte jedenfalls sein Möglichstes dazu beitragen, dass der Investor zum Zug käme, da war er fest entschlossen. Es war ganz einfach: Entweder der Bürgermeister und sein Kumpan zeigten ihm das angebliche E-Werk und diese Krankenstation, oder es gab sie nicht. Punkt. Er wollte so schnell wie möglich grünes Licht nach Augsburg geben. Der Strand ginge dann sozusagen als Pfand direkt an die Bank. Mit Notar et cetera war das ein Prozedere von vielleicht zwei Wochen – gut, in Griechenland würden es vielleicht drei Wochen sein.

Geissner bemühte sich, seinen Anzug und seine schwarzen Lederschuhe nicht zu beschmutzen, als er die letzten Meter zum Strand hinunterging. Unten angekommen, holte er erneut sein Handy heraus und machte eifrig Fotos, um den aktuellen Zustand zu dokumentieren. Dann ging er mit schlaksigen Meterschritten den gesamten Sandstrand ab, um ihn zu vermessen. Es fühlte sich irgendwie spannend und aufregend an, so in der Fremde, ganz alleine auf sich gestellt. Geissner kam sich vor wie ein Geheimagent. Kurz erlaubte er sich den Gedanken, er sei Daniel Craig als James Bond, oder besser noch: Tom Cruise in *Mission Impossible*. Er hatte den ersten Teil auf DVD und besaß obendrein die DVD-Box der historischen ersten Staffel der Serie, in der Martin Landau als Rollin Hand zu sehen war. In seinem Kopf hörte Geissner die Titelmelodie und summte sie mit: »Düdüdää, düdüdää, düdüdää. Bedapp!«

Während er die Fotos gleich an Ort und Stelle per Whats-App an Doktor Laichinger schickte, war für einen Moment die Illusion perfekt. Er stellte sich vor, er hätte sein Smartphone exklusiv von Q bekommen. James Bond und Rollin Hand wären verdammt stolz auf ihn.

Panos und Spyros beobachteten misstrauisch den Strand. Sie saßen in einem alten und schon etwas klapprigen weißen Nissan Pick-up, der oberhalb der Bucht auf einem Schotterweg stand. Verdeckt von Olivenbäumen, sahen sie zu, wie der Deutsche den Strand inspizierte.

»Der Depp macht Fotos«, sagte Panos verächtlich, schnalzte mit der Zunge und kniff die Augen zusammen, der Rauch seiner Zigarette brannte auf seiner Netzhaut. Er beobachtete erstaunt, wie sich der Banker umständlich Schuhe und Socken auszog, um dann linkisch seine Hosenbeine hochzukrempeln. Dabei hüpfte er wie ein Mädchen auf einem Bein herum, und es kamen erschreckend blasse Waden und Füße zum Vorschein. »Der will doch jetzt nicht baden gehen?«, fragte Panos angewidert.

Doch seine Vermutung zerschlug sich: Der deutsche Eindringling schritt storchenartig den Strand ab. Offenbar hatte er nur Angst um seine Schuhe gehabt. Als er mit seinen nackten Füßen an eine Stelle des Strandes kam, an der kleine Kieselsteine lagen, begann ein erstaunliches Spektakel: Der komische Kauz ruderte mit den Armen und stakste umher, als würde er über Glasscherben oder glühende Kohlen gehen.

Das war zu viel für Panos. Freiwillig gab er das Fernglas an seinen Freund. »Schau dir das an!«, sagte er mit vor Ekel gebleckten Zähnen. »Was macht der Idiot? Jetzt tanzt er auch noch!«

Spyros sah kurz durch das Glas und schüttelte dann resigniert, fast mitleidig den Kopf. »Keinen Funken Würde im Leib, der Mann.«

Panos ließ den Blick über die Bucht streifen. Etwa hundert Meter von Geissner entfernt näherte sich eine Gestalt. Sofort riss er Spyros den Feldstecher aus der Hand.

Geissner zuckte zusammen. Eine Frau, womöglich eine Einheimische, kam mit langen, eleganten Schritten auf ihn zu. Sie trug ein langes dunkelblaues Kleid aus dünnem Stoff und war vielleicht Anfang dreißig. Sofort versuchte er, in eine männlichere Pose zu wechseln und den Schmerz, den die Kieselsteine unter seinen Fußsohlen verursachten, zu ignorieren. Ein Stich durchzuckte ihn, und er belastete das andere Bein, um dem Schmerz zu entgehen. Um das Gleichgewicht nicht zu verlieren, musste er mit den Armen herumrudern.

Äußerst elegant. Die Frau, noch etwa fünfzig Meter entfernt, kam direkt in seine Richtung und lächelte ihn an. Ungelenk blickte Geissner sich um. Doch da war keiner. Warum lächelte sie? Ihre Augen strahlten so sehr, dass ihr schönes Gesicht, trotz seiner Gutmütigkeit, auf Geissner ziemlich einschüchternd wirkte. Jörg senkte den Blick. Das tat er immer, wenn er Fremden begegnete, und Frauen waren ja ohnehin so ein Thema für ihn. Als er wieder aufblickte, kam die Fremde weiterhin auf ihn zu, nur noch wenige Meter trennten sie. Noch immer strahlte sie ihn entwaffnend an. Mit einem Mal fiel sein ganzes Bemühen um Kontrolle, sein Ringen nach der bestmöglichen Außenwirkung, die ihn oft so steif und unnatürlich wirken ließ, von ihm ab, und er musste lächeln. Einfach nur lächeln.

Allerdings nicht lange, denn Geissner erschrak fürchterlich, als die junge Frau äußerst spektakulär ins Stolpern geriet und direkt vor ihm eine sehenswerte Bruchlandung hinlegte. Erstaunlicherweise rutschten ihr dabei die Träger ihres Kleides über die Schultern. Sofort eilte Geissner der Gestürzten zu Hilfe. Sie stieß unverständliche Flüche aus. Jörg half ihr auf die Beine, und sie versuchte, ihr verrutschtes Kleid in Ordnung zu bringen, während er etwas hilflos danebenstand und sie staunend anblickte. Alles an ihr gefiel ihm. Ihr dunkelblaues Trägerkleid schmiegte sich locker an ihre gebräunte Haut. Dunkle Haare fielen ihr in sanften Locken über die Schultern. Geissner musste sich zwingen, nicht ungeniert einen direkten Blick auf ihre Beine oder gar auf ihre drallen Hüften zu werfen. Er blickte betreten zur Seite und spürte sein Herz heftig pochen. Allerdings machte ihn nicht nur ihre Schönheit, sondern auch ihr griechisches Gefluche verlegen, das nicht nachgelassen hatte. Zum Abschluss ihres Schimpfschwalls verschaffte sie ihrem Ärger mit einem letzten, wütend lang gezogenen Urschrei Luft. »Skataaaaa!«

Damit schien sie ihren Ärger größtenteils abreagiert zu haben. Geissner überwand sich und klopfte ihr vorsichtig – und nur an Stellen, die angemessen waren – den Sand vom Kleid. Er bemerkte, wie straff und weich zugleich sich ihr Körper anfühlte. Sollte er nicht doch noch einen Blick auf ihre Schenkel wagen? Nein, er hielt sich im Zaum. Da schnappte sich die Frau im blauen Trägerkleid einfach seine Hand, zog ihn drei Schritte hinter sich her und zeigte auf eine Wurzel im Boden, die sie vermutlich für ihren Sturz verantwortlich machte. Sie schien etwas Verächtliches zu der Wurzel zu sagen. Ihre Augen leuchteten verschmitzt, als sie ihn ansprach. Es klang freundlich.

Geissner lächelte verlegen und zog die Schultern nach oben. »Ich spreche leider kein Griechisch«, sagte er auf Englisch. Plötzlich wurde die Frau ganz ruhig und sah ihn mit einem traurigen Lächeln an. »*Do you speak English?*«, fragte er hoffnungsvoll.

Doch sie hob die Schultern, schüttelte den Kopf und sagte: »*No.*« Sie klopfte sich den restlichen Sand vom Kleid und reichte Geissner ihre Hand.

»*Efcharistó poli.*«

Für Geissner klang das, als wolle sie sich vorstellen. Obwohl es überhaupt nicht seine Art war, derartig früh Körperkontakt zuzulassen – und sei es nur durch das einfache Reichen einer Hand –, machte er bei ihr gerne eine Ausnahme. Er begann, ihre Hand sogar zaghaft zu schütteln. »Jörg.«

Sie sah ihn irritiert an und versuchte, mit ihren Lippen seinen Namen nachzuformen. Genau in diesem Moment ertönte die Melodie von *Bonanza*. Geissner liebte diesen Klingelton eigentlich sehr, denn er war optimistisch, kämpferisch und dennoch freudig, doch in diesem Augenblick, in dem er gerade begonnen hatte, den Blick der faszinierenden Fremden mit seinen Augen aufzusaugen, in dem er ihre weiche

Hand spürte, klang er einfach nur stupide und aufdringlich. Zweimal ließ er es klingeln, bevor er seine Hand zurückzog, um das Telefon aus seinem Jackett zu nehmen. Auf dem Display leuchtete das Konterfei von Laichinger.

Geissner blickte noch einmal entschuldigend zu der Frau im blauen Kleid. »*Sorry.*«

Sie nickte ihm süß zu, drehte sich um und ging davon. Ein leises Stechen durchzuckte Geissners Brust, doch was sollte er machen? Sein Chef rief an, und er musste das Gespräch annehmen.

»Ja, hallo, Herr Laichinger?«, fragte Geissner, und während er hörte, was sein Chef am Telefon zu sagen hatte, sah er noch mal hinter der fremden Schönheit her. Sie ging fort, ohne sich umzuschauen.

»Wie geht's voran bei de Grieche?«, tönte Laichingers Stimme scharf aus dem Smartphone.

»Wie es vorangeht?« Mist. Er wollte sich doch abgewöhnen, immer den letzten Teil von dem, was sein Vorredner sagte, noch einmal zu wiederholen. »Ich konnte schon einen ersten Kontakt mit den Einheimischen herstellen und habe, glaube ich, ihr Vertrauen gewonnen.«

»Brima. Ihre Foddos vom Schtrand hann i kriegt, Härr äh … Hänn Se sonscht scho Ergäbnisse für mi?«

»Ergebnisse?« Verdammt. Schon wieder. Das musste er unbedingt sein lassen. »Leider noch nicht direkt. Aber ich bin sehr zuversichtlich. Die sind quasi am Ende … und der Strand wird unserem Investor gefallen. Es ist herrlich hier … perfekt für seine Ferienanlage … Sie hatten wie immer den richtigen Riecher, Chef … weil, so wie's aussieht, gibt es die Gebäude tatsächlich nicht. Ich habe allerdings noch keine Beweise, doch es sieht alles danach aus. Die lügen hier alle wie gedruckt und glauben, sie könnten mich austricksen. Aber da haben sie sich getäuscht. Ich bin ja nicht …«

»I brauch was Handfeschtes, koin Larifari!«, fuhr ihm Laichinger unwirsch aus Augsburg dazwischen. »De Florida-Gschicht hot sech zu em oinzige Desaschter für onsre Bilanz ausgwachse. Ond dr Inveschtor isch Gott sei Dank b'reit, sofort loszulegä und ons für des Jahr nomol zu rettä!!! Also, hoch met Ihrem Arsch! Holet Se ons den Schtrand! Versauet Ses net!«

Einmal mehr fühlte sich Geissner trotz seiner zwei Meter wie ein kleiner Junge, sobald er es mit seinem Chef zu tun hatte. »Nein, natürlich nicht. Vor meiner Abreise morgen werde ich Fakten schaffen«, sagte er unterwürfig.

»Warum nimmer heut?«

»Ich habe erst morgen einen Besichtigungstermin.«

»Lasset Se sech von dene Grieche bloß net auf dr Nos rumtanze!«

»Auf der Nase?!« Geissner lachte gekünstelt, bis ihm auffiel, dass er schon wieder Laichingers letzte Worte wiederholt hatte. »Äh, nein, da müssen die schon früher aufstehen!« Er wollte Laichinger überzeugen, wie tough er sein konnte, und fügte hinzu: »Entweder die zeigen mir die Gebäude, oder sie haben ein ernsthaftes Problem.«

»Na ja. Des hört sech doch scho besser an, Härr äh …«

»Geissner«, erinnerte er seinen Chef eilfertig, doch der hatte schon aufgelegt.

20 Als Panos und Spyros genug gesehen hatten, waren sie von ihrem Beobachtungsposten auf direktem Weg zurück in die Lyra gefahren. Inzwischen war es Nacht geworden über Paladiki. Die Sonne hatte sich mit einem kitschigen Spektakel in Orange und Pink ins Meer verabschiedet, und die Dunkelheit ließ die Sterne hell erleuchten. Paladiki strotzte nicht gerade vor künstlichen Lichtquellen. Nur im Ort, am Hafen und entlang der Straße gab es ein paar Laternen. Das Meer lag in tiefer Dunkelheit. Lediglich die Sterne schienen aufs Wasser, und in weiter Ferne sah man am Horizont die Lichter eines Schiffes blinken. Im Landesinneren, dort wo die Hänge der Insel steiler wurden, befanden sich unbeleuchtete Gärten, Olivenhaine und schließlich der Buschwald, in dem sich jetzt zahllose Füchse, Marder, aber auch Wildschweine, Dachse und einige umherstreunende, menschenscheue Inselhunde unbemerkt auf ihre allnächtliche Nahrungssuche begaben.

Der Platz vor der Lyra hingegen war wie immer taghell erleuchtet. Ein Kabel mit zahlreichen Glühbirnen, die von einfachen Blechschirmen geschützt wurden, führte hinauf in die große Platane, von dort zu einem Strommast, weiter zum Nachbarhaus und wieder zurück zur Platane. Vor den schaufenstergroßen geöffneten Fenstern des Restaurants saßen Spyros, Panos, Barba Ilias und Barba Stavros. Das ganze Treiben fand – zumindest von Mai bis November – vor dem Lokal statt. Hinein gingen die Gäste nur, um die Toilette zu benutzen oder wenn es ausnahmsweise stürmte. Generell hielten sich die Inselbewohner selten im Inneren von Häusern auf. Nur wenn es sein musste, etwa zum Kochen, zum

Schlafen oder zu intimen Zwecken – und auch dann waren meist die Fenster geöffnet.

Vor dem Restaurant herrschte Krisenstimmung. Der Aschenbecher war gut gefüllt, der blecherne Krug mit Rotwein bereits mehrfach geleert worden. Man hatte noch einmal ausführlich die Situation mit dem deutschen Eindringling diskutiert. Spyros kam mit der ihm eigenen Inbrunst zu dem Schluss: »Wenn wir dem kein Elektrizitätswerk präsentieren, haben sie uns in der Hand. Ich will, dass euch das klar ist. Dann war es das. Dann gehört ihnen unser Strand. Da beißt die Maus keinen Faden ab.« Dieses Sprichwort gab es zwar im Griechischen nicht, aber Panos wusste, dass sein Freund es einmal von einem Deutschen gehört und dann frei übersetzt hatte.

Nach dieser dramatischen Ansprache schwieg man und ließ für einige Augenblicke die Worte des Bürgermeisters wirken. Dann meldete sich Barba Ilias' laute Stimme – der Alte versuchte, sein schwindendes Hörvermögen mehr und mehr zu kompensieren. Hinzu kam heute Abend eine etwas lallende Ausdrucksweise, denn er trank nicht oft, und der Wein wirkte bereits schwer. Die anderen hörten dem alten Mann dennoch mit Respekt zu. Er rief: »Welcher Idiot hatte überhaupt die hirnrissige Idee, zu behaupten, wir hätten ein E-Werk?! Kann man mir das mal erklären? Ein E-Werk! Wie kann man nur so blöd sein?!« Barba Ilias schlug heftig auf den Tisch. Die fast leeren Blechkrüge sprangen hoch, fielen aber nicht um.

Panos schaute zu Spyros. Der blickte zu Boden, denn jeder der Anwesenden wusste, dass es die Idee des Bürgermeisters gewesen war.

»Die Sache ist klar: Wir brauchen ein E-Werk!«, stellte Barba Stavros nüchtern fest.

Alle bezeugten ihre Zustimmung und nickten lange.

Erneut wurde geschwiegen. Denn jeder griechische Mann, der noch einen Funken Würde in sich trug, nahm sich Zeit zum Nachdenken. Das Schweigen nach einem gut gesprochenen Satz war für einen Mann wie die Luft, die man dem Wein vor dem Trinken zuführte, damit dieser seinen Geschmack entfalten konnte, sinnierte Panos. In diesen kurzen Momenten der Stille fühlte man sich lebendig und unverwundbar. Lediglich die Zikaden waren über ihnen zu hören, die erstaunlich laut in den Blättern der Platane kreischten.

Spyros ergriff als Erster feierlich das Wort: »Dann bauen wir eben ein E-Werk.«

Als hätten sie sich verabredet, hörten die Zikaden in diesem Augenblick auf zu zirpen, und es war vollkommen still. Aus dem fernen Buschwald drang der Todesschrei einer Ratte.

21

Die zwei Inselältesten standen im Schein von Spyros' Pick-up vor einem stillgelegten Schafstall auf einer Leiter. Sie schraubten riesige Gipsplatten an die roh gemauerten Außenwände des Stalls. Spyros, der die Leiter festhielt, beobachtete jeden Handgriff der beiden, schließlich war er als Bürgermeister für den Erfolg der Aktion verantwortlich. Gleichzeitig war er tief verletzt, weil die Alten seiner handwerklichen Kompetenz nicht vertrauten. Deshalb hatte er auch Barba Ilias auf die etwas wacklige Leiter in gut zwei Metern Höhe steigen lassen. Sechsundachtzig Jahre hin oder her, dachte er, wenn der alles besser wusste, dann sollte er eben den Akkuschrauber schwingen. Was die beiden Alten nun jedoch fabrizierten, sah in Spyros' Augen nach Pfusch aus.

»Das ist schief!«, brüllte er. »Die linke Seite muss tiefer!«

»Von mir aus gesehen also rechts?«, fragte Ilias von oben.

»Nein, von dir aus gesehen links!«, schrie Spyros weiter.

»Stavro, ich glaube, du bist zu hoch!«

»Unsinn, Ilia. Ich besitze seit jeher ein vorbildliches Augenmaß. Von der Leiter aus kannst du das nicht ermessen. Vertraue mir bitte.«

»Ihr versaut alles!«, schnauzte der Bürgermeister.

»Verdammt noch mal! Kann der nicht mal seine jugendliche Klappe halten?«, schimpfte Barba Stavros, während seinem Freund die Gipsplatte beinah entglitt.

»Hier hält keiner die Klappe!« Verdammt, Spyros hatte große Lust, die Leiter loszulassen. Er sollte sich nicht so ärgern lassen, denn manchmal hatte er das Gefühl, die beiden Alten legten es geradezu darauf an, ihn auf die Palme zu bringen. Er war sich ziemlich sicher, dass Stavros eben gegrinst hatte, obwohl er bei den harten Schatten der Autoscheinwerfer nicht sicher sein konnte.

Barba Ilias wollte gerade eine Schraube in die Gipsplatte jagen, die nun an der richtigen Position war, als der Akkuschrauber in seiner Hand nur noch ein schwächliches Summen von sich gab. »Du hast vergessen, den Akku aufzuladen, *Malakka*!«, schimpfte Barba Ilias den Jüngeren an.

»Entschuldigung! Ich habe ja erst vor einer Stunde von eurem Plan erfahren, ihr *soupiés*!« Spyros spürte, wie das Blut sich in seinem Kopf staute, und ärgerte sich, dass er nicht die Gesichter beider Sturböcke gleichzeitig im Blick behalten konnte, um zu überprüfen, ob sie Spaß an seinem Ärger hatten. Barba Stavros jedenfalls hatte nicht gegrinst. Aber das musste ja nichts heißen.

Plötzlich wurde auch das Scheinwerferlicht schwächer. Die drei sahen zum Auto hinüber und beobachteten, wie es innerhalb weniger Sekunden fast gänzlich erlosch. Heute ist nicht sein Tag, dachte Spyros. Warum hatte Panos diese Aktion nicht einfach in die Hand genommen? Als Spyros und die beiden Alten aufgebrochen waren, um ein »reales E-Werk« zu errichten, hatte sein Freund darauf bestanden, in der Lyra zu bleiben. Er hatte argumentiert, er müsse die Dinge von dort im Auge behalten. Vielleicht werde der Deutsche noch einmal auftauchen und dumme Fragen stellen. Doch Spyros wusste, dass er ein Auge auf die blonde Touristin geworfen hatte, die kurz vor ihrem Aufbruch die Taverne betreten hatte. Vermutlich war er bereits mit ihr im Bett. Es war zum Heulen. Wäre diese Mission nicht dermaßen wichtig, er hätte jetzt sofort abgebrochen und wäre zurück in die Lyra gegangen. Aber er durfte als Bürgermeister jetzt nicht die Flinte ins Korn werfen.

»Scheiße, was ist jetzt los?«, fragte er. Mittlerweile standen sie im Dunkeln. Nur das Licht des Mondes ließ noch ein paar schummrige Konturen erkennen.

»Jedes Kind weiß, dass man auch den Motor laufen lassen muss, wenn man das Licht brennen lässt, du Brut einer Schwachsinnigen«, raunzte Barba Ilias.

Das war Spyros zu blöd. Er ließ die Leiter los. Vielleicht gab er ihr sogar noch einen kleinen Stoß, aber wenn, dann unbewusst, im Affekt. Es reichte jedoch, damit Barba Ilias für eine Sekunde das Gleichgewicht verlor. Mit einem erstickten Schrei klammerte er sich an die Leiter, die zu rutschen begann und langsam seitlich wegkippte. Der Alte stürzte etwa einen halben Meter über dem Boden spektakulär hinunter, und der Bohrer flog irgendwo in die Dunkelheit.

Spyros hatte den Impuls, Barba Ilias beim Aufstehen zu helfen, erinnerte sich dann aber daran, dass Ilias schon einmal einen Unfall simuliert hatte, um ihm – er war damals noch ein Kind gewesen – einen Schrecken einzujagen. Er ließ den Alten also liegen, schüttelte verständnislos den Kopf und fragte nur: »Was soll das Theater?«

»Was ist das für ein Summen in meinem Kopf?«, fragte Barba Ilias ächzend. »Kommt das von einer Stechmücke, oder habe ich mir den Hinterkopf angehauen?«

Stavros eilte zu seinem Kameraden, der am Boden lag und stöhnte. Vielleicht simulierte er ja doch nicht, überlegte Spyros. Andererseits: Wer einmal lügt, dem glaubt man nicht mehr. Und außerdem waren die beiden nicht umzubringen, sonst hätte das längst einer erledigt. Also blieb er, wo er war.

»Schlimmer können es uns die Deutschen auch nicht besorgen«, krächzte Barba Ilias und ließ sich von seinem Freund auf die Beine helfen. Als er auftrat, jaulte er kurz auf. Spyros wusste, dass er seit einem unglücklichen Sturz, den er vor sechzehn Jahren beim Zubereiten einer raffinierten Eierspeise erlitten hatte, eine Metallplatte im Bein trug und seither ziemlich wetterfühlig war.

»Geht's?«, fragte Barba Stavros.

»Ja, geht schon. Ist vermutlich nur eine Prellung. Aber eventuell habe ich mir auch etwas gebrochen.«

»Du kannst mir nix erzählen«, sagte Spyros und lächelte listig.

»Na ja, ich glaube, es ist mindestens verstaucht. Oder ein Bänderriss«, jammerte Barba Ilias weiter.

»Lass uns weitermachen. Wir bleiben bei unserem bewährten System: Ich nagle und feile, du schraubst, und unser Bürgermeister steht daneben und redet blöd daher«, entschied Barba Stavros weise.

»Noch ein Wort, und ich schraube euch beide an den Körperteilen zusammen, die die Sonne nur sehr selten sehen, die Herren Superingenieure«, stichelte Spyros und ging zurück zu seinem Auto. Er versuchte, den Motor zu starten, doch der Anlasser gab nur noch ein leises Klicken von sich. Die Scheinwerfer hatten die Batterie komplett ausgesaugt. Ilias, der keinerlei Folgeerscheinungen seines Sturzes mehr zeigte, erklärte sich bereit anzuschieben.

Ha, dachte sich Spyros, der alte Simulant!

22 Geissners Telefon schlug Alarm. Er hatte sich als Weckton den Song *Rasputin* von Boney M. eingestellt. Der gab ihm normalerweise den nötigen Kick für den Tag. Doch als er an diesem Morgen die Augen aufschlug und ihm klar wurde, dass er sich noch immer in Griechenland befand, fühlte er sich hundeelend, und das Lied verfehlte seine Wirkung. Zu allem Überfluss musste er an Britta denken. Sie hatte es immer gehasst, wenn er sich mit diesem Lied hatte wecken lassen. Vielleicht, so überlegte er noch im Halbschlaf, hätte er in diesem Punkt nachgiebiger sein und ihr zuliebe ein anderes Lied wählen sollen.

Doch jetzt war nicht der Moment für Sentimentalitäten. Ruckartig schnellte er in eine aufrechte Position, stoppte den Wecker und sprang wie eine Sprungfeder aus seinem Bett. Jeder Tag sollte mit Elan beginnen, und dieser Tag war ein besonderer. Schließlich hatte er eine wichtige Aufgabe für seine Firma zu erledigen. Heute wollte er sich nicht ins Bockshorn jagen lassen.

Es machte für ihn keinen Unterschied, ob er etwas für sich oder die Bank tat, sein Beruf war sein Leben und umgekehrt. Schon vor vielen Jahren hatte er damit aufgehört, zwischen sich und seiner Firma zu unterscheiden. Er war die Bank, die Bank war er, und Herr Laichinger vertraute ihm. Fertig.

Geissner öffnete die indigoblauen Holzflügel der Balkontür. Ein unwirkliches Licht drang herein: Ungewohnt hell, aber dennoch weich und warm leuchtete die noch tief stehende Morgensonne, vom Meer reflektiert, in sein Zimmer. Unten auf der Hafenstraße war niemand zu sehen. Auch nicht bei den alten Fischerbooten, an denen gestern noch gearbeitet worden war. Die leer stehenden Läden und Restaurants mit den verstaubten oder vernagelten Schaufenstern glänzten nackt und unwirklich im Sonnenschein. Zwei mittelgroße Schleppnetzboote hatten an dem Betonkai festgemacht, und auf den sanften Wellen im geschützten Hafenbereich von Paladiki schaukelte eine Handvoll kleinerer Boote, die dort vor Anker lagen. Der Himmel war strahlend blau und wolkenlos, die einzige Bewegung, die Geissner neben den schaukelnden Booten wahrnahm, stammte von ein paar krakeelenden Möwen.

Noch im Schlafanzug begann er mit einem Gymnastikband seine Morgenübungen. Ob er nun in Griechenland war oder daheim, auf seinen Sport konnte und wollte er nicht verzichten. Arme kreisen, Schultern lockern, Spinal Flex für Rücken, Wirbelsäule und Rumpf, Dehnübungen für die Beine. Das war gut für den Körper, aber auch für einen ausgeglichenen Geist, wie ihm Frau Doktor Hasemann erklärt hatte, als er diese fürchterlichen Nackenverspannungen gehabt hatte. Ein milder Schmerz durchzuckte ihn. Geissner hatte das pinke Gummiband zu weit gezogen und sich die rechte Hand an der tief hängenden Lampe gestoßen.

Während er im Anschluss mit der Dusche kämpfte, sich die Zähne putzte und sich seinen neuen kakifarbenen Tropenanzug samt Hut anzog, fokussierte er sich auf seine heutigen Ziele: Auto mieten, beweisen, dass die Griechen betrogen haben, abreisen. Fertig.

Acht Minuten später, um Punkt neun Uhr, erschien Geissner samt gepacktem Rollkoffer, Safarioutfit und umgeschnalltem Wanderrucksack an der Rezeption. Hinter dem Empfangstresen saß Maria, die ihm freundlich einen guten Morgen wünschte und sich erkundigte, wie er geschlafen habe. Geissner hatte sich vorgenommen, keine falsche Brüderlichkeit aufkommen zu lassen, und antwortete kühl: »Gut.«

»Das da hinten könnte das E-Werk sein. Oder ... nein, es ist wohl coch nur eine alte Windmühle.«

»Wenn ich links sage, meine ich links. Meinst du, ich lasse mir hier von einem Esel auf der Nase herumtanzen?«

Christoph Maria Herbst (rechts) beim Verzehr seiner Brotzeit.

Dr. Yannis und Panos genehmigen sich während einer
»Arbeitspause« ein Schlückchen ...

Geissner: »Ihr dürft Jörg zu mir sagen.«
Dr. Yannis: »Jurk?« Panos: »York?« Eleni: »Irk?«

Panos weiht Geissner in die Kunst der Sirenenabwehr,
frei nach Odysseus, ein.

Geissner: »Man kann auch ohne Alkohol heiter und ausgelassen sein.«

Der Versuch, auf einem Motorrad Distanz zu wahren ...

»Everybody say FETAAA!«

© 2015 Pantaleon Films GmbH, ARRI Film & TV Services GmbH, Warner Bros. Entertainment GmbH

Dann bat er sie, den Koffer bis zu seiner Abreise am frühen Nachmittag bei ihr an der Rezeption abstellen zu dürfen, was sie lächelnd erlaubte. Sie rief etwas auf Griechisch hinter den Perlenvorhang. Sogleich erschien Dimitris, witschte vor die Rezeption und zog den Koffer mit sich hinter den Vorhang. Geissner war überrascht, dass Maria diese Aufgabe an ihren Sohn delegierte und dieser sofort reagiert hatte. Er hätte wetten können, dass der Junge, wenn er schon nicht in der Schule war, den Tag mit Fernsehen, Computerspielen oder Herumhängen verbrachte und seine Mutter die Arbeit erledigen ließ. Diese unerwartete Tüchtigkeit rührte Geissner, und er rang sich zu einem »Danke« durch.

»Wollen Sie frühstücken?«

»Äh, ja gern. Was gibt es denn?«

»Special Omelette. Also mit Champignons, Schafskäse und Speck. Dazu können Sie Orangensaft und Kaffee bekommen.«

»Ja, gern. Ist das im Preis inbegriffen?«

»Nein. Das Special Omelette kostet fünf Euro, Kaffee und Orangensaft zwei Euro fünfzig.«

»Das ist in Ordnung.«

»Kommen Sie bitte hier herüber.«

Sie öffnete den Perlenvorhang und führte Geissner in einen hübschen kleinen Raum mit einem Tisch und vier Stühlen. Die Tischplatte war blau angestrichen. Das Frühstück schmeckte wunderbar, der Kaffee war schön stark, und der Orangensaft frisch gepresst. Maria brachte, als Geissner bereits aß, eine Flasche Tomatenketchup an den Tisch.

»Ketsap?«

»Was?«, fragte Geissner zurück.

»Ketsap?«, fragte Maria erneut.

»Nein danke.«

Nach dem Frühstück ging Geissner direkt zum Minimarkt,

der nur ein paar Häuser weiter lag, um sich ein Auto zu mieten. Die Eingangstür war offen, aber niemand schien da zu sein. Er sah sich im Inneren um. Aus kleinen verstaubten Lautsprechern, die ganz oben im Regal neben ebenso verstaubten Konserven standen, ertönte Musik von Frank Zappa. Hier gab es wirklich alles. Geissner lief die Regale ab und entdeckte: Schnürsenkel, Konservendosen, Kondome, Schokolade, Zigaretten, Spirituosen, Ansichtskarten, Sonnenbrillen, Sonnenschutzmittel, T-Shirts, Bikinis, Badeshorts, Flipflops, Kartoffelchips, Kaugummis, Batterien, alle möglichen Biersorten, Limonaden, palettenweise Mineralwasser, Comics, Herrenmagazine, Romane in griechischer, englischer, deutscher und schwedischer Sprache, Tageszeitungen, Schutzhüllen für Smartphones, Kugelschreiber, Handtaschen, Schwimmflügel, Badminton- und Softball-Sets, Eiscreme, Aspirin, Schreibwaren, Gesellschaftsspiele, Insektenspray, Mückenschutzmittel, Gleitcreme, Haargel, Rasierschaum, Einwegrasierer, Rasierpinsel und Haarbürsten. Geissner hatte den Eindruck, dass es nichts gab, was man hier nicht kaufen konnte. Aus dem Hinterzimmer des Ladens, das mit einem bunten Plastikbändervorhang abgetrennt war, hörte Geissner leise Stimmen. Er versuchte zunächst, mit Geräuschen auf sich aufmerksam zu machen – schloss die Tür, drehte den Zeitungsständer. Als das nicht half, hüstelte er mehrmals und probierte es schließlich mit einem zaghaften »Hallo«. Endlich rührte sich etwas. Der Grieche, der sich gestern an Geissners Tisch gesetzt hatte, kam mit nacktem Oberkörper und Rasierschaum im Gesicht in den Raum. Er hatte einen deutlichen Bauchansatz, der aber irgendwie zu ihm passte, und trug dieselbe kurze Hose und dieselben Turnschuhe wie am Vortag. Geissner war beeindruckt, mit welch männlicher Gelassenheit der Grieche hier seine Wampe präsentierte. Komplexe schien er keine zu haben. Wie hatte der Bürgermeister ihn genannt? Panos? Geissner war sich nicht ganz sicher, außerdem wollte er es auf jeden Fall beim distanzierten »Sie« belassen.

Der Grieche sah ihn kurz an und ging dann ohne jede weitere Reaktion zu dem Regal mit den Einwegrasierern, nahm sich einen Dreierpack, riss ihn auf, holte einen Einwegrasierer raus und ging zu dem kleinen Waschbecken in der Ecke. Die beiden noch in der Plastikverpackung ruhenden Rasierer warf er neben den Wasserhahn auf das Keramikbecken. Während der Grieche sich in Ruhe rasierte, musterten sich die beiden argwöhnisch im Spiegel.

»Guten Morgen«, sagte Geissner nach einer Weile.

»*Kalimera*«, entgegnete der Grieche. »Sie also.«

»Ja, ich.«

Aus dem Hinterzimmer war ein leises Rascheln zu hören, dann bewegten sich die Plastikbänder des Vorhanges, und eine gut aussehende Frau vielleicht Mitte dreißig kam heraus. Die blonden Haare und ihre sonnengerötete Haut ließen Geissner vermuten, dass es sich um eine Touristin handelte. Durch ihr sommerliches, transparentes Wickelkleid konnte er ihren hellblauen Bikini sehen. Er saß ein wenig zu eng für ihre großen Brüste, dort wo sich die Ränder ins Fleisch drückten, zeichneten sich weiße Stellen gegen ihre gerötete Haut ab.

Verlegen wandte Geissner seinen Blick ab. Er hasste es, wenn er rot anlief, gab es ihm doch das Gefühl völliger Entlarvung, was wiederum die Wangen noch stärker rötete.

Die blonde Schönheit verabschiedete sich auf Englisch von dem Griechen, gab ihm einen Kuss auf den Mund, wobei sie etwas Rasierschaum abbekam, und ging hinaus, ohne Geissner eines Blickes zu würdigen. Das war er gewohnt, Frauen bemerkten ihn selten.

Der Supermarktbesitzer rasierte sich ungerührt weiter und

wischte sich mit einem ehemals möglicherweise hellgrünen Handtuch den Schaum aus dem Gesicht. Geissner versuchte, die Konversation erneut anzustoßen.

»Haben wir uns nicht gestern im Restaurant bei Herrn Kante … äh …«

»Kantilerakis«, ergänzte der Grieche nüchtern. »Spyros Kantilerakis.«

»Richtig. Haben wir uns dort nicht getroffen?«

Der Mann tupfte sich das Gesicht mit Rasierwasser ab und machte ein paar Faxen, als er sich im Spiegel betrachtete. »Gut möglich«, erwiderte er und streckte seinem Spiegelbild die Zunge heraus.

Er hatte sich ja immerhin gestern zu ihm an den Tisch gesetzt. Schon wieder so eine blöde Verarschung, dachte Jörg. »Ich bin gekommen, um mir einen Leihwagen zu mieten«, sagte Geissner mit fester Stimme.

»Ich weiß.« Dennoch machte sein Gegenüber keinerlei Anstalten, irgendetwas zu unternehmen.

Eine für Geissner unerträgliche Pause entstand. Der Grieche stand weiterhin vor dem Spiegel und schmierte sich Aftershavebalsam auf die Wangen. »Also dann?!« Geissner wurde ungeduldig.

»Es tut mir leid, ich vermiete keine Autos mehr. Da hat der Herr Kantilerakis was verwechselt.«

»Was verwechselt?«

»Es hat sich nicht gelohnt. Man muss ja die Autos ständig warten und so. Aber ich habe eine interessante Alternative. Komm mal mit, ich zeig dir was.«

Panos schnappte sich ein T-Shirt von einem kleinen Garderobenhaken, zog es über und ging hinaus. Gestern hatte auf seinem Shirt die Aufschrift »*I love Greece*« geprangt. Auf dem heutigen Shirt stand »*Fuck Ibiza*«.

Der Deutsche folgte Panos hinaus ins Freie und in den Hinterhof des Minimarkts. Dort stand ein Feigenbaum, an den ein Esel mit Reitgeschirr angebunden war. Stolz führte Panos den deutschen Besucher zu dem Tier.

»Kannst du reiten?«, fragte Panos. Der Banker blickte ungläubig auf den Esel – genau wie er gehofft hatte. »Ich weiß, du hast ein Auto erwartet, aber wir ändern gerade ein paar Sachen hier auf der Insel. Das hier ist die Zukunft. Er ist ein gutes Tier und bereitet mir seit vielen Jahren viel Freude. Er ist sparsam in der Haltung und befolgt Anweisungen ohne Murren. Sein Name ist Pelagos. Er braucht kein Benzin, keine Straße und findet von selbst nach Hause. Außerdem ist er komplett bio.«

Panos, der seit langer Zeit Erfahrung mit Touristen hatte, wusste, dass mit dem Bio-Argument praktisch jeder Deutsche zu kriegen war. Für Bio zahlten sie sogar gerne ein paar Euro mehr. Panos grinste seinem sprachlosen Gegenüber frech ins Gesicht. »Hast du ein Navi in deinem Handy? Darf ich mal kurz sehen?«

Der Basketballspieler öffnete den Klettverschluss seiner Brusttasche und holte zögerlich sein Smartphone aus der Tropenweste. Panos nahm es ihm aus der Hand und wischte auf dem Display herum. »Siehst du, ich stell's dir ein. Wo sind denn die Landkarten … ah, hier. Zum Elektrizitätswerk, oder?«

Der Lulatsch blinzelte dämlich und starrte ihn an. »Das ist jetzt nicht Ihr Ernst, oder?«

»Doch!«, antwortete Panos verzückt. »Du wirst begeistert sein. So kriegst du auch viel mehr von unserer Insel mit. Ich hab dir den direkten Weg eingestellt.« Panos steckte nun das Telefon unter einen Riemen am Geschirr des Esels und prüfte, ob es auch wirklich fest saß.

»Ich reite bestimmt nicht mit dem Esel hier rum!«

»Warum denn nicht? Das ist auf jeden Fall besser als zu
Fuß. Probier es, du wirst es mögen!« Panos Worte klangen so
samtig und anschmiegsam wie das Lied eines Baritonsängers.

Der Banker räusperte sich. Er schien seine Möglichkeiten
durchzuspielen. Nach kurzem Zögern antwortete er schließlich: »Natürlich kann ich das versuchen, aber ich sehe eigentlich nicht ein, waru…«

»Du musst dich einfach so seitlich draufsetzen«, unterbrach Panos ihn lächelnd und schob ihn sanft, aber bestimmt
an den Esel heran. »Komm, ich helfe dir …« Der Esel ergab
sich still seinem Schicksal. »Schau, hier musst du dich festhalten. Wenn du möchtest, dass Pelagos nach rechts geht,
musst du rechts ziehen, wenn er nach links laufen soll, musst
du links ziehen. Ganz einfach. Und wenn er anhalten soll,
zieh an beiden Zügeln und sag: ›Ksssss.‹ Dann bleibt er
stehen. Ich geb dir auch noch zwei Flaschen Wasser mit, eine
für dich, eine für den Esel.«

Panos steckte die beiden 1,5-Liter-Plastikwasserflaschen in
die Satteltaschen, löste die Leine vom Feigenbaum und gab
dem Tier einen liebevollen Klaps auf den Hintern. Als der
Esel sich gemächlich in Bewegung setzte, klammerte der
Deutsche sich am Sattel fest.

»Nicht verkrampfen! Und merk dir: Er hört auf den
Namen Pe-la-gos«, rief Panos ihm hinterher. »Viel Erfolg!«

Pelagos schritt mit gesenktem Kopf und mit Geissner auf
dem Rücken durch die karge Landschaft Paladikis. Der Weg
folgte zunächst einem versiegten Bachlauf. Malerische Fels-
brocken lagen, von winterlichen Wassermassen blank ge-
schliffen, im Bachbett, das zu beiden Seiten durch steile
Felswände begrenzt war. Der Esel hatte den Weg von selbst
eingeschlagen, als sie den Ort verlassen hatten. Dornige
Büsche waren weit in den Pfad hineingewachsen, und Geiss-

ner musste sich häufig bücken oder weit nach hinten lehnen, um dem Gestrüpp auszuweichen. Immerhin lief er hier nicht Gefahr, von jemandem gesehen zu werden. Zweifelsohne gab er auf dem Rücken des Esels eine lächerliche Gestalt ab. Seine Füße streiften fast den Boden, so klein war das Tier beziehungsweise so groß sein Reiter. Geissner hatte sich dennoch fest vorgenommen, das Ganze würdevoll hinter sich zu bringen. Er würde sich von diesen Gaunern nicht ins Bockshorn jagen lassen. Wichtig war, dass er seine Aufgabe erfüllte, *wie*, war dabei egal. Er würde einfach niemandem davon erzählen. Obwohl dieser Eselritt auch etwas Verwegenes hatte. Hier unten in der schattigen Schlucht war es ein Leichtes für Geissner, sich in eine Karl-May-Nostalgie zu versetzen. Da fiel ihm die Frau vom Strand wieder ein. Donnerwetter, hatte die ein Temperament! Aber gleichzeitig war sie auch sehr anziehend und liebreizend gewesen. So völlig frei von übertriebener Egomanie wie die meisten Frauen in Deutschland. Sie hatte einen enormen Eindruck auf ihn gemacht. Diese Unverfälschtheit! Diese Offenheit!

Nach ungefähr anderthalb Stunden schmerzhaftem Hin-und-her-Gewackel durch die karge und hügelige Gegend stieg der Weg steil an und endete am Rande einer Landstraße. Von hier aus konnte man von Horizont zu Horizont blicken, und Geissner staunte nicht schlecht, als er sah, wie hoch sie bereits gestiegen waren. Weit unten schillerte, wie aus einer anderen Zeit, das Blau des Mittelmeeres.

Der Esel lief stoisch die Landstraße entlang, egal was Geissner machte. Das Navi in seinem Smartphone, das in der Schlucht keinen Empfang gehabt hatte, machte nun permanent Ansagen, die ihn bald so sehr nervten, dass er sein Handy auf lautlos stellen wollte. Als er versuchte, in das Menü seines Handys zu gelangen, bemerkte er, dass die Betriebssprache auf Griechisch umgestellt worden war. Genauso gut hätten es chinesische Schriftzeichen sein können. Er hatte keine Chance, sich zurechtzufinden. Er musste sich auf seine Atmung konzentrieren, stand kurz vor einem Nervenzusammenbruch. Sein geliebtes Smartphone war mit einem Mal völlig wertlos, er hatte keine Orientierung und juckelte auf einem idiotischen Esel über eine fremde Insel. Mit Sicherheit hatte dieser griechische Ganove ihm die Sprache umgestellt, als er das Ziel ins Navi eingegeben hatte. Eine Stinkwut packte ihn.

Die weibliche Stimme des Navis sagte: »Die Route wird neu berechnet …«, und dann: »Die Route ist berechnet … Bitte beachten Sie die Verkehrsregeln.« Nach einer Pause, als hätte sie nachgedacht, sagte sie noch: »Bitte biegen Sie jetzt links ab!«

Wohin denn? In die Büsche? So eine verdammte Mistkacke! Der Pfeil auf dem Gerät blinkte nach links. »Bitte biegen Sie *jetzt* links ab«, wiederholte die Stimme. Geissner blickte sich ratlos um und reckte sich. Doch so weit das Auge reichte, da war nichts zum Abbiegen. Kein Weg. Nicht einmal ein Ziegenpfad oder dergleichen. Das Navi aber zeigte ganz deutlich eine Straße, die hier abzweigen müsste. Ein schier unfassbarer Verdacht schlich sich in Geissners Hirn, das trotz seines Safarihutes bereits zu kochen schien: Könnte der Bürgermeister mitsamt den nutzlosen Inselgriechen etwa EU-Gelder für den Straßenbau hier oben haben versickern lassen?

»Das darf doch echt nicht wahr sein!«, schimpfte Geissner weinerlich und versuchte, wie vom Navi vorgeschlagen, den Esel nach links ins Gelände zu bewegen. Doch Pelagos ging weiter stur geradeaus die Straße entlang, ignorierte alles, was Geissner tat oder sagte.

Sie näherten sich einem Haus, das unter großen Zypressen an einem Brunnen stand. Davor saß ein alter Mann im Schatten seiner Weinlaube und beobachtete Geissner neugierig. Er sah sehr gesellig aus und lächelte Jörg an. Was wollte er von ihm? Sicher freute er sich, dass ein Fremder sich für diese altmodische Fortbewegungsweise entschieden hatte. Möglicherweise erinnerte es ihn an seine Jugend, überlegte Geissner. Wie alt mochte der Mann sein? Wohl um die siebzig. Vielleicht hatte er das alte Steinhaus seinerzeit selbst erbaut und jeden Quader, jedes Fenster und den gesamten Hausrat mit einem Esel hierher in die Einöde transportieren müssen. So war das doch im Süden früher üblich gewesen, oder etwa nicht? Vermutlich machten arme Leute das heute in manchen Regionen immer noch.

Der Mann sagte etwas zu ihm. Geissner verstand »Anglika«. Hielt der Typ ihn für eine Frau? Nein, vermutlich hieß »anglika« so etwas wie »englisch«, was Geissner auf seine moderne Tropenausstattung bezog. Obwohl Jörg nicht reagiert hatte, sprach der Mann unbeirrt weiter und behielt dabei sein freundliches Gesicht.

Geissner stellte sich vor, dass seine Worte »Guten Tag, werter Herr. Wie geht es Ihnen? Wohin des Weges? Was machen Sie um diese Tageszeit in der Sonne?! Kommen Sie in den Schatten. Darf ich Ihnen ein Glas Wasser anbieten? Oder einen kleinen Kaffee?« bedeuten könnten. Oder aber: »Kommen Sie in mein Haus, ich werde Sie dort zu den Tieren sperren und Sie nie wieder rauslassen«, oder: »Sie sind seit vielen Jahren der erste Mensch, der mir begegnet. Ich möchte Sie gerne berühren, in erster Linie im Gesicht.« Die Hitze machte Geissner völlig verrückt, er phantasierte ja wie im Fieberwahn.

Dann hatte er eine Idee. Er ließ die Zügel des Esels locker und rief, während er mit den Händen große Fragezeichen in die Luft malte: »Äh … Elektrizitätswerk?«

Der Alte lächelte und ließ erneut einen Schwall griechischen Gebrabbels los. Am Ende seines Monologs brach er in Gelächter aus.

Geissner zuckte mit den Schultern und ritt weiter.

»Bitte bei der nächsten Gelegenheit wenden«, sagte die Stimme im Navigationssystem. Der Esel schritt stur geradeaus. Die Hitze wurde immer unerträglicher, und Geissner bereute es, dass er sich nicht zu dem alten Bauern unter die Laube gesetzt hatte. Er war ja wirklich nett gewesen und hätte ihm bestimmt seine Bitte nicht abgeschlagen.

Die Straße zog sich endlos dahin. Die Landschaft war kahl, nirgendwo ein Schattenplatz und schon gar kein Elektrizitätswerk. Das einzig Lockende war das Blau des weit in der Ferne leuchtenden Meeres. Geissner gab dennoch die Hoffnung nicht auf und wünschte sich bei jedem Hügel, dahinter das E-Werk zu finden. Obwohl – eigentlich war er froh, es nicht zu finden, denn wenn er sein Ziel erreicht hätte, wäre sein Auftrag ja quasi gescheitert.

Plötzlich meldete sich das von Panos am Geschirr befestigte Smartphone mit der *Bonanza*-Melodie – Laichinger. Ausgerechnet jetzt. Geissner beugte sich nach unten und ging ran. »Ja, hallo, Herr Laichinger, die Verbindung ist schlecht. Ich schreibe Ihnen eine SMS!«

»Wo sen Se grad, Härr … äh?«

Geissner verdrehte sich das Kreuz und ächzte. »Wo ich bin? Auf dem Weg zum E-Werk.«

»Gut. Nå schreibet Se e Essämmess. I hör Se kaum. Wiederhörn.«

Kaum hatte Jörg das Gespräch beendet, änderte Pelagos seine Richtung. Der Esel ließ nicht mit sich reden. Er bestimmte, was zu tun war, bog auf einen Pfad nach rechts ab und führte Geissner, der versuchte, ihn zurück auf die Straße zu lenken, einfach weiter auf ein Ziel zu, das nur der Esel selbst kannte. Der Schweiß lief Jörg in Strömen unter seinem Tropenhut hervor, der Esel begann, erbärmlich zu stinken, und hatte zudem sein Tempo noch weiter verlangsamt. Doch Geissner wollte um keinen Preis aufgeben. Er war vielleicht kein spannender Mensch, aber ganz bestimmt war er kein Feigling.

Als er zehn Jahre alt gewesen war, hatte Geissner seine Lektion gelernt. Er war damals schon auffallend groß für sein Alter und wurde wieder einmal von deutlich älteren Mitschülern auf dem Pausenhof gehänselt. Er trug immer eine gelbe Mütze, die ihm die Mitschüler wegnahmen und über seinen Kopf hin und her warfen, sodass er sie nicht erwischen konnte. Dabei riefen sie: »Fang sie halt, Jörg, was ist denn? Fang halt deine blöde Mütze, Jörg!«, und lachten, bis er weinte. Dann riefen sie: »Der kleine Jörg weint. Willst sie wohl wiederhaben, die Mütze? Wie heißt das Zauberwort?« Das machten sie so lange, bis Geissner leise »bitte« winselte. »Lauter!«, riefen sie dann, und er musste es lauter sagen. »Bitte, bitte, ich will meine Mütze wiederhaben.« Noch mal und noch mal, immer wieder, immer lauter. Am schlimmsten war für ihn diese Ohnmacht, der fehlende Mut, sich zu wehren, dem eine maßlose Wut folgte. Wut über sich selbst, die Tränen und darüber, dass ihn auch die Mädchen so sahen. Die Mitschüler warfen irgendwann Jörgs Mütze in den Dreck, liefen spottend davon und ließen ihn vor Wut wimmernd zurück. Auch die Mädchen wandten sich wieder einander zu und überließen ihn seinem Elend. Nur eines der Mädchen löste sich aus der Gruppe, kam auf ihn zu, nahm die Mütze aus dem Dreck und gab sie ihm. Er schaute sie zugleich dankbar und Hilfe suchend an. Doch sie nannte ihn nur verächtlich einen »Feigling«, drehte sich um und ging zurück zu den anderen. Damals hatte er sich geschworen, nie wieder ein Feigling zu sein.

Geissner drückte den Rücken durch und stieß dem Esel seine Fersen in die Flanke. Entweder gab es auf dieser Insel ein E-Werk oder nicht. Und er, Jörg Geissner, der Unbestechliche, würde es herausfinden.

23 Die schlimmste Mittagshitze war überstanden, als Panos und Spyros entspannt vor der Lyra saßen, kühles Bier tranken und interessiert beobachteten, wie der deutsche Inspekteur völlig erschöpft, staubig und sonnenverbrannt hinter Pelagos auf die Platia trottete. Äußerst amüsiert verfolgten sie, wie der Esel in der Mitte des Dorfplatzes stehen blieb und ein paar Pferdeäpfel fallen ließ, direkt vor die verdreckten Wandersandalen des Deutschen. Auch die beiden Greise machten sich nicht die Mühe, ihre Freude über das jämmerliche Bild zu verheimlichen, und gackerten unverhohlen auf ihrer blauen Bank.

»Siehst du, der ist jetzt schon am Ende«, sagte Panos seinem Freund. »Hat keinen Biss.«

Der Deutsche hatte die Zügel des Esels losgelassen und stand apathisch hinter dem Tier, das ihm gerade bis zur Hüfte ging. Jetzt drehte er sich wie in Zeitlupe zu Panos. »Bitte sehr, Ihr Esel«, sagte er vorwurfsvoll und ließ sich auf einen Stuhl an einem der freien Tische fallen.

»Ein gutes Tier. Er ist sicher durstig«, sagte Panos und wandte sich an den Ober: »Vasili! Bitte einen Eimer Wasser für Pelagos.«

Vasilis nickte. »*Do you also want a bucket of water?*«

»Äh, *yes, please.*« Der Deutsche war offensichtlich bereits zu erschöpft, um zu erkennen, dass er hier veralbert wurde.

Panos stand auf, stellte sich hinter ihn und tätschelte ihm die Schultern. »Wie war dein Tag, mein Freund? Hast du dir das E-Werk angeschaut?«

Der Deutsche antwortete nicht. Dafür entzog er sich Panos' Händen, schüttelte die Arme, atmete tief ein und stieß mit der Ausatmung den Ausruf »*Awaaaaaaay!*« hervor. Panos fragte sich, ob der Deutsche vielleicht einen Sonnenstich hatte, und rief Vasilis zu, er solle rasch das Wasser bringen.

Auch Spyros und die beiden Barbas betrachteten das seltsame Verhalten des deutschen Bankers mit dem verschwitzten Tropenanzug fasziniert und warfen sich fragende Blicke zu. Einen seltsameren Menschen hatten sie noch nie gesehen.

Doch dann schien der Deutsche aus seinem merkwürdigen Zustand zu erwachen. Er wandte sich direkt an Panos. »Lassen Sie uns offen miteinander sprechen.« Seine Stimme war heiser. »Wir können uns lange Prozeduren ersparen, wenn Sie mir einfach gleich sagen, dass es weder das E-Werk noch die Krankenstation gibt.«

Für einen kurzen Augenblick war Panos von seiner Offenheit beeindruckt. Er hätte sich von ihm eine verweichlichte, weibische Art erwartet. Dann jedoch setzte er sofort wieder ein Pokerface auf. »Aber natürlich gibt es beides«, sagte er munter. »Die Sonne scheint dir zugesetzt zu haben, mein Freund, du siehst sehr erschöpft aus.«

Auch Spyros war inzwischen aufgestanden und hatte sich zu ihnen gesellt. Es hatte ihn anscheinend beeindruckt, wie der Deutsche unter Panos' Händen so seltsam zusammengezuckt war. Offenbar war er neugierig, ob der Fremde bei ihm genauso reagieren würde. Vorsichtig streckte er die Hand aus und legte sie auf die Schulter des Fremden.

Sofort versteifte sich der Körper des Deutschen wieder, und er hielt den Atem an.

»Guten Tag, Herr Kommissar«, sagte Spyros. »Geht es Ihnen gut?«

Der Banker stieß Spyros' Hand fort und stand ruckartig auf. »Ich bin kein Kommissar«, sagte er trotzig.

Spyros nickte. Offensichtlich hatte er Gefallen an dem

Berührungsspiel gefunden. Er packte ihn begeistert bei den Oberarmen, schüttelte ihn dezent und zog ihn eng an sich. »Es ist so schön, Sie bei uns zu haben«, sagte er mit strahlendem Lächeln und umarmte ihn wie einen heimgekehrten Sohn.

Panos und die beiden Alten lächelten und beobachteten das Experiment fasziniert. Nun fing auch er an, den Deutschen zu umarmen. »Ja«, rief er, »es ist so schön, dass du uns besuchst!«

Der erschöpfte Mann versuchte verzweifelt, sich aus der Umarmung der beiden Griechen zu befreien. Doch gemeinsam hielten sie ihn wie zwei Ringer umklammert. Schließlich gelang es ihm, die Männer mit einem Ruck wegzustoßen.

»Spinnt ihr, oder was?«, schrie er sie an.

In dem Moment trat der kleine Dimitris von hinten an ihn heran und tippte ihm auf den Rücken. »Entschuldigung, der Herr, soll ich Ihren Koffer nachher zur Fähre bringen?«

Der Deutsche zuckte herum und schrie den Kleinen an: »Nein, das mach ich selbst!«

Panos, Spyros und die beiden Alten tauschten vergnügte Blicke aus.

»Lang hält er nicht mehr durch, der Basketballspieler«, flüsterte Barba Ilias seinem alten Freund zu. »Zu sensibel.«

»Er kann es kaum erwarten, auf seiner Fähre zu sitzen«, stimmte Barba Stavros zu. Beide grinsten maliziös.

Geissner konnte nicht mehr. Dieser Minimarkt-Besitzer und dieser sogenannte Bürgermeister hatten sie ja wohl nicht mehr alle. Das grenzte an Nötigung. Ach Quatsch, Körperverletzung! In Deutschland würde er jetzt die Polizei holen. Erschöpft ließ er sich zurück auf seinen Stuhl sinken. Nach einer gefühlten Ewigkeit trat der Kellner Vasilis zu ihm an den Tisch, stellte ein Glas darauf ab und füllte es unter dem

Gegacker der Greise aus einem Wassereimer. Doch Geissner hörte sie kaum, so durstig war er, und trank hastig. Dann deutete er auf die vollen Salatteller zweier Touristinnen, die Vasilis natürlich vor ihm bedient hatte.

»Äh, *excuse me, please? Can you bring me something to eat, too?*«

Der Kellner hatte gerade den Mund geöffnet, um nach seiner Bestellung zu fragen, da mischte sich dieser Gauner aus dem Supermarkt wieder ein. »Ich würde dir das Huhn in Zitronensoße empfehlen – *Kotopoulo Lemonato*.« Er zwinkerte dem Kellner zu. »Möchtest du so ein Zitronenhuhn haben?« Seine Frage war übertrieben freundlich, und er beugte sich vertraut zu Jörg über den Tisch.

Geissner, der nur noch in Ruhe gelassen werden wollte, wusste nicht, was er sagen sollte. Was war das nun wieder für eine Nummer? Da ihm nichts Besseres einfiel und weil er nach den Strapazen des Tages einen enormen Hunger verspürte, antwortete er mit mürrischer Miene: »Hört sich gut an.«

Sofort huschte der Kellner davon, allerdings nicht in die Taverne, sondern daran vorbei zu einem Durchgang, der in den Garten hinter dem Restaurant führte.

»Du kriegst ein besonders schönes«, sagte der Supermarkt-Besitzer lächelnd. »Es ist eine Spezialität unserer Insel. Trink doch einen Schnaps mit uns.«

Bingo, dachte Geissner zynisch. In der Sonne sitzen und saufen, sich ständig Geld leihen, es verprassen und dann nicht zurückzahlen können – so waren sie, diese Griechen, genau so. »Nein danke«, sagte er giftig. »Ich kann auch ohne Alkohol lustig und ausgelassen sein.«

Der Satz hat gesessen, dachte Jörg. Da erschien der Kellner erneut an seinem Tisch. In der einen Hand hielt er einen Korb voller Zitronen, in der anderen ein lebendiges Huhn, das in seinem Griff aufgeregt zappelte. Jetzt hielt er Geissner das flatternde Tier auch noch direkt vors Gesicht.

»*This will be your chicken, all right?*«

Geissner zuckte zurück. Wenn er etwas noch mehr hasste als Berührungen, dann war es lebendiges Federvieh. Abscheu und Ekel erfüllten ihn. So nah hatte er noch nie ein Huhn gesehen. Diese Krallen! Der Schnabel!

Die vier Griechen lachten.

Auch die zwei Touristinnen am Tisch neben ihm fingen an zu kichern. Der unverschämte Eselbesitzer zwinkerte ihnen zu. Geissner grauste es. Das Federvieh flatterte weiter vor seinem Gesicht herum. Am liebsten hätte er geweint oder vor Wut mit den Fäusten auf den Tisch getrommelt. Oder beides. Die Griechen hingegen lachten weiter ausgelassen und schienen nicht zu merken, dass er kurz davor war zusammenzubrechen.

»Keine Scheu, das Tier ist kerngesund. Alles bio. Wie Pelagos«, pries das griechische Schlitzohr lachend das Huhn an.

Geissner befand sich in einer Art Schockstarre. In diesem Moment ließ der Ober das Huhn los. Geissner stieß einen Schrei aus. Das Huhn streifte sein Gesicht und flatterte wild in der Gegend herum. Der dickliche Eselbesitzer nahm den Korb mit den Zitronen und begann, mit ihnen nach dem Huhn zu werfen. Geissner konnte es nicht fassen. Der Kerl warf tatsächlich mit Zitronen nach dem Tier. »Das Huhn muss durch die gleichen Zitronen zu Tode kommen, die später für die Soße verwendet werden!«, rief der Typ begeistert und schmiss noch eine Frucht, die das panisch zwischen den Stühlen umherflatternde Tier nur knapp verfehlte.

Nun begannen ebenfalls der Bürgermeister und der Ober lachend, nach dem Huhn zu werfen, das um sein Leben rannte. Auch die beiden Greise ließen sich Zitronen reichen und bewarfen das Huhn, allerdings eher sanft, so als würden sie Boule spielen. Eine der Zitronen traf Geissner am Kopf. Als er wie der späte Gustaf Gründgens in *Mephisto* theatralisch seinen Kopf nach hinten warf, brachen auch die Touristinnen in schrilles Gelächter aus.

Das war endgültig zu viel für ihn. Geissner sprang auf und kämpfte mit den Tränen. »Das ist mir alles zu blöd hier!« Seine Stimme klang erstickt. »Verarschen kann ich mich selber!« Schluchzend und mit hochrotem Kopf stieß er das Wasserglas vom Tisch und lief quer über die Platia in Richtung Hotel. Die Flucht ergreifen – das war das Einzige, was er jetzt noch tun konnte. Vielleicht war sein Abgang nicht sonderlich rühmlich, aber immerhin flehte er nicht: »Bitte, bitte, gebt mir meine Mütze wieder.«

Panos wischte sich eine Träne aus dem Auge, während er dem Deutschen nachsah. Er grinste nicht mehr. Nach dem Aufruhr war es totenstill auf der Platia geworden. Alle merkten, dass man den Bogen ein wenig überspannt hatte. Zumindest menschlich, sachlich jedoch nicht. Abreisen sollte er, der Deutsche. Keiner hatte ihn gebeten, hier herumzuschnüffeln.

Panos setzte sich zu den Touristinnen und freute sich über den sich anbietenden Gesprächseinstieg. »Armer Kerl«, bemerkte er und blickte in die Richtung, in die der deutsche Spitzel verschwunden war. Die Touristinnen jedoch starrten entgeistert auf das Huhn, das reglos unter einem der Tische auf dem Rücken lag, die Beine in die Luft gestreckt, und keinen Mucks mehr von sich gab. Panos folgte ihren Blicken. »Schockstarre. Ist harmlos. Es wird überleben.«

24

Jörg hatte die Taverne in einem furchtbaren Zustand verlassen. Er fühlte sich wie der Cutter aus *Extras* von Ricky Gervais. Britta hatte ihm einst die britische Serie gezeigt, in der es um Statisten beim Film ging, die ständig in Fettnäpfchen traten. Eigentlich eine lustige Serie, aber im Bonusmenü der DVD-Box waren auch reale Szenen zu sehen, in denen der Hauptdarsteller Ricky Gervais seinen Cutter quälte. Diese Szenen hatte Geissner unerträglich gefunden. Der sehr sympathische Mitarbeiter wurde vom Hauptdarsteller und Produzenten der Serie mit Klebeband verunstaltet, musste vor der Kamera wie ein Schwein herumrennen, die Lippen wurden ihm nach oben gebunden – das Ganze glich einer mittelalterlichen Folterung, und der geschundene Cutter wirkte in den Aufnahmen todunglücklich, ließ aber aus Gutmütigkeit und Hilflosigkeit und wahrscheinlich auch, weil er seinen Job nicht verlieren wollte, alles mit sich machen. Für diese Art von Humor hatte Geissner kein Verständnis, und es hatte ihm den Spaß an der Serie verleidet, was Britta natürlich wieder mal nicht verstanden hatte.

Es war die gleiche Mischung aus Wut, Ohnmacht, Schmerz und Hunger, die Geissner nun quälte. Zu allem Überfluss hatte dieser Ricky Gervais nicht einmal so gewirkt, als würde er sein verwerfliches Verhalten in irgendeiner Weise bereuen. Gervais war im Übrigen auch der Schöpfer und Protagonist der Serie *The Office*, an der sich die deutsche Produktion *Stromberg* anlehnte. Geissner war sich sicher, dass der geniale Christoph Maria Herbst niemals auf die Idee kommen würde, seine Mitarbeiter zu quälen. Im Gegenteil: Jörg hatte sich einige Interviews von Herbst angesehen und ihn als ausgesprochen respektvoll seinen Mitmenschen gegenüber erlebt. Lustig fand Geissner die Figur des Stromberg allerdings nicht. Dessen Handlungen schienen ihm völlig normal und nachvollziehbar! Dass manche die Serie als »Comedy« bezeichneten, war ihm unbegreiflich. Aber über Humor ließ sich bekanntlich streiten, wie man vorhin beim »Zitronenwerfen« gesehen hatte …

Er war zurück zum Hotel gelaufen und hatte sich noch auf dem Weg entschlossen, die Fähre sausen zu lassen und noch einen Tag länger zu bleiben. Hätte er die Ruhe gehabt, auf die Uhr zu sehen, hätte er gemerkt, dass die Fähre ohnehin längst abgelegt hatte. Diese Demütigung würde er nicht auf sich sitzen lassen! Wenn diese Gauner meinten, ihn zum Hanswurst machen zu können, hatten sie sich sauber geschnitten. Er würde seine Arbeit ordentlich zu Ende bringen, so wie er es immer gemacht hatte.

Gleich nach seinem Eintreffen im Hotel hatte er Maria, die seinen Zustand unkommentiert gelassen hatte, mitgeteilt, noch eine Nacht bleiben zu wollen, und diese auch gleich im Voraus bezahlt. Dann hatte er seinen Rollkoffer wieder in sein Zimmer getragen, hatte sich eingeschlossen und beim erneuten Beziehen des Bettes seiner Wut und seinen Tränen freien Lauf gelassen.

Als er sich etwas beruhigt hatte, ging er hinaus auf den Balkon – zum ersten Mal seit seiner Ankunft. Er atmete die frische Abendluft ein und sah, wie die Fähre – seine Fähre – am Horizont verschwand. Nach einer Weile ging er wieder hinein und zog sich seine verdreckten Klamotten aus und einen Schlafanzug an. Geissner liebte Schlafanzüge. Der kuschelige Stoff hatte etwas Tröstliches und war so etwas wie eine Belohnung. Diesmal entschied er sich für den hellblauen mit den grauen Streifen. Er fühlte sich gleich besser. Da klopfte es an der Tür.

Können die mich nicht einfach in Ruhe lassen, dachte Geissner verzweifelt und machte keine Anstalten, die Tür zu öffnen. Es klopfte erneut. Geissner überlegte, ob er sich wieder seine Straßenkleidung anziehen oder einfach im Schlafanzug aufmachen sollte, entschied sich dann für Letzteres. Mit einem Seufzer ging er zur Tür und öffnete sie einen Spalt. Er zuckte zurück. Vor ihm stand der betrügerische Eselbesitzer. Der Grieche blickte betreten drein. Außerdem schien er ziemlich nervös zu sein, denn er schaute immer wieder nach links und rechts den Flur entlang. In den Händen hielt er ein Tablett mit einem Teller Salat, Schafskäse, weißen Riesenbohnen, gefüllten Weinblättern und Tsatsiki, außerdem Brot, einer Portion gegrillter Babytintenfische und einer Flasche Wasser.

»Was wollen Sie hier?«, fragte Geissner mit mürrischer Miene.

»Du musst Hunger haben.« Er flüsterte und hielt ihm das Tablett hin. Jörg rührte sich nicht. »Es tut mir leid. Die Sache mit dem Esel. Der Eimer. Das Huhn. Wir haben es vielleicht ein wenig übertrieben. Aber wir mögen es nun mal nicht, wenn die Deutschen uns Aufpasser schicken.« Er schaute sich gehetzt um, hob das Tablett und lächelte. »Kleine Wiedergutmachung?«

Geissner war von seinem Verhalten irritiert. »Was ist los? Warum flüstern Sie?«

Der Grieche zögerte, bevor er sich zu einer Antwort durchrang. »Ich habe ein paar Probleme mit der Hotelbesitzerin. Sie sollte mich hier besser nicht sehen«, erklärte er, nachdem er sich noch einmal umgeblickt hatte. Wieder hielt er Geissner das Tablett hin. »Los, nimm schon. Du kannst nichts dafür. Du machst auch nur deinen Job.«

Geissner machte keine Anstalten, das Tablett zu nehmen, und fixierte sein Gegenüber scharf. »Ich mache nicht nur meinen Job. Ich *liebe* meinen Job! Und ich werde erst dann gehen, wenn dieser Job erledigt ist.«

Der Grieche verdrehte die Augen. »Wie auch immer. Ich stelle es hierhin. Vielleicht bekommst du ja später Hunger.«

Er platzierte Wasser und Speisen im Flur neben der Tür und wandte sich zum Gehen. Dann drehte er sich noch mal um. »Ich heiße Panos«, sagte er und streckte Jörg die Hand hin.

Geissner überlegte kurz und nahm dann die Hand. »Geissner.«

Kurz schüttelten sie einander die Hände. Da fiel Geissner noch etwas ein. Er ging in sein Zimmer, kam zurück und hielt Panos sein Smartphone hin. »Ich glaube, Sie haben da was umgestellt. Ein sehr gelungener Scherz. Vielen Dank noch mal.«

»Tschuldigung.« Panos nahm das Telefon, tippte kurz darauf herum und gab es ihm zurück.

»Danke.«

»Schöner Schlafanzug«, bemerkte Panos und wollte sich erneut zum Gehen wenden, als sich Schritte auf der Treppe näherten. Panisch drängte sich der Grieche zu Jörg ins Zimmer, schloss hektisch die Tür hinter sich und drehte den Schlüssel im Schloss um.

Doch Maria hatte Panos längst gesehen. Mit einer schrillen, bis tief ins Mark dringenden Stimme schrie sie: »Panagioti!«

Wie ein Verbrecher auf der Flucht lehnte Panos mit dem Rücken an der Tür und sah Geissner flehend an. Es klopfte energisch.

»Panagioti?«, schrie Maria noch einmal.

Nun war auch Dimitris' Kinderstimme zu vernehmen: »Papa?«

Jörg blickte Panos überrascht an. War er etwa der Vater von diesem Jungen? Panos hob entschuldigend die Hände und lächelte matt. Jörg bedachte ihn mit einem vorwurfsvollen Blick.

Nun war wieder Maria zu hören, die ihren Sohn auf Griechisch anschrie. Dann klopfte es erneut. »Herr Geissner? Trauen Sie diesem Mann nicht! Er ist ein Betrüger!«

Langsam reichte es ihm. Es konnte nicht sein, dass diese Frau andauernd seine Privatsphäre terrorisierte und er so tun musste, als wäre er nicht da – Panos hin oder her. Trotz seines Outfits entriegelte er die Tür und öffnete sie einen Spalt. »Ja bitte?«, fragte er möglichst vorwurfsvoll.

»Haben Sie Besuch?«, fragte Maria gepresst. Ihr Gesicht war puterrot, in ihren Augen stand blanker Hass. Sie versuchte, den Türspalt zu verbreitern und an Geissner vorbei ins Zimmer zu schauen. Panos drückte sich hinter der Tür gegen die Wand, sodass er für sie nicht zu sehen war.

Geissner zögerte keine Sekunde. Es kam ihm so vor, als stünde er neben sich und hörte sich selbst zu, als er antwortete: »Nein, ich habe keinen Besuch. Ich habe hier auch niemanden gesehen. Überhaupt würde ich mich gerne hinlegen und etwas ausruhen.«

Mit sanfter Gewalt drückte er gegen die Tür. Doch Maria gab nicht auf: »Ich gebe Ihnen einen Rat: Halten Sie sich von diesem Mann fern.«

Jörg lächelte. »Ich weiß wirklich nicht, was Sie meinen, aber ich würde mich jetzt gerne hinlegen.« Gerade wollte er die Tür schließen, da sah er das Tablett mit den Speisen. »Entschuldigung.« Er schob sich schnell an der Hotelbesitzerin vorbei, schnappte sich das Essen, huschte zurück in sein Zimmer und nickte Maria freundlich zu. »Gute Nacht.«

Maria schaute irritiert, und Geissner nutzte den Moment, um die Tür zu schließen und den Schlüssel im Schloss herumzudrehen. Keine Sekunde später setzte Marias Gebrüll erneut ein, nun wieder auf Griechisch und noch eine Oktave höher.

Panos, der die ganze Zeit kaum zu atmen gewagt hatte und kreidebleich war, schlich in Richtung Balkon und flüsterte: »Danke für die Hilfe«, bevor er sich über das Geländer schwang. Mit einem letzten entschuldigenden Blick fügte er hinzu: »Wirklich toller Schlafanzug«, und verschwand.

Draußen im Flur überschlug sich Marias zeternde Stimme. Geissner ging zur Tür, und kaum hatte er sie geöffnet, stürmte Maria ins Zimmer. So etwas hatte er noch nicht erlebt. Britta konnte vielleicht fies sein, aber einen derartigen Ausbruch hätte sie niemals zustande bekommen. Er war froh, dass er die Flüche dieser zornigen Frau nicht verstand. Nur Dimitris tat ihm leid. Der Junge stand hinter seiner Mama und hielt sich die Ohren zu.

Höflich und ruhig sagte Geissner: »Er ist weg.«

Sofort unterbrach Maria ihre Tirade. Wie ein Wachhund, der gerade einen Einbrecher verjagt hat, richtete sie sich stolz auf. »Gut«, sagte sie, auf einmal sehr ruhig und entspannt. Dann drehte sie sich um und ging ohne ein weiteres Wort aus dem Raum.

Geissners Blick fiel auf Dimitris, der traurig die Schultern hob, als wollte er sagen: »So sind sie halt.« Der Bub tat ihm leid, wie er da stand und sich für seine Eltern entschuldigte. Jörg sah ihm an, wie tief ihn die vorangegangene Szene erschüttert hatte. Um Dimitris aufzuheitern, tat Geissner etwas, was sonst eigentlich gar nicht seine Art war: Er zog eine Grimasse. Er rollte die Augen, verzerrte den Mund, ließ die Zunge seitlich aus dem Mundwinkel hängen. Dimitris lächelte höflich. Geissner freute sich. Dass es vielleicht nur der Schlafanzug war, über den sich der Junge ein wenig amüsierte, war ihm egal. Und hätte er sich nicht mit der

Beide-Daumen-hoch-Geste von dem Jungen verabschiedet, wäre es tatsächlich ein cooler Auftritt gewesen.

Geissner schloss die Tür und war endlich alleine im Zimmer. Er atmete lange aus. Was für ein Tag. Das war ihm alles zu viel. Er zog den Vorhang zu, setzte sich müde und erschöpft auf den Holzstuhl, der vor dem kleinen Tisch in seinem Zimmer stand, und blickte für einen Moment andächtig auf die Speisen. Sie strahlten in ihrer Einfachheit und Ehrlichkeit fast etwas Religiöses aus. Erst jetzt merkte er, wie hungrig er tatsächlich war. Er begann zu essen. Es schmeckte vorzüglich. Dann nahm er das Handy und tippte eine kurze SMS an Laichinger mit der Botschaft, dass alles auf einem guten Weg sei. Etwas Besseres fiel ihm nicht ein.

Während er aß, spürte Jörg förmlich, wie die Zellen seines erschöpften Körpers und sein von der Sonne strapaziertes Hirn die Nahrung aufnahmen und in Kraft umwandelten. Der Salat, die Weinblätter und Babytintenfische schmeckten köstlich. Völlige Entspannung setzte ein. Die dumpfen Geräusche, die durch den geschlossenen Vorhang von der Hafenbucht und der kaum befahrenen Straße zu ihm heraufdrangen, rückten in immer weitere Ferne, und die Ohnmacht, die Hilflosigkeit und Wut, die Geissner noch vor zwanzig Minuten im Bauch gespürt hatte, wichen nun dem Salat, dem Tsatsiki, den Bohnen, Weinblättern und Babytintenfischen.

Es klopfte noch einmal an der Tür. Geissner schreckte auf. Er musste eingeschlafen sein. Im Raum herrschte Totenstille. Das konnte doch nicht schon wieder Maria sein, dachte Geissner. Denn bezahlt hatte er ja bereits. Noch bevor er etwas sagen konnte, schwang die Tür knarrend auf, und zwei ihm unbekannte bärtige Männer traten ein. Sie trugen weiße Kochmützen und begannen, langsam einen Servicewagen, auf dem ein großer silberner Topf stand, ins Zimmer zu schieben. Dabei leierten sie immer wieder einen monotonen Singsang im Chor vor sich hin, von dem Geissner nichts verstand. Das mantraartige Gemurmel der beiden Köche war unheimlich. Geissner wollte etwas sagen. Er wollte sagen, dass sie draußen bleiben sollten, dass er schon gegessen hatte, dass er alleine sein wollte. Doch er brachte keinen Ton heraus, denn zu seinem Schrecken sah er, dass mit jedem Schritt, den die beiden auf ihn zumachten, das Hotelzimmer immer größer wurde und weiter und weiter wuchs. Die Möbel jedoch wuchsen nicht mit. Der Tisch, an dem Geissner noch immer saß, und alle anderen Möbel wirkten winzig in dem größer werdenden Raum. Das Bett war in weite Ferne gerückt, die beiden Köche jedoch schwebten sekündlich näher, und jetzt sah Geissner, dass sie Gurken in den Händen hielten, die sie ungeschält und im Ganzen in den Topf warfen. Weiter vor sich hin murmelnd, schmissen sie ganze Knoblauchknollen hinterher. Geissner klammerte sich an den Tisch, Schweißperlen bildeten sich auf seiner Stirn. Er blickte sich Hilfe suchend um und erschrak fürchterlich, als er auf seinem Bett plötzlich eine alte Frau sitzen sah. Als wolle sie ihn beruhigen, lächelte sie ihn mit blitzenden Goldzähnen an und wandte sich dann einem riesigen Eimer zu, den sie zwischen den Knien hielt. Die Köche schütteten den Inhalt ihres Topfes in den Eimer der Alten, und sie spuckte Joghurt dazu.

Mit weiß verschmiertem Mund sprach sie Geissner an. Lächelnd. »Tsatsiki«, sagte sie, und ihr Blick veränderte sich. Ihr Gesicht war nun leicht geschwollen, als ringe sie nach Luft. Mit aufgerissenen Augen beugte sie sich vor und würgte eine Zitrone hervor. Sie nahm sie aus dem Mund und hielt sie Geissner vors Gesicht. Er wich zurück, doch jetzt kamen immer schneller immer mehr Zitronen aus dem Mund der Alten. Die Köche sammelten sie ein und bewarfen ihn damit.

Auch die alte Frau warf. Geissner erkannte jetzt Panos in einem der beiden Köche. Der Bart war nur angeklebt.

»Er muss mit denselben Zitronen zu Tode gebracht werden, die später in die Soße kommen«, sagte Panos.

Geissner wollte davonrennen, kam aber nicht vom Fleck. Die Griechen lachten. Die Alte hatte auf einmal einen Apothekerkittel an, und ja, Geissner konnte zusehen, wie sie sich in seine Exfreundin Britta verwandelte. Sie blickte ihn schweigend und kopfschüttelnd an und schloss das Durchreichefensterchen. Panos wiederum hatte nun einen Außenborder in der Hand. Er hielt ihn wie eine Kettensäge vor sich und versuchte mehrmals, den Motor anzulassen, indem er an einer Kordel zog. Doch der Motor lief immer nur ein paar Takte und starb ab, sobald Panos die Antriebsschraube in den Eimer mit dem Tsatsiki hielt, um das Ganze gut durchzumixen. Wieder zerrte Panos an der Anlasskordel, und wieder heulte der Motor auf. Mit langsamen Schritten, die sich bedrohlich drehende Motorschraube vor sich, kam Panos durch den riesigen Raum direkt auf Geissner zu.

Schweißgebadet schreckte Geissner hoch. Er saß noch immer am Tisch, vor ihm die halb volle Wasserflasche und die leer gegessenen Teller. Wie lange er mit der Stirn auf der Tischplatte geschlafen hatte, konnte er schlecht schätzen. Eine halbe Stunde vielleicht. Draußen war es dunkel geworden. Schlaftrunken machte Geissner das Licht an. Noch immer hörte er die penetranten Anlassgeräusche aus seinem Traum. Erleichtert stellte er fest, dass sie von draußen kamen. Er war wirklich wach. Unsicher trat er auf den Balkon.

Es war der kleine Dimitris, der unten auf der Straße versuchte, einen Motorroller in Gang zu bringen. Offenbar war das Gerät für mehr Leistung frisiert worden. Endlich sprang die Maschine an. Der Bub setzte sich chefmäßig darauf und brauste davon, als sei es das Selbstverständlichste der Welt. Es wurde wieder still. In der Ferne hörte Geissner leise Musik und zwischendurch den Schall von Dimitris' schon weit entferntem Moped, der von den Hauswänden reflektiert wurde. Der Mond schien hell. Die Sterne leuchteten am schwarzen Firmament, und das Meer plätscherte friedlich. Geissner atmete tief durch.

25 Panos saß allein im Minimarkt am Kassentisch. Es war bereits spät am Abend, und vor ihm summte sein aufgeklapptes Notebook. Im Grunde war Panos' Computer immer an, schließlich musste er stets online sein, um die Ergebnisse der Sportwetten verfolgen zu können. Doch heute war er nostalgischer Stimmung. Das ganze Theater mit dem deutschen Bankfuzzi und erst recht das Drama, das Maria aufgeführt hatte, waren definitiv zu viel für ihn gewesen. Er fühlte sich elend. Und ungerecht behandelt! War es vielleicht sein Problem, dass dieser Deutsche so ein Waschlappen war? *Sein* Problem war nur, dass der Typ Paladiki endgültig in den Hades stoßen würde, wenn keiner etwas unternahm. Und der Einzige, der dazu den Mumm hatte, war nun mal er. Obwohl Panos sich eingestehen musste, dass ihm der Deutsche nicht ganz so unsympathisch war, wie es ihm lieb gewesen wäre. Wie er ihn vor Maria gerettet hatte – das war nicht uncool gewesen. Unter griechischen Männern war Solidarität gegenüber Frauen eine Selbstverständlichkeit. Insbesondere wenn diese so heißblütig waren wie Maria. Er verstand diese Frau einfach nicht. Hatte er sie vielleicht gebeten, ein Kind von ihm in die Welt zu setzen? Hatte sie ihn nur einmal gefragt, ob er dieses Kind überhaupt wollte? Und immer dieses Geschrei …

Panos seufzte. Wie immer, wenn er in dieser Stimmung war, schwelgte er in Erinnerungen an seine verflossenen Touristinnen. Um sich diesem süßen Schmerz noch lustvoller hinzugeben, klickte er auf den Computerordner »*Kiries*«, »Damen«. In diesem Ordner befanden sich unzählige Foto- und Videodateien von seinen Liebschaften. Die Dateien waren in Nationalitäten unterteilt, die sich wiederum jeweils aus Ordnern mit den Bezeichnungen »Blond«, »Brünett« und »Rothaarig« zusammensetzten.

Panos klickte sich durch die Dateien. Bei einem Bild von Jessica blieb er hängen. Alles war so intensiv und stürmisch gewesen letzten Sommer, gleichzeitig aber so einfühlsam, so lustig, so spontan. Jessica hatte ihn immer wieder in aller Öffentlichkeit geküsst, und er hatte so getan, als ob ihm das nicht gefallen würde, ihr erklärt, er habe einen rauen Charakter, er sei kein sensibler Mann, und er wolle sie nicht enttäuschen. Sie hatte ihm kein Wort geglaubt. Stattdessen hatte sie versucht, seine empfindsamen Seiten herauszukitzeln, was ihr einigermaßen gelungen war. Denn natürlich war er tief in seinem Inneren ein gefühlvoller Mensch voller Sehnsüchte und Träume, aber es war eben seine kernige Seite, die er die meiste Zeit in der Öffentlichkeit präsentierte. Jessica war jedoch schlau und hatte seine wahre Natur erkannt. Auch sexuell hatte sie ihn zur Weißglut getrieben, indem sie beispielsweise bei der Fellatio mal leidenschaftlich, mal zärtlich und zurückhaltend an den Innenseiten seiner Oberschenkel herumgeleckt und seinen Penis nur zweitrangig bedacht hatte. Er hatte jedes Mal kurz vor der Explosion gestanden, und sie hatte seine Hilflosigkeit genossen, sein stummes Verlangen nach Erlösung. Ach, Jessica! Er erinnerte sich an jene vierzehn Tage voller Liebe und Freude, an die Schwüre bei ihrer Abreise, an ihre vielen Briefe, die er sämtlich nicht beantwortet hatte. Doch er wusste einfach nicht, was er schreiben sollte. Er konnte ihre Gefühle nicht an sich heranlassen, weil er insgeheim Angst vor seiner eigenen Reaktion hatte. Liebesdinge gingen ihm erfahrungsgemäß ziemlich an die Nieren, und er hatte schon immer Schwierigkeiten gehabt, ohne Augenkontakt mit Menschen zu kommunizieren. Wenn er einen Anruf tätigte, wurde das Wichtigste besprochen und dann aufgelegt. Beim Briefeschreiben war es nicht anders. Er wollte sein Gegenüber sehen und berühren können, das war ihm wichtig. Das war für ihn Kommunikation.

Jessica schien das nicht zu verstehen. Anstatt sich einfach in den Flieger zu setzen und zu ihm zu kommen, klang sie in ihren Briefen von Mal zu Mal mutloser, trauriger, aber auch vorwurfsvoller. Dass er sie wohl doch nicht so liebe, wie er behauptet habe. Oder: Wenn er sie lieben würde, dann würde er ihr doch antworten. Solcherlei Dinge schrieb sie, die Panos in die Enge trieben, Druck erzeugten und ihn bockig werden ließen. Egal wie toll er Jessica auch fand, er konnte nun mal nicht aus seiner Haut.

Panos bemerkte genüsslich, wie die Melancholie in ihm zunahm. Er drehte sich nach hinten und kramte in seinen alten Musikkassetten, bis er die richtige fand und abspielte – Neil Young. Gleich das erste Lied war *Heart of Gold*. Er liebte diesen Song. Eine perfekte Mischung aus Liebe, Sentimentalität und Aufopferung, ohne unmännlich zu klingen. Er öffnete eine Flasche Weißwein, steckte sich eine Assos an und war jetzt genau in der richtigen Stimmung, um auf dem Laptop das Handyvideo mit der Bezeichnung »Jessica« anzuklicken. Seine Augen wurden ein wenig feucht, als er die Bilder sah. Er hatte sich den Clip schon sehr oft angeschaut, und jedes Mal aufs Neue befiel ihn diese wunderschöne romantische Verklärtheit, die zu sagen schien: »Ja, Jessica wäre genau die Richtige für ihn gewesen.« Das Video zeigte Jessica und ihn am Strand. Sie umarmte ihn übermütig, er blickte eher mürrisch drein. Sie lachte die ganze Zeit in die Handykamera, dann küsste sie ihn auf die Wange. Er zeigte keine Reaktion, ließ ihre Liebkosungen über sich ergehen, aber man sah, dass es ihm gefiel.

»Panilein, küss mich«, forderte sie und küsste ihn noch

mal auf die Wange, diesmal nachdrücklicher. Er tat so, als würde ihm das nicht gefallen. »Panagiotis Likos mag nicht küssen«, sagte sie mit verstellter tiefer Stimme, um ihn zu imitieren. Dann knutschte sie ihm das ganze Gesicht ab. Er musste lachen. Wie ein Kind, das gekitzelt wurde. »Panagiotis Likos ist ein harter Mann. Küssen ist nichts für einen harten griechischen Mann.«

An dieser Stelle endete das Video. Panos seufzte.

Nach seinem Albtraum fühlte Geissner sich nicht wohl, und er beschloss, sich etwas die Beine zu vertreten. So verließ er in legerer Abendkleidung das Hotel und ging hinunter zum Meer. Bei jedem Geräusch blickte er sich hektisch um, ob ihm jemand folgte. Die Ereignisse der vergangenen Stunden hatten seine Nerven angekratzt. Wer wusste schon, wozu diese Inselaffen erst in der Nacht fähig waren. Doch alles blieb ruhig. Er ließ den Ort hinter sich und stellte sich, am Strand angekommen, auf einen Felsen und blickte auf die stille nächtliche See. Die Sterne und der Mond spiegelten sich im schwarzen Wasser. Immer noch waren aus der Ferne Geräusche zu hören, und von den Häusern des Ortes leuchteten vereinzelte Lichter zu ihm herüber.

Seine Augen hatten sich rasch an die Dunkelheit gewöhnt. Geissner blickte sich noch einmal um, ob ihm auch wirklich niemand gefolgt war, dann zog er sich bis auf die Unterhose aus und tastete seinen Körper ab, die schlanken Arme und dünnen Beine. Mit zusammengekniffenen Augen schaute er an sich herab und zwickte sich leicht in Bauch und Oberschenkel. So wirklich glücklich war er nicht mit seiner Figur, seine Muskeln waren schwächlich, die Haut lag schlaff darüber. Die vielen Jahre am Schreibtisch forderten ihren Tribut.

Er ließ den Blick über den Strand gleiten. Zum Glück war niemand in der Nähe. Ungeschickt schlüpfte er nun auch aus seiner Unterhose – wobei er beinahe stürzte –, stakste auf das Wasser zu und stöhnte bei jedem Stein auf, der in seine Fußsohlen pikste. Als er mit den Zehen das Wasser berührte, war es kühler als angenommen, dennoch ging er tapfer weiter und glitt schließlich ganz hinein. Zugegeben: Er war wirklich kein Freund von offenen Gewässern und bekam, sobald er den Grund nicht mehr sehen konnte, unkontrollierbare Angstzustände. Sogar im Baggersee. Aber er hatte sich geschworen, bei dieser Reise wenigstens einmal im Meer zu baden. Seine Aquaphobie würde ihn nicht aufhalten. Britta wäre stolz auf ihn gewesen.

Um sein Glied zu schützen, das wie ein Regenwurm im kalten Wasser baumelte und von jedem daherschwimmenden Fisch leicht mit Beute hätte verwechselt werden können, legte er eine Hand auf seinen Intimbereich.

Er hielt die Luft an, verschloss mit Daumen und Zeigefinger der anderen Hand seine Nase und tauchte unter. Doch das war zu viel. Er spürte, wie ihn Panik überkam. Schnell öffnete er unter Wasser die Augen, um eventuelle Gefahren erkennen zu können, doch alles war pechschwarz. Bilder von Menschenhaien, Kraken, abgetrennten Gliedmaßen und den unendlichen Tiefen der See drängten sich vor sein inneres Auge. Panisch tauchte er auf und hechtete in Richtung Ufer. Er war bereits bis zur Hüfte aus dem Wasser, da ließ er sich erschrocken zurückfallen: Jemand kam den Strand entlanggelaufen! Geissner rührte sich nicht. War man auf der Suche nach ihm? Es schien nicht so, denn die Gestalt blickte sich immer wieder um, genauso wie er vorhin. Als sie näher kam, erkannte er sie sofort. Es war die junge Frau vom Vortag, die über die Wurzel am Strand gestürzt war!

Entsetzt beobachtete Geissner, wie sie sich ausgerechnet neben seinem Felsen, auf den er seine Kleider gelegt hatte, langsam auszog. Was sollte er tun? Mit nur dem Kopf über

Wasser versuchte Jörg, möglichst geräuschlos zu atmen. Sie strich sich die Haare nach hinten und blickte auf das Meer hinaus. Geissner bestaunte regungslos ihre dunkle Silhouette, der Busen klein, die Beine grazil, und die Hüfte wunderbar geformt.

Er spürte, wie ihm das Blut in den Unterleib lief. Schon in dem blauen Trägerkleid hatte sie ihn um den Verstand gebracht, aber ihre unverhüllte Erscheinung war trotz der Dunkelheit überwältigend. Anscheinend fühlte sie sich unbeobachtet, denn zu seinem Entsetzen glitt sie nun ebenfalls ins Wasser und kam direkt auf ihn zu. Er ging so weit in die Knie, dass nur noch die Nase und der obere Teil seines Kopfes herausschauten, und nahm seine Hand wieder aus dem Schambereich, um rudernd das Gleichgewicht zu halten. Wo war sie? War sie untergetaucht? Er versuchte, unter Wasser etwas zu erkennen, als er plötzlich vor sich einen Schatten bemerkte. Ein Hai! Sofort kam die Panik zurück, die er zwischenzeitlich schon vergessen hatte. Sein Herz pochte erneut wie wild. Todesmutig schlug er nach dem Untier, doch da berührte der Raubfisch Geissners schwerelos im Wasser schwebendes Glied. Geissner schrie auf. Sein Ableben hatte er sich anders vorgestellt, schoss es ihm durch den Kopf, irgendwie erhabener. Vom Hai zerfetzt, wie klang das denn? In diesem Moment tauchte das Gesicht der Strandfrau vor ihm auf. Er schrie erneut. Sie schrie ebenfalls und drosch mit festen Ohrfeigen auf sein Gesicht ein.

»Aufhören! Stopp!«, rief Geissner.

Zu seiner Überraschung ließ sie tatsächlich von ihm ab und hielt sich die Arme vor den Busen. Sie sagte etwas auf Griechisch und deutete ans Ufer. Vermutlich sollte er aus dem Wasser raus.

»*Okay, but please close your eyes.*« Um zu demonstrieren, was er meinte, hielt Geissner sich die Hände vor die Augen.

»*Okay.*« Sie drehte sich um und schlug sich theatralisch die Hände vor das Gesicht.

Geissner stakste an Land und schlüpfte rasch in seine Klamotten. »*Okay!*«, rief er ihr zu. Ihre gesamte Konversation schien mit diesem einen Wort zu funktionieren. Jetzt war er an der Reihe, sich umzudrehen und die Augen zuzuhalten. Sie kletterte aus dem Wasser und zog sich ebenfalls an. Es fiel ihm ausgesprochen schwer, sich nicht umzudrehen.

»*Okay. Entaxi*«, sagte sie. Jetzt durfte er wieder schauen. Sie schnürte gerade ihre Sandalen zu und sah ihn an. Dann ging sie zu ihm und streckte ihm die Hand hin. »*Kalinichta.*« Sie lächelte.

»*Nice to meet you*«, antwortete er und versuchte, ebenfalls zu lächeln.

Maria lag währenddessen in ihrem Bett und konnte nicht einschlafen. Der abendliche Besuch von Panos hatte sie fürchterlich aufgeregt. Der glaubte wohl, sich alles herausnehmen zu können, der Idiot! Anstatt ihr zur Hand zu gehen, vergnügte er sich lieber mit blutjungen Urlauberinnen. Dass ein bürgerliches Familienleben für ihn nicht denkbar war, wusste sie seit Langem. Damit hatte sie sich abgefunden. Aber dass er einfach nicht den Hauch von Verantwortungsbewusstsein verspürte, erzürnte sie schon arg. Abgesehen davon, machte sie sich enorme Sorgen. Der Deutsche war seit Wochen der einzige Gast, die Saison hatte sich um mindestens zwei Monate verkürzt, von einst Mai bis Oktober auf inzwischen Juni bis September. Seit Beginn der Eurokrise war der Tourismus auf Paladiki generell schwer rückläufig. Wegen des fehlenden Flughafens war die Insel für große Reiseanbieter schon immer unattraktiv und von daher auch nie ein Ziel für Pauschaltouristen gewesen. Doch in den letzten Jahren kamen auch immer weniger Individualreisende hierher. Denn

mit der Einführung des Euros war das griechische Hotel-
angebot im Vergleich zu anderen Reisezielen unangemessen
teuer geworden. Die einheimischen Gäste konnten es sich
nicht mehr leisten, und die anderen konnten wählen, ob sie
für das gleiche Geld in einer Fünfsterneanlage in Thailand
oder für den halben Preis in der Türkei Urlaub machen
wollten. Und ja, es waren ein paar dringende Renovierungs-
arbeiten notwendig, aber Maria hatte keine Ahnung, wie sie
das Geld dafür auftreiben sollte. Wie ganz Griechenland war
sie in diesem Teufelskreis gefangen.

Sie knipste das Licht an und nahm sich das Lieblingsbuch
ihrer Mutter zur Hand, ein Werk des griechischen Schrift-
stellers Nikos Kazantzakis. Es war eine Liebeserklärung an
seinen Vater und hieß *O Kapetan Michalis*. In den Werken von
Kazantzakis fand Maria stets zu innerer Ruhe und Gottver-
trauen. Sie las drei Seiten, dann fielen ihr die Augen zu.

26

Seltsam beglückt lief Geissner die Uferstraße von Paladiki entlang, zurück zu seinem Hotel. Er konnte noch immer die Berührung ihrer Hand in seiner spüren. Sie war gegangen, ohne sich noch einmal umzudrehen. Geissner hatte ihr lange hinterhergesehen, und dabei war er das Gefühl nicht los geworden, dass sie extra für ihn mit den Hüften geschwungen hatte.

Als er an Panos' Minimarkt vorbeikam, bemerkte Geissner, dass noch Licht brannte, und er meinte, eine leise Frauenstimme zu vernehmen. Spontan entschied er einzutreten.

Drinnen fand er jedoch nur den Griechen vor, der alleine hinter seinem Notebook saß und eine Zigarette rauchte, neben sich eine halb volle Flasche Wein.

Panos schrak hoch. Hektisch fingerte er an seinem Notebook herum. Geissner konnte nichts erkennen, da Panos den Bildschirm gleich weggedreht hatte, aber er vermutete, den nervösen Blick des Griechen zu durchschauen. Tztztz, dieser Lustmolch! Schließlich war jetzt auch die Frauenstimme verstummt.

Geissner tat so, als würde er sich für die Waren im Regal interessieren. Er machte das nicht aus Taktgefühl. Sollte sich der Krämer wegen seinem Schmuddelinternet ruhig ertappt fühlen! Nein, vielmehr wollte er diesen Eselsverleiher möglichst lange im Saft seines schlechten Gewissens schmoren lassen. Zufällig hatte er den Griechen genau da, wo er ihn haben wollte. Die perfekte Ausgangslage für ein Geschäftsgespräch, wie er fand. Geissner grinste zufrieden die Dosen mit dem Thunfisch in Olivenöl an.

»Oh, unser deutscher Freund«, begrüßte Panos ihn süßlich und unterbrach Geissners Gedankengang. Offenbar war der Grieche weit davon entfernt, sich ertappt zu fühlen. Frech fuhr er fort: »Sogar nachts fleißig wie ein Bienlein im Frühling. Bravo!«

Geissner trat vor die Kasse und sah ihn an. Jetzt galt es, keine Schwäche zu zeigen. »Das fleißige Bienlein ist gekommen, um die Wahrheit über das E-Werk und die Krankenstation zu erfahren.«

»Wahrheit, was bedeutet das schon?«, philosophierte Panos. »Ist der Himmel blau, oder spielt unser Auge uns einen Streich? Was ist schon wahrhaftig?«

Einen Moment lang war Geissner nicht sicher, ob der Grieche scherzte. Er musterte dessen Gesicht, das allerdings keinerlei Ironie erkennen ließ. Eher im Gegenteil: Es strahlte eine feierliche, fast erhabene Ernsthaftigkeit aus. »Interessant, ja, was ist schon wahrhaftig? Sie begreifen sich anscheinend in der Tradition der antiken Philosophen.«

»Ja, warum auch nicht? Sie sind aktueller denn je. Was wird denn bis heute an den Universitäten in New York, Paris oder Tokio gelehrt?« Noch bevor Geissner etwas sagen konnte, beantwortete Panos seine Frage selbst. »Sokrates, Heraklit, Aristoteles … und auch die Mathematik! Wer hat's erfunden? Wir!«

Das kam Geissner bekannt vor. Ach ja, diese Kräuterbonbonwerbung. »Aha.« Geissner war unbeeindruckt. Die angeberische Haltung dieses Griechen regte ihn auf. Wie konnte er nur so selbstsicher im Halbdunkel seines höhlenartigen Dorfladens sitzen und was von Leitkultur erzählen, obwohl Griechenland wegen seiner Unfähigkeit fast ganz Europa in den Abgrund gerissen hätte? Zumal diese vollgeramschte Hütte längst hätte pleitegehen müssen, würde alles mit rechten Dingen zugehen.

»Du hast offenbar doch noch gegessen. Hat es denn

gemundet?«, fragte Panos mit einem Schmunzeln. Geissner stutzte. »Dir hängt da was zwischen den Zähnen.« Panos lachte.

Jörg fuhr sich mit der Zunge über die Zähne und stieß auf die Reste eines Weinblattes. Verdammt, ob die Strandschönheit das auch bemerkt hatte? Nein, dafür war es sicher zu dunkel gewesen. Panos reichte Geissner einen Zahnstocher. »Oh, vielen Dank. Hat gut geschmeckt.«

»Gerne. Wir Griechen haben eben doch ein weiches Herz.«

Irgendwie fiel es Geissner schwer, dem Charme dieses kleinen Mannes zu widerstehen. »Ist denn das Herz so weich, dass ich nun endlich eine klare Auskunft über das E-Werk und die Krankenstation bekomme?«

»Merk dir eins«, sagte Panos in belehrendem Ton, ohne dass es jedoch herablassend klang. »Es ist immer schwieriger, zu beweisen, dass es etwas nicht gibt, als zu beweisen, dass es etwas gibt.« Er lehnte sich zurück, verschränkte die Hände im Nacken und ließ die Worte einen Moment lang wirkungsvoll im Raum stehen. Geissner musste zugeben, dass der Grieche nicht unrecht hatte. »Aber im Ernst«, fuhr er lachend fort. »Ich fahr morgen sowieso zur Krankenstation. Ich kann dich mitnehmen.«

Geissner war verblüfft. Bis jetzt hatte alles darauf hingedeutet, dass es die Anlagen tatsächlich nicht gab und dass Panos ihn weiter an der Nase herumführen wollte. Doch dieses Angebot klang ehrlich. »Das nehm ich gern an«, sagte er und fuhr nach einer Pause fort: »Sie haben wohl kein Schlafmittel?« Dieser Traum hatte ihn fertiggemacht.

»Vielleicht schon. Moment.« Panos holte eine Flasche Weißwein aus einem kleinen Kühlschrank, der mit dem Wort »Privat« gekennzeichnet war. Er schenkte sich und Geissner ein Gläschen ein. »Das und Ruhe im Herzen sind die besten Schlafmittel.« Er hob sein Glas.

Obwohl Geissner wirklich kein Freund von Alkoholexzessen war – schon gar nicht, wenn sie mit angeblich medizinischer Wirkung gerechtfertigt wurden –, hob er ebenfalls sein Glas. Sie tranken.

»Hast du eine Frau in Deutschland?«, fragte Panos nach einer Weile.

Geissner schüttelte den Kopf. Der Wein schmeckte. »Ich lebe alleine.«

»Bravo! Es ist das Beste für einen Mann, wenn er alleine lebt.« Panos schien wirklich zufrieden mit Geissners Antwort zu sein. »Schau mal, sogar Odysseus wusste schon, wie er sich verhalten musste, als die Sirenen lockten: Er ließ sich an den Mast seines Schiffes fesseln! Weil …«, Panos beugte sich zu Geissner und senkte die Stimme, »… weil ein Mann nur dann frei sein und seinen Weg durchs Leben finden kann, wenn er ohne Frau bleibt.« Panos hob erneut sein Glas. »Das ist Freiheit! Auf die Freiheit!« Ohne Geissners Zustimmung abzuwarten, nahm er einen großen Schluck, atmete genussvoll aus und schloss sinnlich die Augen. Der Alkohol schien das Pathos des Griechen noch zu befeuern. Er geriet regelrecht in Plauderstimmung. »Weißt du, mich wollten die Sirenen schon immer anlocken. Jeden Sommer habe ich viele von ihnen kennengelernt. Frauen aus England, Australien, der Schweiz, Deutschland – ach … Deutschland! –, Dänemark, Schweden, Schweiz, Frankreich, hab ich England schon gesagt?«

Geissner verdrehte die Augen. Das war ihm doch zu viel des Guten. Jetzt musste er sich hier anhören, wie sich der alternde Gigolo beim Aufzählen seiner Eroberungen verzettelte. Das Angebergehabe ging ihm gewaltig auf die Nerven. Zuerst die Philosophen, dann die Mathematiker und jetzt die Frauen. Wenn schon prahlen, dann sollte er sich besser vorbereiten und die Nationen auswendig lernen, fand Geissner.

»Ja, haben Sie. Österreich vielleicht noch?«, fragte Jörg betont ironisch. Doch der Grieche schien so sehr in seinen Erinnerungen zu schwelgen, dass er den Spott in Geissners Stimme nicht erkannte.

»Ja, genau, Österreich auch, Finnland … Habe ich Finnland schon gesagt?«

»Ja, ja, bestimmt …«

»Und Lettland! Aaaah, dort gibt es die tollsten Frauen. Die wissen, was ein Mann möchte. Also jetzt nicht nur im Bett, auch sonst. Sie sind wunderbar! Aber für alle gilt: Man darf von ihnen kosten wie ein Bär vom Honigtopf, aber man darf sich nicht an sie binden, sonst ist man verloren.«

»Also, ich weiß ja nicht.« Geissner wollte nicht zu moralisch klingen und den Enthusiasmus des Griechen zu sehr bremsen, aber: »Ich würde da durcheinanderkommen bei so vielen verschiedenen Frauen.«

»Das ist alles eine Frage der Koordination.« Panos winkte verächtlich ab.

»Aber manchmal sehnt man sich doch nach jemandem zum Anlehnen, jemandem, den man gut kennt, jemandem, der einem vertraut.« Geissner musste an Britta denken. Als er jedoch den vollkommen verständnislosen, fast schon ein wenig angeekelten Ausdruck in Panos' Gesicht sah, erkannte er, dass dies wohl der falsche Beitrag zu dem Thema gewesen war.

»Wo hast du denn das her? Liest du heimlich Frauenzeitschriften?« Panos schüttelte den Kopf. »Du solltest mal was Ordentliches lesen. Sokrates zum Beispiel.« Panos' Miene hellte sich wieder auf, er lachte und schenkte sich nach. »Wie ist es bei dir, mein Freund? Welche Frauen liebst du?«

Frauen. Geissner wurde mulmig zumute. Wenn es ein Thema gab, zu dem er nur wenig – um nicht zu sagen *nichts* – beizutragen hatte, dann war es das. »Nun, mir war die Arbeit eigentlich immer wichtiger als die Frauen«, sagte er vorsichtig. »Beim Arbeiten kann ich mich verwirklichen. Wenn ich eine Aufgabe habe, geht es mir gut. Das macht mich glücklich.«

Panos sah Geissner ungläubig, vielleicht sogar ein wenig traurig an. »Deine Arbeit bei der Bank macht dich glücklich?«

Geissner nickte. »Ja.«

Jetzt musste Panos lachen und verschluckte sich beinahe. Er leerte sein Glas und forderte Geissner auf, dasselbe zu tun. Seltsamerweise hatte Jörg das Gefühl, dass der Grieche ihn nicht auslachte, sondern dass er sich eher freute. Darüber, dass das Leben ihm Geissner vorbeigeschickt hatte und ihm Dinge erzählt wurden, die ihn zum Lachen brachten. Geissner fasste Mut. »Also ich könnte so nicht leben, so als Gigolo.« Geissner überlegte, ob er tatsächlich noch einen Schluck trinken sollte. Warum nicht? Diese Nacht war ohnehin sehr speziell. Er nippte an seinem Wein.

»In Griechenland sagt man nicht Gigolo, sondern *kamaki*, die Harpune. Wir sagen: ›Ich mache *kamaki*.‹ Übersetzt so ungefähr: ›Ich gehe fischen‹«, erklärte Panos und schaute frech. »Verstehst du, eine Harpune, die schöne Frauen fängt.« Dann wurde er wieder ernst: »Es sieht von außen immer so aus, als würden wir die Frauen ausnutzen«, er lächelte clever, »aber in Wirklichkeit ist es genau andersherum.« Die Kunstpause, die Panos folgen ließ, verfehlte ihre Wirkung nicht. »Du musst eines wissen: All die vielen Frauen, die ich hatte – ich habe sie alle geliebt. Mit vollem Herzen. Jede einzelne. Aber sie ziehen zu lassen, um meine Freiheit nicht zu verlieren, das ist auch eine Verantwortung und fällt nicht immer leicht.« Geissner blickte skeptisch drein. Panos fuhr fort: »Ja, ja, ich weiß, du glaubst mir nicht. Aber auch ich leide. Denn ich vermisse sie alle. Ihnen kurzzeitig mein Herz zu geben und sie dann wieder gehen zu lassen, das ist brutal! Auch für mich. Aber so bin ich immer ein freier Mann geblieben.« Geissner konnte das Knistern des Tabaks hören, als Panos jetzt an seiner Zigarette zog und damit die Bedeutungsschwere seiner Worte unterstrich. »Warte kurz! Du und ich, wir führen ein gutes Gespräch. Jetzt fehlt nur noch griechische Musik!«

Panos drückte auf die Stopptaste seines Kassettenrekorders, und Neil Young verstummte. Dann klickte er auf seinem Notebook herum und lehnte sich entspannt zurück. Plötzlich erklang erneut die Frauenstimme, die Geissner beim Hereinkommen gehört hatte. »Panilein, küss mich!«

»Hoppla!« Panos schoss nach vorne und stoppte das Video.

Täuschte Geissner sich, oder war der Grieche rot geworden? Er konnte sich ein Grinsen kaum verkneifen. Herrlich! Da saß dieser Macho-*kamaki* vor Selbstmitleid zerfließend vor ihm, machte einen auf harten Freiheitskämpfer, und nun das! *Panilein, küss mich!*

Doch Panos war offenbar gewillt, sich nichts anmerken zu lassen, und klickte hoch konzentriert auf seinem Rechner rum, bis endlich ein melancholisches Lied mit stark orientalischem Einschlag startete. »*O Kaimos* von Mikis Theodorakis!«, sagte Panos mit Stolz in der Stimme.

Eine ganze Weile lauschten beide Männer dem Lied. Es kam einem Gottesdienst gleich, wie Panos mit aller Hingabe zuhörte. Und als Geissner den Griechen vor sich betrachtete, der sinnierend dem Rauch seiner Zigarette nachsah, spürte auch er die Magie, mit der sich die Klänge des *bouzoki* und der Männerstimme mit dem bunten Minimarkt, ja der ganzen Insel zu verbinden schienen.

Nach einer Weile erkundigte sich Geissner nach der Bedeutung des Textes. »Also, wart mal«, setzte Panos genüsslich an, »*Ine megalos o gialos* heißt … äh, sie ist weit, die Küste, die Welle ist mächtig, die Sorgen sind enorm, und es ist eine bittere Schande.« Er schenkte sich etwas nach und trank ein Schlückchen, wahrscheinlich, um besser nachdenken zu können. »In mir fließt ein bitterer Fluss«, fuhr er fort, »und das Blut deiner Wunde schmeckt noch bitterer im Mund, wenn du mich küsst. Du weißt nicht, was Herzenskälte ist, was es bedeutet, in Nächten ohne Mond zu leben. Du weißt nicht, was es heißt, wenn dich irgendwann der Schmerz einholt.«

»Das ist ja fürchterlich traurig.« Geissner war sichtlich beeindruckt.

Panos drehte sich unauffällig zur Seite, um sich eine Träne aus dem Augenwinkel zu wischen. »Ja, aber es ist vor allem sehr romantisch.«

27

Inzwischen war es tiefste Nacht über Paladiki. Panos streckte den Kopf aus der Tür seines Minimarktes, blickte sich um und trat ins Freie. Er atmete tief ein, sah in den Sternenhimmel und summte vor sich hin. Dann sperrte er den Laden zu und ging in Richtung Hotel Paladiki. Es lag am anderen Ende des Ortes, etwa fünf Minuten Fußweg entfernt. Panos hatte sich eine Stunde zuvor von dem seltsam steifen Deutschen verabschiedet. Mann, hatte der einen sitzen gehabt. Er selbst aber auch. Der Wein war kräftig gewesen. Er stammte von seinem Cousin Sotiris aus dem letzten Jahr, gleich hier oben am Hang gereift, kräftig, trüb und ehrlich. Jedes Jahr schenkte ihm Sotiris drei Kanister à zwanzig Liter, von denen er nur in besonderen Momenten genoss. Eigentlich nie mit Fremden. Die sollten das Zeug aus dem Regal kaufen. Was sollte er sie auch bekehren, wenn ihnen der nachträglich mit Harz versetzte Retsina doch ach so sehr schmeckte. Aber dieser Fall war schwieriger gewesen. Dieser Typ war anders als die normalen Deutschen. Obwohl Panos ihm mehrfach wohlschmeckenden Alkohol angeboten hatte, war der Banker standhaft geblieben. Doch heute Nacht sollte er etwas benebelt sein, also hatte Panos zu dem besseren Stoff greifen müssen. Hoffentlich schlief Geissner morgen lange. Schließlich ging es um die Zukunft der Insel, und Panos hatte noch ein paar Dinge zu organisieren.

Vor dem Hotel angekommen, hob er einen Kieselstein auf und warf ihn an ein bestimmtes Fenster im ersten Stock. Dann nahm er einen zweiten und einen dritten. »Hey!!! Pssst, Dimitri!!!« Keine Reaktion. Panos bückte sich, um neue Steine zu sammeln. »Hey!!! Dimitri!!! *Malakka!*«

Wenn man den Bengel mal brauchte, war er nicht aufzutreiben.

Da ging hinter besagtem Fenster das Licht an. Der Junge öffnete verschlafen den Fensterflügel.

»Warum schläfst du noch nicht?«, flüsterte Panos.

»Ich habe geschlafen«, entgegnete Dimitris halb wach.

»Sei nicht so frech!«, sagte Panos streng. Würde Dimitris bei ihm wohnen, dann hätte er ihm solche Rotzigkeiten längst ausgetrieben.

»Was ist denn los?«

»Was soll schon los sein, Schlaufuchs?! Lass mich rein! Ich muss dem Deutschen noch was … noch was mitteilen.«

Dimitris schien diese Situation äußerst unangenehm zu sein, denn er zögerte einige Sekunden und sagte dann: »Ich hol Mama.«

»Nicht die Mama!!!«, zischte Panos. Ihm fiel selbst auf, dass er sich ziemlich uncool anhörte. »Auf gar keinen Fall! Mach einfach die Tür auf!« Der Kleine war genauso durchtrieben wie seine Mutter, dachte Panos. Man stellte eine einfache Bitte, und er drohte gleich mit dem Jüngsten Gericht.

»Nein, das geht nicht, ich darf dich nicht reinlassen.« Dimitris schüttelte ängstlich seinen Kopf. Der verzweifelte Blick des Jungen gab Panos deutlich zu verstehen, dass da nichts zu machen war.

Er überlegte einen Moment. Normalerweise behandelte er ihn ja eher geringschätzig, in diesem Fall aber hatte er ein echtes Anliegen. »Dann tu mir bitte einen Gefallen. Es geht um unsere Insel, um unser Dorf. Und auch um das Hotel! Verstehst du?«

Dimitris musterte Panos zweifelnd. »Ich weiß nicht.«

»Hör zu, ich brauche das Handy von dem Deutschen. Ich will es nicht stehlen. Er bekommt es sofort wieder. Ich brauche es nur ein paar Minuten, und zwar jetzt.«

»Okay. Ich frag ihn.«

Von wem nur hatte der Flegel diese Begriffsstutzigkeit? Von ihm ja wohl kaum. Panos winkte panisch ab. »Nein, nein, nein! Bring mir einfach das Handy! Bloß nicht fragen!«

»Aber das ist nicht in Ordnung, dass …«

»Bitte, Dimi! Es ist wichtig! Für uns alle. Du bekommst es sofort wieder.« Panos sah den Gewissenskonflikt in Dimitris' Mimik. Das war bestimmt auf die Gehirnwäsche zurückzuführen, der ihn seine hysterische Mutter unterzog. Doch was auch immer sie ihm eingeschärft hatte, es durfte jetzt keine Rolle spielen. »Dimi! Vertrau mir!« Panos' Blick war unschuldig wie der eines kleinen Lämmleins.

Es klappte. Der Knabe verschwand. Panos blieb unten stehen und wartete. Fünf Minuten später, die ihm wie eine Ewigkeit vorkamen, erschien Dimitris wieder am Fenster und schwenkte das Handy des Deutschen. »Komm zum Eingang«, sagte der Junge leise.

Jetzt musste er sich von dem Lauser auch noch rumkommandieren lassen. So weit war es gekommen. Gott sei Dank war mitten in der Nacht niemand Zeuge dieser entwürdigenden Szene.

Panos ließ sich alle Zeit der Welt, um um das Haus herum zum Eingang zu gehen, wo Dimitris schon auf ihn wartete. Besorgt um sich blickend, überreichte er ihm Geissners Handy. »Geht doch, Kleiner.« Das hielt Panos für ein angemessenes Lob, denn zu nett wollte er auch nicht sein, sonst bildete sich der Bub noch was darauf ein. »Weißt du, unser Gast möchte nämlich morgen etwas länger schlafen. Also Wecker … aus!«

»Der Wecker dürfte in der App ›Uhr‹ sein.«

Panos ignorierte diese unfassbar freche Zwischenbemerkung. Hielt der Junge ihn etwa für total verblödet? »Da wäre ich nie im Leben draufgekommen«, spottete er nur und klickte sich durchs Menü. »Aha. Und was haben wir da?« Auf dem Display erschienen Bilder vom Strand. »Na, die soll der doch noch mal machen.« Panos löschte alle Strandfotos. Eines nach dem anderen. Als schließlich das Selbstporträt eines verkrampft lächelnden Geissners am Strand erschien, entschied er gönnerhaft: »Na, das können wir ihm lassen.«

Er schob das Bild weg, um das nächste zu sehen. Es folgte ein weiteres Selfie, das Geissner in einer Großstadt zeigte. Auch das nächste Foto war zu Panos' Erstaunen ein Selbstporträt, diesmal in einer Winterlandschaft mit dicker Jacke und Pudelmütze. Während er die Bilder durchblätterte, legte Dimitris seinen Arm vertraut auf seinen Rücken, um die Fotos besser sehen zu können. Doch Panos scheuchte die Hand mit einer abfälligen Geste weg.

»Sch! Sch! Was soll denn das?« Es war zwar um diese Zeit keine attraktive Touristin in Sichtweite, doch Panos fand, dass man besser den Anfängen wehren sollte, bevor sich Dimitris noch daran gewöhnte. Schließlich wollte er niemals auf eine hübsche Touristin den Eindruck machen, er könnte ein Familienvater sein.

Dimitris blickte verlegen zu Boden.

Panos sah wieder auf das Display, das ein weiteres Selfie des Deutschen vor einem Gebäude zeigte, über dessen Eingang der Schriftzug »AVA-Bank« prangte.

»Hat der Mann keine Freunde?«, fragte Dimitris etwas traurig.

»Deutsche haben keine Freunde.«

»Nicht mal deutsche Freunde?«

Panos sah seinen Sohn an. Gerade erst Laufen gelernt, aber neugierig ohne Ende. Er verließ die Fotogalerie und öffnete Geissners Kontakte. »Das sind wirklich nicht viele Freunde.« Er schaute ungläubig auf das Display. In der Liste »Alle Kontakte« stand nur ein Name: Herr Dr. Laichinger.

»Das gibt's doch nicht.« Bestürzt griff sich Panos an die Brust und gab einen ehrlichen Laut des Mitleids von sich. Nur ein einziger Kontakt! Selbst wenn das ein Firmenhandy war, dieser Umstand war schon sehr bedauernswert, ja erschütternd. Panos stellte den Wecker ab und entschied sich kurzerhand, das Handy auszuschalten. Wer weiß, vielleicht bekam der Deutsche ja irgendwelche Anrufe, die ihn wecken könnten. Dann gab er Dimitris das Telefon zurück. Er klopfte ihm kurz jovial auf die Schulter, ließ ihn stehen und machte sich mit gemischten Gefühlen auf den Heimweg.

28 Wie von der Tarantel gestochen, schoss Geissner aus einem traumlosen Schlaf und saß senkrecht in seinem Bett. Erschrocken und verwirrt sah er sich um. Er war nicht zugedeckt, die Bettdecke lag am Boden, er trug seinen Elvis-Schlafanzug mit den goldenen Sternen. Blitzschnell griff er nach seinem Handy, das wie immer neben ihm auf dem Nachttisch lag – es war aus. Seine Augen wurden groß. Verdammt, wie hatte ihm das passieren können?! Er musste doch erreichbar sein. Er riss die Vorhänge auf und stöhnte vor Schmerzen, als das grelle Tageslicht in seine Augen fiel. Zum Teufel, wie hatte er sich nur so gehen lassen können?! Es musste schon zehn oder elf Uhr sein. Hektisch schaltete er sein Handy ein.

Es dauerte eine kleine Ewigkeit, bis das Display die Uhrzeit anzeigte. Tatsächlich, 10:37 Uhr. Verdammt. Laichinger hatte ihn bestimmt schon versucht anzurufen. Da meldete sich auch schon das Telefon: DING, DING, DING, DING, DING, DING, DING, DING, DING, DING, DING. Elf Anrufe in Abwesenheit.

Geissner war geschockt und wählte sofort Laichingers Nummer. Kaum hielt er sein Handy ans Ohr, da wurde der Anruf auch schon angenommen.

»Hallo, Herr Laichinger«, Geissners Stimme krächzte verräterisch. Erschrocken hielt er sich die Hand vor den Mund.

Aus dem Smartphone hörte er undeutlich Laichingers Stimme. »Hallo? Hallo? … Sen Sie's, Härr äh …?«

Geissner empfand es als sicherer, nicht mehr zu antworten, so erschrocken war er über den Klang seiner Stimme. Dann doch lieber eine schlechte Verbindung vortäuschen, dachte er und drückte auf die rote Fläche, um das Gespräch zu beenden. Schließlich war er weit weg in Griechenland, und Laichinger würde sich über eine solche Funkstörung kaum wundern. Außerdem, so hoffte er, würde er so auch den verzerrten Klang seiner Stimme erklären können. Immerhin hatte er zurückgerufen und damit bewiesen, dass er im Einsatz war.

Geissner atmete tief durch. Sein Blick fiel auf die Lampe, die auf dem durchwühlten Bett lag und die noch gestern Abend an der Zimmerdecke gehangen hatte. Er konnte sich beim besten Willen nicht erinnern, wie er es zurück ins Hotel geschafft hatte, entsann sich jedoch dunkel, dass er so lange kichernd mit der Deckenlampe gespielt hatte, bis diese abgefallen war.

Er beschloss, die Morgentoilette heute etwas kürzer als üblich zu gestalten. Schließlich hatte er einen Termin mit Panos, dem philosophischen Eselverleiher aus dem Minimarkt, der ihn heute zur Krankenstation mitnehmen wollte. Die Rasur ließ er ausfallen, duschte nur kurz, putzte jedoch korrekt die Zähne, spülte mit antibakteriellem Mundwasser und benutzte seinen Zungenschaber, den ihm Britta zu seinem 43. Geburtstag geschenkt hatte. Das sei gut zur Entgiftung, hatte sie ihm erklärt, und Entgiftung war heute besonders wichtig. Er zog seinen Safarianzug an, packte den Koffer zum zweiten Mal und schritt kurz darauf, noch etwas wackelig auf den Beinen, die Treppe hinab. Dabei fiel sein Blick beiläufig auf ein Foto an der Wand. Er stutzte und schaute genauer: Das Foto zeigte seine Zimmerwirtin neben einem alten BMW-Motorrad. Vorne auf dem Tank saß ein etwa dreijähriger Bub, offensichtlich ihr Sohn Dimitris. Hinter ihm saß ein jüngerer Mann mit einem coolen Fünfzigerjahre-Motorradhelm. Der Mann war ganz eindeutig Panos aus dem Minimarkt. Die drei lachten glücklich in die Kamera.

»Guten Morgen, Herr Geissner.«

Jörg fuhr zusammen. Er hatte die Hotelbesitzerin hinter dem Tresen gar nicht bemerkt. »Soll ich Ihren Koffer für Sie aufbewahren, bis die Fähre kommt? Oder bleibt der Herr vielleicht noch eine Nacht länger?«

Ruckzuck lief Dimitris zu Geissner, nahm ihm den Koffer ab und zog ihn hinter die Theke.

»Bestimmt nicht.« Warum sollte er länger bleiben wollen? Schlimm genug, dass er sich vergangene Nacht dermaßen hatte gehen lassen. Jetzt würde er nur noch an seinen Auftrag denken, sich nicht mehr ablenken lassen und dann heute Nachmittag mit dem Schiff abfahren. Wenigstens, so bemerkte Geissner halbwegs erfreut, war seine Stimme wieder da.

Nachdem er hastig eine Tasse Kaffee sowie zwei Scheiben Weißbrot mit Butter und Aprikosenmarmelade gefrühstückt hatte, ging Jörg direkt zum Minimarkt. Er erinnerte sich noch an viele Details des gestrigen Abends, trotz des für seine Verhältnisse starken Alkoholkonsums. Sein nächtlicher Besuch hatte ihn und Panos einander nähergebracht, das war nicht zu leugnen. Aber Geissner war fest entschlossen, es bei einem rein geschäftlichen Verhältnis zu belassen. Freundschaftliche Gefühle hatte er immer im Zaum zu halten gewusst, wenn es um Berufliches ging. Menschen, mit denen er sich über beides – Privates wie Geschäftliches – unterhalten konnte, kannte er nicht. Mit Frau Bonatz hatte er vielleicht am ehesten solch ein freundschaftliches Verhältnis, aber die siezte er schließlich auch. Manchmal nannte er sie im Scherz »Moneypenny« und sie ihn »Mister Bond«. Aber nur, wenn keiner zuhörte. Gut, okay, von ihm aus, dachte Jörg, dann würde er den Minimarkt-Betreiber duzen, wie der es sich gestern gewünscht hatte. Warum auch nicht? Schließlich war er ja in sechs Stunden auf der Fähre, danach würde er Panos nie wieder sehen.

Als er den Laden betrat, lief wieder einmal Musik von Frank Zappa. Panos hatte heute ein T-Shirt mit der Aufschrift »*Kill them all*« an und versuchte gerade dilettantisch, einen Nagel in die Wand zu schlagen. Geissner freute sich, ihn zu sehen. Irgendwie fühlte er sich durch Panos' maskuline Ausstrahlung selbst etwas männlicher, und das gefiel ihm.

Interessiert sah er zu, wie dem Griechen beim Hämmern große Stücke Putz entgegenkamen. Geissner schüttelte den Kopf. Aus dem Hinterzimmer kam eine Blondine, die über ihrer Unterwäsche nur ein großes T-Shirt von Panos trug. Ob sie eine der Frauen war, die gestern Zeuge des Zitronenbewurfs gewesen waren? Jörg konnte es nicht mit Sicherheit sagen, aber ihr abfälliger Blick auf seinen Safarianzug legte die Vermutung nah. Doch er störte sich nicht daran. Wie sie mit nackten Beinen und zerstrubbelten Haaren im Laden stand, fand er einfach zu betörend. Für einen kurzen Augenblick wünschte er sich, er wäre Panos, und bewunderte ihn für sein Händchen bei den Damen.

»Guten Morgen, meine kleine Harpune«, hauchte sie mit Wiener Akzent und küsste Panos leidenschaftlich. Dieser reagierte nicht sonderlich begeistert, wohl weil Geissner zusah.

Panos nickte eine Begrüßung zu ihm hinüber. »Moment noch.«

»Lass dir nur Zeit«, sagte er und war ziemlich stolz darauf, dass er dabei so entspannt klang.

Während sie ihre Sachen zusammensammelte, die verstreut im Laden herumlagen, hämmerte Panos weiter. Bei jedem seiner Schläge bröckelte der Putz. Der Nagel saß locker und wackelte. Panos schien das nicht im Geringsten zu stören, denn er hängte trotzdem vorsichtig ein Bild von Frank Zappa daran. »Hält doch.«

»Hast du keinen Dübel?«, fragte Geissner.

Panos blickte verschwörerisch zu Geissner. »Dübeln ist was für Deutsche. Ein Grieche nagelt!«

»So was muss aber gedübelt werden!«

»Na, na! Dübeln, nageln? Ihr werdets mir doch anständig bleiben?!«, mischte sich die schöne Österreicherin ein und lächelte schnippisch. Geissner brauchte einen Moment, um die Doppeldeutigkeit zu verstehen. Er wurde rot. Sie wickelte ihr Tuch um die Hüften, schlüpfte in ihre Badeschlappen und verließ winkend den Minimarkt. Geissner und Panos standen einen Atemzug lang verlegen da.

Dann fiel das Bild von der Wand.

»Scheißdreck … Lass liegen … Komm, lass uns zur Krankenstation fahren«, brummte Panos.

Die beiden gingen nach draußen, Panos sperrte ab. Während er den Benzinhahn an seiner schönen alten und schwarzen BMW öffnete, die Geissner zuvor auf dem Foto mit Dimitris und Maria gesehen hatte, und auf den Vergaser tippte, um Benzin einlaufen zu lassen, kam von hinten Spyros angelaufen. Er trug ein Fischernetz über dem Arm.

»Pano! Entschuldige. Ich habe kein Geld dabei, möchte aber Christos sein Netz bezahlen. Könntest du mir bitte die fünfzig Euro zurückgeben, die du mir schuldest?«

»Ah ja. Stimmt. Warte kurz.« Während Panos seinen Geldbeutel hervorholte, lieferte sich Geissner mit dem Bürgermeister ein Blickduell. »Kannst du mir kurz fünfzig Euro leihen?«, wandte sich Panos an ihn und zeigte seine leere Brieftasche. »Bekommst du gleich wieder.«

Geissner schaute ihn skeptisch an. Da drüben war sein Laden, und in der Kasse war genug Geld, warum sollte jetzt er einspringen? Das konnte doch wieder nur ein Trick sein.

»Komm, vertrau mir!« Panos schien seine Zweifel direkt gespürt zu haben. »Bitte.«

»So gut kennen wir uns jetzt auch wieder nicht«, gab Geissner zu bedenken, öffnete aber schon den oberen Knopf des Safarihemdes, um seinen Brustbeutel herauszuholen. Er wollte ja auch kein Spielverderber sein. Geissner reichte Panos mit einem Ich-vertrau-dir-Blick zögernd einen Fünfziger.

»Danke.« Panos schnappte nach dem Geldschein, bevor Geissner es sich noch mal anders überlegen konnte, und gab ihn Spyros.

»*Efcharistó*«, bedankte der sich, nahm das Geld und brachte es unverzüglich zu dem Fischer, der genüsslich an einem der *kaíki* pinselte. Er drückte ihm das Geld in die Hand. Interessiert beobachtete Geissner, wie jetzt wiederum der Fischer aufstand und rüber zum Gemüsehändler schlenderte, der auf Kundschaft für seine Tomaten, Gurken, Zucchini, Zwiebeln und die verschiedensten Sorten Paprika wartete, die er direkt von der Ladefläche seines Pick-ups feilbot.

»Pass auf.« Panos deutete mit dem Kopf zum Gemüsehändler. »Da kannst du noch was lernen.« Der Fischer sprach ein paar Sätze mit dem Gemüsehändler und händigte ihm den Fünfziger aus. Dieser bedankte sich und gab das Geld wiederum weiter an den gerade vorbeikommenden unfreundlichen Mann aus dem Touristenbüro, der sich ebenfalls bedankte und dann zu Panos und Geissner kam.

Er sagte etwas auf Griechisch, lächelte und gab Panos den Schein. Panos nahm das Geld zufrieden entgegen.

»Wofür war das denn jetzt?«, fragte Geissner verblüfft.

»Ach, für den Vergaser, den ich ihm im Internet bestellt hatte.« Panos lachte und gab den Geldschein zurück an Geissner. »Da siehst du, schon sind wir wieder quitt, und die halbe Insel ist schuldenfrei. So einfach geht das. *Greek Style*. Da könnt ihr Deutschen auch mal was von uns lernen.« Geissner war sprachlos. Darüber musste er erst mal nachdenken. »Ah ja! Bevor ich's vergesse«, sagte Panos und hielt Geissner einen Euro hin. »Die Zinsen.«

Noch mal lachte Panos herzlich und trat den Kickstarter seiner Maschine. Mit dem lauten Knall einer Fehlzündung erwachte die Maschine zum Leben.

29

Geissner und Panos brausten durch Paladiki-Ort. Jörg fühlte sich nicht besonders wohl auf dem Sozius – irgendwie ausgeliefert, hilflos. Anstatt eines vorschriftsmäßigen Helms trug er nur seinen Safarihut, dessen Kinnband er jetzt verkrampft nach unten zog. Wenn Panos die Kontrolle verlöre, würde er schwere Verletzungen davontragen – oder Schlimmeres! Mit der anderen Hand klammerte Geissner sich hinten am Gepäckträger fest und versuchte, Panos tunlichst nicht zu berühren, der nur mit Badeshorts, T-Shirt und Badelatschen bekleidet war. Als sie jedoch über eine Bodenwelle fuhren, fiel Geissner fast hinten runter und er musste notgedrungen Panos' Bauch umklammern. Da half alles nichts.

Sie fuhren an der Taverne mit der großen Platane vorbei, vor der die beiden Alten auf ihrer Bank saßen. Als sie Panos mit Geissner auf dem Motorrad sahen, wurden sie hellwach.

Mit frechem Blick riefen sie Panos etwas zu. Geissner verstand nur: »*Éla, kamaki!*« Da die beiden dann noch recht herzlich lachten, auf Geissner zeigten und Panos so tat, als hätte er nichts gehört, ahnte Geissner, dass es nichts Schmeichelhaftes gewesen sein konnte. Wahrscheinlich so etwas wie: »He, Harpune, was hast du dir da geangelt?!«, oder ähnlich Abfälliges. Panos gab Gas. Jörg winkte höflich.

Sie bogen auf eine Straße ein, die vom Meer wegführte und die Geissner noch nicht kannte. Wieder fielen ihm leer stehende oder geschlossene Geschäfte und halb fertige Bauruinen auf. Krise hin oder her, Jörg verstand nicht, wie sich so viele Leute beim Hausbaubudget dermaßen verrechnen konnten. Die Maschine vibrierte unter ihm, und das satte Motorengeräusch hallte von den Hauswänden wider.

Dann hatten sie den Ort hinter sich gelassen, die Straße führte sanft bergauf. Panos beschleunigte, und Geissner musste sich dermaßen an ihm festklammern, dass er die Kontrolle über seinen kakifarbenen Hut verlor und ihm dieser vom Fahrtwind vom Kopf gerissen wurde. »He! Mein Hut!«, schrie er direkt neben Panos' Ohr.

Doch der fuhr einfach weiter, drehte den Kopf leicht nach hinten und fragte: »Was?«

»Mein Hut!«

»Was ist mit deinem Hut?«

»Ich habe meinen Hut verloren! Fahr bitte wieder zurück!«

»*Fuck the hat*. Der sah eh scheiße aus.«

Geissner war fassungslos. Das durfte ja wohl nicht wahr sein. Hätte er an Panos' Bauchbewegungen nicht dessen Lachen gespürt, hätte das Motorrad die Vibrationen des Motors nicht direkt in seine Eingeweide übertragen und wäre der Fahrtwind nicht so weich und warm gewesen, Geissner hätte geschmollt.

Nach ungefähr zehnminütiger Fahrt bogen sie in das umzäunte Gelände eines Baustoffhandels ein. »Ich dachte, wir fahren zur Krankenstation«, wunderte sich Geissner, als Panos die Maschine abstellte.

»*Sigá, sigá*. Immer langsam. Ich habe noch etwas zu erledigen.«

Und so war es auch. Während Jörg wartete, trank Panos einen Café frappé mit dem Verkäufer, der sich anscheinend über den Besuch freute, und kam eine halbe Stunde später mit einem Sack Zement zurück. Auf Geissners fragenden Blick teilte er ihm mit, dass er damit lose Steine einer Mauer in seinem Eselsgarten befestigen wolle. Dann bat er Jörg, den 20-Kilo-Sack während der Weiterfahrt unter den Arm zu nehmen. Das sei kein Problem und werde hier immer so gemacht. Die Fahrt ging weiter, und Geissner hatte heftige Schwierigkeiten, das Gleichgewicht zu halten, auch deshalb, weil Panos keinerlei Anstalten machte, seinen Fahrstil der neuen Gepäcksituation anzupassen. Außerdem brannte die Sonne mittlerweile mindestens so schlimm wie gestern. Nur hatte Geissner jetzt nicht mal mehr einen Hut auf.

Nach kurzer Fahrt kam ihnen mitten im Nirgendwo – ungefähr dort, wo Geissner gestern auf Pelagos gescheitert war – eine dunkle Gestalt entgegen, und Panos bremste so plötzlich ab, dass Geissner den Sack nur mit Mühe festhalten konnte. An seiner Kleidung erkannte Geissner, dass es sich bei dem rauschebärtigen Mann um einen Pfarrer oder einen anderen geistlichen Würdenträger handeln musste. Er trug ein bodenlanges, wallendes Gewand mit weiten Ärmeln aus schwarzem Stoff und um den Hals ein recht großes und reich verziertes Kreuz. Auf seinem Kopf thronte ein zylinderartiger Hut ohne Krempe.

»*Kalimera, Pater!*«, begrüßte Panos artig den Geistlichen.

»*Kalimera, Pano!*«

Die beiden plauderten eine Weile angeregt miteinander. Geissner verstand kein Wort. Irgendwann wandte sich Panos zu ihm um, und Jörg rechnete damit, dass er ihn vorstellen würde, doch der Grieche gab ihm lediglich mit einem Blick zu verstehen, dass er absteigen sollte. Der Platz auf dem Sozius wurde nun großzügig dem Pfarrer angeboten, der wegen seines langen Gewandes im Damensitz Platz nehmen musste. Dann fuhr Panos mit dem Geistlichen einfach los. Im Wegfahren rief er Geissner noch zu, er solle hier auf ihn warten, und war mitsamt Würdenträger hinter der nächsten Kurve verschwunden.

Geissner tobte vor Wut. Erst fluchte er leise, dann – als er realisierte, dass er allein auf weiter Flur war – wurde er lauter, schimpfte hemmungslos und verwendete Wörter, die er seit seiner Schulzeit nicht mehr gehört, geschweige denn ausgesprochen hatte. Dazu bearbeitete er die kleine Steinmauer am Straßenrand mit kräftigen Tritten. Als er erschöpft war und sein Fuß zu schmerzen begann, setzte er sich in den Schatten einer mickrigen Steineiche. Der Schatten war so klein, dass er alle paar Minuten ein Stückchen weiterrutschen musste, um nicht ungeschützt der Sonne ausgesetzt zu sein. Für seine Füße allerdings reichte er nicht. Die schmorten in den Sandalen in der prallen Sonne. Zum Glück hatte er Socken angezogen, dachte Geissner, sonst hätte er sich die Haut an den Füßen in Streifen abziehen können. Wenig später machte er Bekanntschaft mit einigen aufdringlichen Ziegen. Erst als er aufsprang und sie mit »Ihr Scheißdrecksziegen« beschimpfte, stoben sie auseinander. Sobald er sich jedoch wieder in den Schatten setzte, kamen sie unbeeindruckt zurück und umzingelten ihn erneut. Erst jetzt bemerkte er, dass wohl sonst die Tiere dieses Plätzchen für sich beanspruchten, denn er saß auf haufenweise getrocknetem Ziegenkot. Er beschloss, das zu ignorieren.

Nach ungefähr einer halben Stunde ließ die Wut nach. Geissner machte zufällige Bekanntschaft mit noch allerlei anderem Getier: einem glänzenden Käfer, zwei hübschen Eidechsen und – durch den vorbeirasenden Schatten auf dem Asphalt auf ihn aufmerksam geworden – einem Raubvogel, der erhaben am Himmel kreiste.

So hockte Geissner fast eine Stunde neben dem Zementsack auf der Natursteinmauer am Wegesrand und wartete auf die Rückkehr seines griechischen Reiseführers. Während der ganzen Zeit kamen genau drei Autos vorbei. Das vierte Motorengeräusch gehörte zu Panos' Motorrad. Geissner erhob sich und ging im Kopf noch einmal die Standpauke durch, die er Panos halten wollte. Der jedoch brauste in Höchstgeschw:ndigkeit an Geissner vorbei, ohne ihn eines Blickes zu würdigen.

Erst als er hinter der ersten Kurve verschwunden war, hörte Geissner, wie er das Motorrad wendete.

»*Joke!*«, lachte Panos, als er neben ihm anhielt.

»Sehr witzig!«, murrte Geissner. Betont schlecht gelaunt setzte er sich hinter den Griechen und nahm erst nach wiederholten Aufforderungen den Zementsack wieder unter den Arm.

»Wir gehen jetzt noch kurz einen Kaffee trinken.«

Geissner war bereits zu erschöpft, um zu widersprechen. Seine Wut und seine Enttäuschung hatte er ja bereits zur Genüge an der Steinmauer und den Ziegen abreagiert. Sollten sie ihn nur weiter an der Nase herumführen, er würde das alles zu ihren Lasten auslegen. Sein Bericht würde gnadenlos ausfallen, das hatte er sich fest vorgenommen. Und wenn er heute keine Krankenstation und kein Elektrizitätswerk zu sehen bekam, dann gnade ihnen Gott.

Im *kateneíon* des kleinen Örtchens Platanias, wo sie kurz darauf haltmachten, saßen bereits der Geistliche, Spyros und zwei andere Griechen bei Kaffee, Wasser und Süßigkeiten. Ein Brunnen plätscherte auf dem Vorplatz, und auch hier stand wie auf der Platia von Paladiki-Ort ein alter Baum. Panos stellte die Maschine ab, und Geissner bemerkte, dass die Griechen sogleich konspirativ ihr Gespräch unterbrachen.

Spyros sprang auf, um ihn zu umarmen. »Ah, der Herr Kommissar.«

Jörg gelang es in letzter Sekunde, die Umarmung zu verhindern. »Ich bin kein Kommissar«, sagte er halblaut, aber keiner schien ihm zuzuhören.

Panos nahm ihm den Sack ab. »Danke fürs Halten. Darf ich vorstellen: Das sind unser Papas Kyrie Manolis, mein Neffe Adonis und mein Cousin Vangelis. Kaffee?«

»Nein danke. Ein Wasser vielleicht.«

»Gern! Ein *kafedaki* und ein Wasser für unseren deutschen Freund.«

Hatte er nicht gerade Nein gesagt? Egal. Geissner merkte zu seiner eigenen Verwunderung, dass ihm allmählich alles gleichgültig war.

»Setz dich doch zu uns«, sagte Spyros. »Bedien dich.«

Er deutete auf ein Tablett mit frischen Früchten und süßem Gebäck.

»Äh, nein danke, bitte nichts. Ich würde einfach gerne eure Krankenstation und das E-Werk sehen.«

»Wozu die Hektik?«, fragte Panos. »Aber gut, wenn du meinst.«

Hatte er wirklich gefragt, was die Hektik sollte?! Geissner konnte es nicht fassen. Seit Tagen versuchte er, diese beknackten Gebäude zu Gesicht zu bekommen, von denen er sicher wusste, dass es sie ohnehin nicht gab. Doch anstatt den offensichtlichen Betrug einfach zuzugeben, trieben ihn diese Ziegenzüchter sinnlos über ihr Eiland.

Panos bestellte die Rechnung, doch der Ober winkte ab.

»Das ist übrigens mein Cousin Stratos«, stellte Panos ihn vor.

Stratos streckte ihm die Hand entgegen, aber Geissner hatte keine Lust mehr auf diese scheinheilige Freundlichkeit, hinter der sicher die nächste Demütigung lauerte.

»Hier scheinen aber viele miteinander verwandt zu sein«, bemerkte er spitz. »Na ja, liegt ja auch ganz schön isoliert, die Insel.« Er hatte es ganz beiläufig gesagt, wie eine harmlose Feststellung. Und viel mehr war es ja auch nicht. Wie viele Cousins hatte Panos in den letzten zwei Tagen schon vorgestellt oder erwähnt? Sehr viele jedenfalls!

Panos wich alle Farbe aus dem Gesicht.

Jörg begann zu zweifeln: Vielleicht hatte er es ja doch

übertrieben. Panos sah ihn so stechend an, dass Geissner den Blick senken musste. Dann hörte er, wie der Grieche etwas zu den anderen sagte. Kurz darauf verfinsterten sich die Mienen am Tisch, und Geissner wünschte, er hätte sich nicht ganz so weit aus dem Fenster gelehnt. Doch gerade, als er den Mund öffnen wollte, um zurückzurudern, sagte Panos ruhig und ernst: »Stratos ist nicht nur mein Cousin, er ist auch mein Onkel, weil er mit der Schwester meines Vaters verheiratet ist.«

Geissner hatte mit allem gerechnet, ja sogar eine Ohrfeige hätte ihn nicht überrascht, aber das verblüffte ihn derartig, dass er mit offenem Mund verstummte.

»Ta«, fuhr Panos fort, »das Leben ist nicht einfach auf so einer kleinen Insel, mein Freund. Da muss man in der Partnerwahl oft auch mal Kompromisse machen und auf das Nächstbeste zurückgreifen.«

»Das Nächstbeste?« Geissner verschluckte sich. Aber er wollte sich lieber noch mal versichern, ob das, was er gehört hatte, auch das bedeutete, was er glaubte, verstanden zu haben. Bei solchen Themen sollte man sich hundertprozentig gewiss sein, das wusste er, seitdem er einmal als junger Mann die Köchin in der Kantine mit einem Blick auf ihren Bauch gefragt hatte, wann es denn so weit sei, und an ihrem Blick im gleichen Augenblick erkannt hatte, dass sie gar nicht schwanger gewesen war. Seitdem – und das war zwanzig Jahre her – war er nie wieder zum Essen in die Kantine gegangen.

Panos beugte sich verschwörerisch zu Geissner. »Ja, das Nächstbeste. Er hier zum Beispiel«, flüsterte er mit tiefer Stimme und deutete mit dem Kinn auf Vangelis. »Aus der Beziehung seiner Großeltern stammen vier gesunde Kinder.« Er zählte mit den Fingern auf: »Seine Tante, sein Onkel, seine Mutter und sein Vater.«

Geissner war entsetzt. Er musste schlucken und wartete einen Moment, bis er sich möglichst unauffällig zu Vangelis drehte, um zu schauen, ob man die Folgen des Inzests auch äußerlich erkennen konnte. Und ja, man konnte! Vangelis trank gerade aus seinem Wasserglas und ließ dabei einen Großteil des Schlucks am Kinn hinunterlaufen. Geissner blickte schockiert weiter in die Runde. Ja, auch die anderen am Tisch, alle, auch Spyros, machten auf ihn plötzlich einen retardierten Eindruck. »Mutter und Vater!?!«, flüsterte er fassungslos und versuchte, so leise zu reden, dass nur Panos ihn hören konnte. »Aber ... aber dann sind seine Eltern ja ...«

Panos zuckte mit den Schultern. »Ja, Geschwister. Und Cousins. Findest du das schlimm?«

Geissner versuchte zu lachen, so abwegig kam ihm Panos' Frage vor. »Ja. Das ist *extrem* schlimm ... So etwas ist in Deutschland absolut undenkbar.«

»Ihr seid uns eben voraus. Wir leben quasi noch in einer Art Mittelalter. Hier ist das normal.«

Gerade als Geissner großzügig einräumen wollte, dass Griechenland doch auf dem besten Wege in die Zukunft sei, dass sie nach und nach überkommene Bräuche abschüttelten und dass nicht zuletzt er und seine Bank dafür kämpfen würden, bemerkte er ein leichtes Zucken um Panos' Mundwinkel. Von einem Wimpernschlag zum anderen brachen alle am Tisch in lautes Gelächter aus. Doch wie gestern im Minimarkt klang es nicht schadenfroh. Sie freuten sich einfach über den kleinen Streich, den sie Geissner gespielt hatten.

Verdammt, dachte er, der Hund hatte ihn schon wieder reingelegt. Gegen seinen Willen musste er mitlachen. »Der Bruder von Vangelis ist wahrscheinlich auch sein Cousin?«, versuchte er auf den Zug aufzuspringen.

Panos' Lachen verstummte. Er blickte ernst in Geissners Gesicht. »Nein, der ist vor ein paar Monaten ertrunken.«

»Oh, hier ertrinken aber viele Leute«, sagte Jörg und lachte weiter. »Vielleicht solltet ihr euch hier mal nach einem Bademeister umsehen? Oder besser nach einer Bademeisterin. So wie Pamela Anderson in *Baywatch*.« Geissner lachte herzlich über seinen, wie er fand, sehr gelungenen Scherz, und nur sehr langsam drangen die Reaktionen der Umsitzenden in sein Bewusstsein: zuerst ein erschrockenes Raunen, dann Stille. Fassungslose Stille. Alle starrten ihn an, während er sich ein Glas Wasser einschenkte und eine Handvoll Oliven in den Mund warf. Als er registrierte, wie feindselig die Griechen ihn plötzlich anstarrten, gefror sein Lächeln zu einer Maske. Es konnte doch wirklich nicht angehen, dachte er, dass er schon wieder was Falsches gesagt hatte. Bestimmt würde sich gleich herausstellen, dass auch diese Reaktion der Griechen nur gespielt war. Gleich würden alle erneut in Gelächter ausbrechen. Noch mal versuchte er, das Lachen mit einem zaghaften »Hehe« anzuregen.

Da erhob sich Vangelis, dem die Wut ins Gesicht geschrieben stand. Er ging langsam auf ihn zu und behielt ihn fest im Bann seines starrenden Blickes. Geissner musste schlucken. Mit angeschwollener Halsschlagader blieb Vangelis direkt vor ihm stehen und raunte etwas auf Griechisch. Der Satz hörte mit »*Malakka*« auf, und was das hieß, hatte Geissner in den vergangenen zwei Tagen nur zu genau gelernt. Er tat so, als würde er aufmerksam zuhören, und trank – um Normalität vorzutäuschen – vorsichtig von seinem Wasser.

Mit einer beschwichtigenden Geste redete Panos auf den Ober ein.

»Was ist denn los?«, wandte Geissner sich vorsichtig an seinen Fahrer.

Vangelis ging mit scharfer Stimme dazwischen, stieß Geissner gegen die Schulter und sah ihn herausfordernd an.

Panos hatte sich erhoben und legte die Hände auf Vangelis' Schultern. Er war den Tränen nahe, sein Kopf knallrot.

»Hab ich was Dummes gesagt?« Geissner begriff allmählich, dass es wohl wirklich um seinen Scherz ging und dass Vangelis' Reaktion nicht gespielt war. Langsam, aber ohne Geissner aus den Augen zu lassen, setzte sich der Grieche wieder auf seinen Stuhl.

»Verzeihung. Ich wollte nicht … *I'm sorry, if I* …«

Panos brachte ihn mit einer abschneidenden Handbewegung zum Schweigen. Dann nahm er ihn zur Seite. »Weißt du … die Krise …« Er sah Geissner sehr ernst an. »Es ist nicht so, als würden die Leute hier aus Versehen ertrinken.« Er senkte den Kopf. Geissner verstand. Ihm war nicht mehr zum Lachen zumute. Er drehte sich zu Vangelis und wollte etwas sagen, aber Panos hielt ihn mit strengem Gesicht zurück. »Sag bitte nichts mehr zu ihm. Es könnte gefährlich für dich werden. Wir sollten jetzt besser abhauen.«

Doch Geissner ließ sich nicht abhalten. Er stand auf und ging zu Vangelis hinüber.

»*Siggnómi*«, sagte er leise, das griechische Wort für »Verzeihung«. Er hatte es von einer Liste der zwanzig wichtigsten Wörter, die ihm Frau Bonatz ausgedruckt hatte. Geissner streckte Vangelis die Hand entgegen. Der sah zu ihm auf. Einen Moment schien alles möglich, dann nahm der Grieche die Hand. Geissner atmete auf. Panos auch.

Geissner war erleichtert, als er wieder alleine mit Panos und ohne Zementsack – den wollte Panos auf dem Rückweg wieder in Platanias abholen – auf dem Motorrad unterwegs war. Panos hatte gesagt, dass sie in fünf Minuten an der Krankenstation sein würden.

Und tatsächlich, jetzt bogen sie von der geteerten Straße in einen kleinen Feldweg ein, der hinab zum Meer zu führen schien. Oberhalb einer Steilküste stoppten sie. Weit und breit war kein Gebäude zu sehen. Trockenes, gelbliches Gras erstreckte sich oberhalb der Klippen, und Geissner roch zum ersten Mal seit seiner Ankunft bewusst die intensive Meeresluft, in die sich der Duft von Kräutern mischte. Genau genommen, roch es hier genauso wie im mediterranen Gewächshaus des Botanischen Gartens in München. Da war er einmal am Anfang seiner Beziehung mit Britta gewesen, und sie hatte ihm gesagt, dass es so am Mittelmeer rieche. Ja, Britta, du hast recht, dachte Geissner, genau so riecht es.

»Komm!«, unterbrach Panos seine Gedanken. Er ging ein paar Meter voraus bis zu der Stelle, wo das Gelände plötzlich abbrach und senkrecht nach unten ins Meer abfiel.

»Wohin?«, fragte Geissner.

»Hier ist die beste Stelle zum Reinspringen.«

»Wie bitte?! Reinspringen?« Bis hinunter zum Meer waren es bestimmt zehn oder zwölf Meter. Das war nichts für ihn, so viel war klar. Schließlich war er nicht lebensmüde. Sein Instinkt funktionierte einwandfrei. Und genau dafür war er ja auch da: um ihn vor solcherlei Unsinn zu schützen.

»Klar! Das ist die beste Erfrischung bei der Hitze. Los! Da drüben kommt man wieder raus.« Panos sah konzentriert die steile Klippe hinunter und zeigte auf ein kleines Stückchen Sandstrand. »Es sieht von oben höher aus, als es ist. Willst du als Erster springen?«

»Nein«, sagte Geissner und lachte ungläubig, »ich springe nicht als Erster, ich springe überhaupt nicht! Denn wir fahren jetzt bitte endlich zur Krankenstation.«

»Wovor hast du Angst? Das Meer ist hier tief genug, und Haie sind fast nie hier.«

Fast nie?! Geissner graute es bei Panos' Worten. Da hatte er ja bei seinem Badeabenteuer von gestern Nacht mehr Glück gehabt, als ihm bisher bewusst gewesen war. Und überhaupt: Er hatte sogar schon im Baggersee eine Panikattacke erlitten, nur weil er zu weit rausgeschwommen war. Aber hier lag das offene Meer vor ihm. Zugegeben, es leuchtete einladend frisch und gluckste gemütlich, aber es war endlos, tief und voller Getier. »Ich möcht einfach nicht.«

»Komm schon. Wir können ja zusammen springen.« Panos reichte Geissner die Hand.

Also, wie sollte das nun wieder zu verstehen sein?! War er jetzt schwul, oder was? Geissner schaute pikiert auf Panos' Hand und dann so lange vorwurfsvoll in dessen Gesicht, bis der Grieche die Hand wieder zurückzog.

»Schon gut.« Er schien beleidigt. »Ich spring jetzt rein, und du kommst hinterher, wenn du willst, *entaxi*?«

»Ich glaube nicht, dass ich wollen werde.«

»Du lebst nur im Kopf, oder?«

»Mag sein. Aber mal ehrlich: Du wolltest mir die Krankenstation und das E-Werk zeigen. Stattdessen fahren wir den ganzen Tag idiotisch in der Gegend rum. Jetzt gehst du baden, und in drei Stunden muss ich auf der Fähre sein! Gib doch einfach zu, dass es die Gebäude nicht gibt!« Es tat Geissner gut, seinem Ärger etwas Luft zu machen.

Aber Panos schaute ihn mit einem ruhigen Lächeln an und streifte die Badelatschen von den Füßen. »Eine kleine Abkühlung würde dir auch guttun.«

Der Grieche machte zwei Schritte rückwärts, um Anlauf zu nehmen, und sprang in die Tiefe. Einfach so. Mitsamt seinen Klamotten. Geissner, der in sicherem Abstand vor der Klippe stand, konnte seine Landung im Wasser nicht sehen. Doch er konnte sie hören. Es war ein sattes und erstaunlich wohlklingendes Bassgeräusch. Vorsichtig näherte er sich dem Rand der Klippe und sah Panos auftauchen. Der Grieche schüttelte seine Haare und rief, vom Adrenalin aufgeputscht, Ermutigungen in Geissners Richtung. Doch Jörg sah nur ängstlich nach unten. Er hielt Panos für einen mutigen Burschen, zweifelte aber gleichzeitig an dessen Verstand. Ihm war es einerlei, wie erfrischt sich Panos auch fühlen mochte, er, Jörg Geissner, würde nicht springen.

30 Nachdem Panos klatschnass die Klippe heraufgekraxelt war, hatte er sich das T-Shirt ausgezogen und Geissner aufgefordert, auf dem Sozius Platz zu nehmen. Geissner, der nicht mehr glaubte, dass er jemals in seinem Leben die Krankenstation zu Gesicht bekommen würde, war den Anweisungen resigniert gefolgt. Während er mit Panos durch die kahle Insellandschaft fuhr, war ihm alles egal. Hauptsache, er würde in zwei Stunden auf der Fähre sein und diese Einöde endlich verlassen können.

Panos' Ruf riss ihn aus seinen Gedanken. »Bitte sehr! Die Krankenstation.« Er deutete mit dem Kinn nach vorne.

Tatsächlich. In der Ferne konnte Geissner im Flirren der Hitze undeutlich ein Gebäude erkennen. Er kniff die Augen zusammen. Noch war er nicht überzeugt. Panos beschleunigte, und Geissner musste dessen nackten Wanst fest umklammern, um nicht herunterzufallen. Panos lachte.

Wenige Minuten später bogen sie auf den Parkplatz eines erstaunlich modernen Gebäudes ein, das alleine auf weiter Flur stand und vor dem ein einsamer Mercedes-Krankenwagen neueren Modells geparkt war. Geissner starrte entgeistert auf das moderne Gebäude mit dem roten Kreuz über dem Eingang. Er war sich doch so sicher gewesen, dass die Griechen ihn an der Nase herumführten. Doch da war sie: eine Krankenstation aus Ziegeln, Steinen und Beton, weiß getüncht. Er konnte sie sehen, anfassen, betreten. Wenn das tatsächlich eine Krankenstation war, könnte seine Bank den Strand wohl vergessen.

»Das glaub ich jetzt nicht«, flüsterte er. »Ich bin erledigt.«
Panos reagierte empfindlich. »Was hast *du* denn gedacht?

Dass wir dich betrügen? Oder was? Nur weil unsere Regierung jahrzehntelang Mist gebaut hat, heißt das noch lange nicht, dass wir alle Ganoven sind. Schau, was wir uns von eurem Geld gekauft haben!« Er deutete auf den Mercedes-Krankenwagen. »Verstehst du? Es ist ein ewiger Kreislauf. Das Geld kommt aus Deutschland und geht nach Deutschland zurück. Was hier bleibt, sind die Schulden.«

»Na ja, der Krankenwagen bleibt doch auch hier, oder?«, führte Geissner den Gedankengang fort.

Panos schnaubte verächtlich.

Sie traten durch das blaue Portal und folgten einem langen Gang, der völlig verlassen zu sein schien. Niemand war zu sehen, kein Personal, keine Patienten. Panos hatte Geissner empfohlen, sich ein wenig umzusehen, vielleicht ein paar Fotos zur Dokumentation für seinen Chef in Deutschland zu machen, und so gingen sie durch das große, verwaiste Haus, öffneten Türen, die links und rechts der Gänge abzweigten, und schauten in die einzelnen Behandlungsräume. Die medizinischen Geräte sowie die Einrichtungsgegenstände waren im Gegensatz zu dem Gebäude eher älteren Semesters, und Geissner zweifelte an deren Funktionstüchtigkeit. Er fotografierte alles.

»Siehst du, ist in gutem Zustand«, bemerkte Panos stolz. »Da kannst du nachher gleich deinen Chef anrufen und ihm sagen, dass er seinen Kredit nicht für ein Phantom gegeben hat.«

»Ich glaube, ich muss mich bei dir entschuldigen«, stammelte Geissner.

Panos winkte ab. »Ach was. Wie sagt ihr? Kontrolle ist gut, Vertrauen nicht.«

»Ja. So ähnlich.«

Panos stieß die nächste Tür auf. Der Raum dahinter war dunkel. Geissner blitzte mit seiner Kamera hinein. Das Blitzlicht erhellte das fahle Gesicht eines Mannes auf einer der Krankenliegen. Ruckartig fuhr die Gestalt hoch. Dazu gab sie einen ungewöhnlichen, tierisch anmutenden Schrei von sich. Vor Schreck schrie auch Geissner.

Panos' männliche Stimme erhob sich über dem Geschrei: »Hey, Yanni! Ich bin's, Panagiotis.« Er griff durch die Tür an die Zimmerwand, und das Licht flackerte an.

Geissner bemerkte erst jetzt, dass der Mann einen weißen Arztkittel trug. Wenn das ein Arzt war, dachte Geissner, war er froh, hier nicht Patient zu sein. Der Mann roch nach Schnaps und sah aus, als hätte er die letzten drei Nächte durchgemacht, sein Gesicht war unrasiert, die blassen Wangen waren eingefallen, und er hatte tiefe, dunkle Augenringe. Unter dem Arztkittel trug er Bermudashorts, Flipflops und ein rotes T-Shirt mit einem gelben Hammer-und-Sichel-Symbol darauf.

Yannis tauschte ein paar Worte mit Panos, der auf Jörg deutete. Hatte er da wieder »Basketball« gehört? Wenn ihn in Deutschland jemand fragen würde, welches griechische Wort er zuerst gelernt hatte, würde er mit »Basketball« antworten. So oft wie seine Größe hier thematisiert wurde, zweifelte Geissner langsam daran, den richtigen Beruf ergriffen zu haben. Vielleicht hätte er ja wirklich eine Chance als Profispieler gehabt. Dann wäre er in diesem Moment möglicherweise nicht hier auf Paladiki in der abgetakelten Station dieses armseligen Arztes, sondern bei den Dallas Mavericks, umgeben von hüpfenden Cheerleaderhäschen.

Yannis musterte ihn.

»*May I introduce?*«, fragte Panos. »*This is Giorgios.*«

»Ja, also eigentlich heiße ich Jörg.«

Die beiden Griechen sahen einander fragend an. Also wiederholte Geissner seinen Vornamen. Yannis schaute irritiert und versuchte, den Namen zu wiederholen. »Irg...?«

»Yohhhk…?«, versuchte sich Panos.

»Nein, Jö-örg … so wie der englische Name Dschordsch.«

»Sag ich doch: Giorgio!« Panos klang erleichtert. »So sagt man bei uns. Darf ich dich dem Chefarzt und Chirurgen vorstellen: Doktor Yannis, ein Cousin von mir.«

Yannis ergriff Geissners ausgestreckte Hand.

»Doktor Yannis. *Surgeon.*« Er drückte Geissner an sich, und Jörg wehrte sich nicht. Immerhin war Doktor Yannis Arzt.

»*Let's have some wine!*«

Wein? Um diese Uhrzeit? Wo war er hier nur gelandet?

Panos hingegen war begeistert. »Bravo!« Er lachte herzlich.

»*But just one glass*«, seufzte Geissner.

Er staunte selbst über seinen Sittenverfall. Schon wieder Wein? Aber warum eigentlich nicht? Vielleicht war die neue Freizügigkeit in der Tatsache begründet, dass er die Krankenstation ausfindig gemacht und den ersten Teil seines Jobs erledigt hatte. Vielleicht war es aber auch der lausbubenhafte Charme seines Reisebegleiters, dem er sich so schwer entziehen konnte. Aber vorher wollte er erst noch seine Besichtigungstour durch die Klinik zu Ende bringen, um wirklich alles, jedes Zimmer, alle medizinischen Geräte zu fotografieren.

Das Gebäude, so hatte Panos es ihm erklärt, sei absichtlich in der fast unbesiedelten Inselmitte gebaut worden, damit es im Notfall von allen Häfen, Dörfern und Stränden gut erreicht werden konnte. Trotzdem – oder gerade deswegen – war es hier menschenleer. Doktor Yannis und Panos gingen voraus auf die Terrasse, während er sich weiter umsah.

Jörg, der ab sofort wohl auch auf Irg, Yohhhk und Giorgios hören würde, bestaunte gerade das antike Ultraschallgerät in einem der Untersuchungszimmer, als sich hinter ihm die Tür öffnete und eine Frau eintrat. Vor Schreck ließ er fast die Kamera fallen. Es war die badende Schönheit vom Strand. Sie trug ein Krankenschwesterkleid. Geissner schluckte. Hatte er mit seiner Therapeutin nicht herausgearbeitet, dass diese Tracht *der* Schlüsselreiz seiner intimsten Phantasien war? Er liebte Frauen im Kittel, die Vorstellung, sich von ihnen untersuchen zu lassen, brachte ihn um den Verstand. Das war schon als Kind so gewesen, warum, wusste er nicht. Auch Brittas Apothekerkittel hatte ihn immer wahnsinnig heiß gemacht. Leider hatte er sich nie getraut, es ihr zu sagen, und sie hatte die zahlreichen Kittel, die er ihr geschenkt hatte, nie zu Hause angezogen, sie immer nur verwundert mit in die Apotheke genommen.

Die Frau, deren Namen er nicht wusste, hatte ihn schon am Strand so betört, auch ohne Schwesterntracht. Als sie jetzt so unverhofft vor ihm stand, begann Geissner zu schwitzen.

Sie schien einen Moment länger zu brauchen, ihn wiederzuerkennen. Vermutlich hatte auch sie nicht erwartet, im Ultraschallzimmer plötzlich auf Geissner zu treffen. Es tat ihm leid, sie erschreckt zu haben. Sie musterte ihn herausfordernd.

Er erinnerte sich zwar, dass sie weder Deutsch noch Englisch konnte, doch er wollte unbedingt mit ihr sprechen: »Ähm, Entschuldigung. Ich bin hier, um mich etwas umzusehen, *to look around*, äh, wegen des Darlehens ... des Darlehens aus Deutschland. *Germany*. Äh ... *credit* ... also, ähm ... Kredit?«

Er schaute in ihre braunen Augen, bewunderte ihre langen Wimpern, bemerkte ein leises Zucken ihrer Oberlippe, vielleicht ein Lächeln. Er fummelte nervös an seiner Armbanduhr herum. Sie schien seine Unbeholfenheit süß zu finden. Jedenfalls begann sie zu schmunzeln.

»*Then katalavaíno germaniká*«, sagte sie freundlich. »*Miláte Elliniká?*«

»*Ellinika*«, das Wort hatte Geissner auf der Liste von Frau Bonatz gelesen. Es hieß »Griechisch«. Vermutlich fragte die Schöne, ob er ihre Sprache spreche. »*No, sorry. No Greek.* Du, Deutsch?«

Sie schnalzte mit der Zunge und nickte einmal mit der Nasenspitze in seine Richtung. »*Ochi.*«

Geissner wusste inzwischen, dass diese Geste »nein« bedeutete. Bei ihr wirkte sie nichtsdestotrotz betörend. Er probierte erneut, eine Konversation anzufangen, und untermalte seine Worte pantomimisch, indem er die Hände flach neben seinen Kopf hielt und nach hinten und vorne schwenkte. Dass diese Geste völlig schwachsinnig aussah und den Sinn seiner Worte eher noch verschleierte, war ihm nicht bewusst. »Ah, okay: Ich, äh, *me* ... Fotos, *because* ... äh, *credit* ... egal ... Motorrad .... *with Panos* ... *Panos from the* Minimarkt.«

Tatsächlich schien sie weder Englisch noch Deutsch zu sprechen, lächelte ihn aber weiterhin an. Ein Wort jedoch hatte sie verstanden: »Panos?«

»Ja, Panos«, bestätigte er und nickte stolz. Er zeigte in Richtung der Terrasse, auf die Yannis und Panos gegangen waren. Ihr offenes Lächeln brachte ihn in Verlegenheit, und er wich ihrem Blick aus. Auch sie hatte den Arm gehoben und zeigte in Richtung der Terrasse. »Ah! Äh, hier lang, oder?«, fragte er ungelenk und deutete ebenfalls auf den Gang.

»*Né, ekí péra.*« Sie nickte und sah ihn aufmunternd an.

Geissner ging aus dem Zimmer hinaus. Warum, wusste er selbst nicht. Panos, Yannis, der Wein und die Terrasse waren ihm in diesem Moment völlig egal. Der Minimarkt-Besitzer war einfach nur das einzige Gesprächsthema gewesen, auf das er sich mit der wunderbaren Frau im Schwesternkleid hatte verständigen können.

Als er hinausging, spürte er so lange ihren Blick im Rücken, bis er um die Ecke trat. Er drehte sich nochmals um, steckte den Kopf durch die Tür, sah in ihr offenes Gesicht und fragte, wieder auf Deutsch, ob er die Tür schließen solle. Er wollte einfach noch einen Moment mit ihr verbringen, noch mal sehen, wie sie schaute, wenn sie ihn nicht verstand, noch mal den Klang ihrer Stimme hören, wenn sie ihm auf Griechisch antwortete. Dann war auch dieser Augenblick vorbei.

Also ging er zu Panos. Der saß mit Doktor Yannis auf billigen Plastikmöbeln neben einem violett leuchtenden Insektenvernichter, hörte Musik aus einem kleinen Kofferradio und trank Tsipouro und Wein. Der Ausblick von der Terrasse war gigantisch. Man sah auf die Ägäis hinab, über diverse Hügel, die im Gegenlicht der schon recht tief stehenden Sonne Reihe für Reihe im Dunst an Helligkeit gewannen. Das Meer reflektierte das gleißende Licht der Sonne. Für einen Moment wurde ihm bewusst, was für ein wunderbares Raumschiff dieser Planet Erde doch war. Jörg atmete tief durch und setzte sich wortlos zu den anderen. Nach all diesen Verunsicherungen – dem seltsamen Empfang, dem Eselritt, dem Zitronenhuhn, dem Tsatsikitraum, dem nächtlichen Badeerlebnis mit der Krankenschwester, der Nacht mit Panos im Minimarkt, der Fahrt mit dem Motorrad und jetzt nach dem unerwarteten Besuch der Krankenstation – entspannte er sich zum ersten Mal seit seiner Ankunft.

Jörg schloss die Augen und genoss den Augenblick – die Terrasse, die Insel, das Meer. Unglaublich. Es kam ihm vor, als hätte er in den letzten beiden Tagen mehr erlebt als in den letzten zwanzig Jahren seines Lebens. »Mein Gott, ist das schön«, sagte er mehr für sich.

»*Do you like it here?*«, fragte Yannis.

»*Yes, your island is very beautiful.*«

Der lang gezogene, tiefe Schall eines Signalhorns drang

aus der Ferne zu ihnen. Geissner sah, wie weit unten eine Fähre Kurs aufs offene Meer nahm. Seine Fähre. Er und Panos sahen einander an. Panos zuckte mit den Schultern. »Manchmal gewinnst du, manchmal verlierst du.«

Jörg wollte gerade antworten, dass er sich eigentlich freue, einen weiteren Tag auf der Insel verbringen zu können, als die profane Titelmelodie von *Bonanza* der Erhabenheit des Augenblickes ein jähes Ende bereitete. Auf Geissners Handy-display erschien das Porträt seines Chefs. Er blickte die anderen entschuldigend an und ging ran. Verheimlichen wollte er nichts, also blieb er am Tisch sitzen und sprach in normaler Lautstärke.

»Hallo, Herr Laichinger … Wir besichtigen gerade die Krankenstation … Alles in bester Ordnung … Ja, ich war auch überrascht … Nachher fahren wir noch zum E-Werk … Ja, ich melde mich …« Er legte auf.

»Aber vorher musst du unbedingt Yannis' Wein probieren. Selbst gemacht!« Panos wechselte ins Englische, damit auch sein Cousin ihn verstehen konnte: »*You are not only a good doctor, you make also a great wine! Please, one more glass for our friend!*«

»*No doctor, surgeon!*«, verbesserte Yannis ihn streng.

Tja, zwischen einem Arzt und einem Chirurgen machte man anscheinend auch hier in Griechenland Unterschiede. Geissner und Panos kicherten. Doktor Yannis goss mit zitternder Hand etwas Wein für Geissner ein und reichte ihm das Glas. Jörg betrachtete ihn besorgt. Das Zittern musste ein ziemliches Handicap sein, besonders für einen Chirurgen.

»Danke, *thank you*«, sagte Geissner.

»*Efcharistó*«, sagte Panos. Geissner nickte. »*Ef-cha-ri-stó*«, wiederholte Panos. »Das heißt ›danke‹.«

»Ah! *Eff-kár-isto*«, wiederholte Geissner und nippte an seinem Glas. Der Wein schmeckte stark, aber sehr gut. Er nahm einen größeren Schluck. »*Mhm, good! And very strong.*« Er hob anerkennend sein Glas.

Yannis wollte gerade etwas erwidern, als sich die Terrassentür öffnete und die Krankenschwester in die Herrenrunde trat. Sie trug nun ein eng anliegendes schwarzes Kleid mit blauen Blumen. Krankenschwesterfetisch hin oder her, Geissner fand sie darin noch betörender. Doktor Yannis nutzte Geissners Ablenkung, um ihm mit zitternder Hand erneut das Glas zu füllen. Auch ihr bot der Doktor ein Glas an, doch sie lachte nur und hob abwehrend die Hände. Dann ging sie direkt auf Geissner zu und reichte ihm die Hand. »Eleni.«

Geissner nahm ihre Hand, sie fühlte sich warm und weich an. »Giorgios.«

Panos und Yannis brachen in schallendes Gelächter aus. Dann begann auch Jörg zu lachen. Selbst Eleni, die ja nun wirklich nicht wissen konnte, worum es ging, lachte mit, wenn auch nicht so grölend wie die Männer. Im selben Augenblick begann im Kofferradio ein neues Lied. Die Griechen schrien begeistert auf. Eleni rief entzückt etwas auf Griechisch. Es musste sich wohl um den aktuellen Sommerhit handeln, dachte sich Geissner. Er war beileibe kein Musikkenner, das wusste er selbst, doch der Song, der nun aus den kleinen Lautsprechern plärrte, war gut. Obwohl er recht langsam begann – wie das berühmte Sirtaki-Lied –, hatte er von Anfang an einen zwingenden Bums.

Panos sprang auf, drehte das Radio auf und ließ seine Hüfte kreisen. Auch Yannis swingte auf seinem Stuhl genüsslich zur Musik. Eleni begann, anmutig und dezent zu tanzen.

Als Jörg den Griechen beim Tanzen zusah, bekam er eine Gänsehaut. Genau so wäre er auch am liebsten, so spontan, so intensiv, so lebensbejahend. Auch er hatte den Impuls, aufzustehen und mitzutanzen, doch jetzt war der Zeitpunkt lei-

der verpasst, und es gelang ihm nicht mehr, seinen Kopf auszuschalten, der seiner Spontaneität andauernd im Weg zu
sein schien. Zu viel Kopf, zu wenig Bauch – das war schon
immer sein Problem gewesen. Man hatte leider nichts davon,
wenn man verklemmt auf seinem Stuhl rumsaß und der
Traumfrau beim Tanzen zusah.

Doch zum Glück ließ Eleni nicht zu, dass er sich drückte.
Sie hielt ihm auffordernd ihre Hand hin. Als er noch immer
nicht über seinen Schatten springen konnte, kamen Panos
und Yannis tanzend zu Hilfe und zogen Geissner aus dem
Stuhl. Zu dritt tanzten die Griechen Jörg an, der sich anfangs
noch etwas unbeholfen, dann aber zusehends lockerer bewegte und die anderen zu imitieren versuchte. Dabei stellte
er sich auch gar nicht so schlecht an. Es flutschte, wie er selbst
fand.

Geissner konnte sich nicht erinnern, wann er das letzte
Mal getanzt hatte. Wahrscheinlich irgendwann als Schüler zu
Musik der Neuen Deutschen Welle. Nach wenigen Takten
wiegten sich die vier in einem gemeinsamen Rhythmus, und
in den begeisterten Bewegungen ergab es sich zufällig, dass
Yannis und Panos miteinander tanzten und Eleni und Jörg.
Immerfort lachten sie sich an, umkreisten einander, berühr-
ten sich an den Händen.

Leider währte dieser Moment nur für die Dauer eines
Liedes.

Als die letzten Töne verklungen waren, winkte Eleni
Geissner zu sich herüber. Er beugte sich zu der anderthalb
Köpfe kleineren Frau hinunter, und sie fasste mit der Hand in
seinen Nacken, um sein Ohr nah an ihrem Mund zu halten.
»*Nice to meet you! Kalinichta!*«, hauchte sie ihm zu.

Er spürte ihren Atem, und obwohl er verstand, dass es sich
lediglich um eine Verabschiedung handelte, überlief ihn ein
wohliger Schauer. Sie ließ ihn los, lächelte freundlich und

reichte ihm ihre Hand. Er erwiderte das Lächeln und nickte ihr zu. »*Efcharistó*, danke für den Tanz.«

Eleni lachte. »*Giati ochi.*« Gerade als Eleni sich zum Gehen wenden wollte, kam Panos auf sie und Geissner zu, nahm beide an den Händen und zog sie vor das Panorama der sanft ins Meer abfallenden Hügel. »Kommt, lasst uns ein Foto machen. Gib mir mal dein Handy«, sagte er, noch immer euphorisiert. Geissner reichte ihm sein Telefon, und alle vier drängten sich eng zusammen, sodass Panos sie alle mit ausgestrecktem Arm auf ein Foto bekam.

Jörg genoss es endlos, noch einmal so nah an Eleni zu stehen, ihren Körper zu spüren.

»Feta!«, sagte Panos, alle lachten, und schon blitzte es.

Sogleich scharten sie sich um das Handy, um einen Blick auf das Bild zu erhaschen. Während die drei anderen wild auf Griechisch durcheinanderplapperten, betrachtete Geissner ganz in Ruhe die Aufnahme. Sie war durch und durch gelungen. Eleni sah wunderbar aus, sehr glücklich. Sie hatte ihren Arm um seinen Nacken gelegt. Er selbst lachte zwar nicht so wie die anderen, wirkte aber recht verklärt und strahlte Freude aus. Panos grinste perfekt und sah genau so aus, wie ein *kamaki* aussehen musste: unwiderstehlich. Nur der Chirurg Yannis hatte die Augen geschlossen, lachte dafür aber umso netter.

Eleni fand das Foto super, und Geissner pflichtete ihr bei. Nur Doktor Yannis zuckte mit den Schultern. Er war nicht ganz zufrieden. Panos hätte nicht abdrücken dürfen, beschwerte er sich, weil seine Augen noch geschlossen gewesen waren, aber Panos verteidigte sich, schließlich habe er laut und deutlich »Feta« gesagt.

Eleni verabschiedete sich mit einem lauten »*Bye-bye!*«, kehrte den Männern den Rücken zu und verschwand in Richtung Parkplatz. Die drei Männer schauten ihr still und bezaubert nach, bis sie nicht mehr zu sehen war und auch ihre Schritte verhallt waren.

»*Women*«, seufzte Panos. »*Aren't they beautiful?*«

Geissner nickte still. Ja! Das konnte man wohl sagen. Besonders Eleni. Sie war *beautiful*, sehr sogar!

Während er vor sich hin lächelte, beobachtete Geissner, wie ein großer Käfer, angezogen vom lila Licht, direkt in den elektrischen Insektenvernichter flog und dort dramatisch in kleinen, wild zuckenden Elektroblitzen verbrutzelte. Jörg und die beiden Griechen sahen dem Spektakel gerührt zu. Erst als große Teile des Insekts verdampft waren, hoben sie alle zu Ehren des Tieres, das einen so heldenhaften Todeskampf geliefert hatte, ihre Gläser, um einen großen Schluck des von Doktor Yannis selbst fabrizierten und, wie Geissner fand, köstlichen Weines zu sich zu nehmen.

»*Stiniyamas*«, sagte Panos.

»*Stiniyamas*«, pflichteten Yannis und Geissner ihm bei.

31 Panos liebte es, mit seiner BMW R60 zu fahren. Sie stammte aus dem Jahr 1966. Sein Opa hatte sie sich über Jahre mit seiner kleinen Bäckerei erspart. Damals war jede Ware aus Deutschland ein Statussymbol und unerhörter Luxus gewesen, denn die griechische Drachme war im Verhältnis zur D-Mark so wenig wert, dass ein deutsches Motorrad schier unerschwinglich war. Heute, mit dem Euro, könnte sich theoretisch jeder ein deutsches Auto oder was auch immer leisten, wenn er denn Arbeit hatte, um Euros zu verdienen. So gesehen, dachte Panos, hatte sich, was den Import von teutonischer Wertarbeit anbelangte, nicht viel verändert. Damals wie heute konnte sie sich kaum einer leisten. Mit Ausnahme der Jahre nach der Euroeinführung. Plötzlich hatte jeder Depp einen Kredit bekommen, und das ganze Land hatte sich verschuldet, um Statussymbole zu kaufen. Ein Verhängnis für Griechenland, und ein gigantisches Geschäft für Deutschland. Panos war sich sicher, dass dies der einzige Sinn und Zweck der Euroeinführung gewesen war. Eine Markterweiterung, nichts weiter. Er hatte das Spiel durchschaut und mit Entsetzen beobachtet, wie einfache Fischer und Bauern plötzlich glaubten, große Autos oder luxuriöse Boote fahren zu müssen.

Er hingegen behielt weiter seine alte schwarze BMW, die sein Großvater bis zu seinem Tod wie einen Schatz gehütet hatte und die auch er weiter hegen und pflegen würde. Denn sie war für ihn mehr als nur eine feine Maschine.

Auch nach all den Jahren spürte er noch immer ein sanftes Prickeln im Bauch, wenn er über die kurvigen Straßen Paladikis flog. Ja, so ähnlich musste sich Fliegen anfühlen. Vor

allem jetzt im Sommer, wenn man sogar nachts nur in Badeschlappen, kurzer Hose und T-Shirt fahren konnte. Dann
fühlte er sich einfach frei und zufrieden. Auch jetzt fühlte er
diese Ekstase, und das hatte nichts damit zu tun, dass er
ordentlich beschwipst war. Denn frei fühlte er sich im Prinzip
immer.

Die Touristinnen liebten es, so mit ihm durch die Landschaft zu fahren, und er liebte es, wenn sie sich an ihn
schmiegten. Gut, jetzt hatte er nur den Deutschen hinten-
drauf. Doch irgendwie war es verwunderlich – Panos mochte
ihn. Wie das hatte passieren können, wusste er auch nicht.
Gerade jetzt, als Giorgios so glücklich und betrunken, leise
jauchzend, überschwänglich fast wie ein Kind hinter ihm saß.
So viel Lebensfreude hätte er ihm gar nicht zugetraut.

Sie fuhren auf einer kleinen Landstraße durch einen uralten Olivenhain. Panos spürte, wie hinter ihm Geissner
wieder das Gewicht verlagerte. Im Rückspiegel sah er, wie
der Deutsche den Kopf in den Nacken gelegt hatte und
staunend den Sternenhimmel betrachtete. Der Anblick war
wirklich eine Pracht. Wie nah und strahlend die Sterne schienen. Panos wusste, dass er sich auch deshalb so gerne mit
Fremden umgab, weil er durch ihre Augen immer wieder die
Schönheiten seiner Insel neu erlebte, ja überhaupt auf sie aufmerksam wurde. So wie jetzt durch Geissner auf die Sterne.

»Wart kurz!«, rief Panos und schaltete das Licht am
Motorrad ab. »So kannst du besser sehen.«

Da der Mond noch nicht aufgegangen war, verschwand die
Straße in der perfekten Dunkelheit, die Sterne traten umso
deutlicher hervor, und auch das Prickeln in Panos' Bauch
nahm angenehm zu.

Geissner kreischte hysterisch auf. »Bist du wahnsinnig?!
Mach sofort das Licht an!!!«

Panos lachte herzhaft. Der Deutsche war wie eine Frau. Er

konzentrierte sich auf das Schwarz vor ihm und ließ das Licht aus. Letztlich zeigte ihm nur die Schneise, durch die die Olivenbäume den Blick auf die Sterne frei ließen, wo sich die Straße entlangwand. Er liebte diese Momente, die all seine Sinne forderten. Dieses intensive Gefühl, am Leben zu sein. An Geissners Stimmlage konnte er erkennen, dass auch er allmählich begann, die einzigartige Wirkung der Adrenalin-Alkohol-Mischung zu genießen. Der Deutsche schimpfte zwar noch immer leise, doch nun klangen seine Flüche eher wie die einer sich spielerisch verweigernden Frau beim Liebesakt.

Motorradfahren war Geissner bis heute fremd gewesen. Aber als sie von der Krankenstation aufgebrochen waren, hatte er sich tatsächlich voller Euphorie hinter Panos gesetzt. Er hatte es genossen, seine Angst los- und Neues geschehen zu lassen. Aber als Panos jetzt das Licht ausschaltete, überkam ihn blanke Panik. Ja, dachte er, so muss sich der Tod anfühlen. Er hatte das Gefühl, in ein schwarzes Loch zu stürzen oder hineingesaugt zu werden. Das Prickeln im Bauch war stärker als bei jeder Achterbahnfahrt, die Geissner als Kind unternommen hatte. Jeden Moment rechnete er mit dem Aufschlag.

Aus purer Todesangst klammerte er sich noch fester an Panos, schrie ihn an, er möge sofort das Licht wieder anmachen. Doch als Geissner das Gelächter seines Vordermannes unter den Händen spürte, legte sich in seinem Kopf ein Schalter um. Er akzeptierte, dass er keine Kontrolle hatte, und fügte sich in sein Schicksal. Er legte seinen Kopf zur Seite, schloss die Augen und genoss diesen Augenblick der größtmöglichen Freiheit, in dem er sich von Panos ins Ungewisse fahren ließ. Er ließ sich in die Kurven fallen, wie sein Vordermann sie vorgab, vertraute ihm und Gott. Sollte dies sein letzter Moment sein, dann war es wenigstens ein schöner.

Als er die Augen wieder öffnete, hatten die sich bereits an die Dunkelheit gewöhnt. Er sah die Straße, die Bäume, die Sterne. Und er wusste, dass das der intensivste Moment in seinem Leben war und dass er – warum auch immer – diesen Griechen mochte.

Panos stoppte die Maschine auf einem Feldweg nur wenige Meter vor einem futuristisch anmutenden Gebäude und blieb einen Moment mit offenem Mund stehen. Schon während der Fahrt hatte er von Weitem ein gespenstisch grünliches Licht zwischen den Bäumen sehen können, das inmitten der Dunkelheit wie die Beleuchtung eines hell erleuchteten Ufolandeplatzes anmutete. Donnerwetter! Spyros, Barba Stavros und Barba Ilias hatten wirklich ganze Arbeit geleistet. Das hätte er ihnen gar nicht zugetraut. Der alte Schafstall war durch die Gipsplatten, den Anstrich und die Neonbeleuchtung in einen gewaltigen grauen Block verwandelt worden. Auf dem großen, doppeltürigen Eingangstor prangte eine riesige gelb-schwarze Warntafel, die die Illusion nahezu perfekt machte. Dort, wo bis letzten Herbst noch Schafe geweidet hatten, stand nun ein Schild mit der Aufschrift »Warnung vor der Hochspannung« – auf Griechisch, Englisch und Deutsch. Man hatte wirklich nichts dem Zufall überlassen. Nur mit dem einen oder anderen dilettantisch gemalten Totenkopf waren sein Freund und die beiden Alten vielleicht ein bisschen übers Ziel hinausgeschossen. Giorgios' Gesichtsausdruck verriet allerdings keinerlei Zweifel an der Echtheit des Gebäudes. Im Gegenteil, der Deutsche lachte hysterisch. Und zum Teufel, dachte Panos, wüsste er es nicht besser, auch er würde glauben, er stünde vor einem Elektrizitätswerk und nicht vor einem Schafstall.

»Verdammt«, sagte Geissner belustigt. »Das Elektrizitäts-werk!« Er lachte, bis er husten musste.

Vielleicht hätte er ihm doch ein bisschen weniger Wein geben sollen, überlegte Panos. Die Kombination mit dem Adrenalin von der Dunkelfahrt schien fast ein wenig zu viel für den Deutschen zu sein.

»Wir sind im Stockdunkeln gefahren. Das ist Wahnsinn! Wir hätten sterben können!« Geissner japste vor Lachen nach Luft. Sein befreites Gelächter war ansteckend.

»*No risk, no fun*, mein Freund«, lachte Panos.

Von hinten hörte man Reifen auf dem Feldweg. Ein knall-roter Kleinwagen hielt an, und Yannis torkelte grüßend heraus. Sogleich begann sein Wagen, gemütlich den ab-schüssigen Weg rückwärts hinunterzurollen. Offenbar hatte der Gute vergessen, die Handbremse anzuziehen. Prinzipiell hatte Panos nichts dagegen, wenn die Leute alkoholisiert durch die Gegend fuhren – solange es weder Touristen noch Frauen waren. Jeder war für sich selbst verantwortlich, fand er, und nichts lag ihm ferner, als auf Regeln zu pochen, die von irgendwelchen Obrigkeiten in Athen, Brüssel oder gar in Berlin ersonnen worden waren. Aber bei Yannis begann er sich Sorgen zu machen. Sein Trinkgebaren hatte schon längst bedenkliche, ja existenzbedrohende Züge angenom-men, und er hoffte insgeheim, dass seinem verbeulten roten Suzuki Swift diesmal endgültig der Garaus gemacht würde. Doch Yannis überraschte ihn mit einer für seinen Zustand erstaunlich schnellen Reaktion. Er hatte anscheinend ge-merkt, dass es sein Wagen und nicht er war, der sich be-wegte. Behände rannte er los, öffnete die Tür des inzwischen recht rasant rollenden Fahrzeugs, sprang hinein und zog die Handbremse. Das alles war derart komisch anzusehen, dass Panos und Geissner erneut in hochtöniges Gekicher aus-brachen.

»Bitte sehr! Hier hast du dein E-Werk, *Malakka*!«, sagte Panos übermütig. »Komm, mach ein paar Fotos. Für deinen Boss.«

»Ihr habt echt ein Elektrizitätswerk! Ich glaub's ja nicht«, prustete Geissner und machte ein paar Aufnahmen mit seiner Digitalkamera.

»Nicht schlecht, oder?« Das Werk der Alten beeindruckte Panos noch immer. Geissner ging zur Tür und drückte die Klinke herunter, doch sie war fest verschlossen, was ihn zu einem weiteren Lachanfall animierte. Panos lachte mit. Verdammt, dachte er, niemals hätte er geglaubt, dass der Deutsche so albern sein konnte.

»Es ist zu!«, kreischte Geissner aufgedreht.

»Ich hab keinen Schlüssel«, quiekte Panos mit irrer Stimme.

»Aber ich muss doch rein und schöne Fotos machen. Komm, gib mir den Schlüssel. Büdde, büdde, büdde.«

Beide konnten nicht mehr vor Lachen. Panos vermochte sich nicht zu erinnern, wann er das letzte Mal so viel Spaß gehabt hatte. »Ich hab wirklich keinen Schlüssel.« Panos wischte sich die Tränen aus den Augen und lief mit letzter Kraft zum Auto. Geissner sank erschöpft vor dem Eingangstor zu Boden.

»Hast du einen Schlüssel?«, fragte Panos ins Innere des roten Kleinwagens, denn Yannis hatte es sich inzwischen auf dem Rücksitz gemütlich gemacht. Der Doktor richtete sich kurz auf, antwortete im Halbschlaf: »Den hat doch dein Cousin«, und ließ sich wieder auf die Rückbank fallen.

»Mein Cousin hat den Schlüssel«, übersetzte Panos prustend für seinen deutschen Freund. Er musste sich zusammenreißen, um auch den zweiten Teil seines Satzes sagen zu können, ohne sich zu verschlucken. »Er lebt in München.«

»In München!«, gackerte Geissner, legte sich flach auf den

Bauch und schlug mit beiden Händen mehrmals flach auf den Boden. »Der Cousin!!!«

»Dann musst du eben Fotos von außen machen.« Panos sackte nun auch neben Geissner auf den Boden.

»Von außen …«, wiederholte Geissner, und er schien vor lauter Lachen wirklich am Ende seiner Kräfte zu sein.

»Jahahahaa … Drinnen ist sowieso nur eine Halle mit riesigen Gasturbinen.«

»Gasturbinen …«

Beide Männer saßen außer Atem auf dem staubigen Boden des Feldweges und wischten sich die Tränen aus den Augen. Verdammt, dachte sich Panos, das konnte doch unmöglich an Yannis' Wein liegen, dass er so viel Sympathie für den Deutschen empfand.

Geissner raffte sich auf. Grinsend zückte er seine Kamera und machte schwankend Bilder von der Anlage. So vergnügt war er in seinem ganzen Leben noch nicht gewesen. Natürlich hatte er einen sitzen, das war ihm klar. Der Wein des lustigen Chirurgen hatte es ganz schön in sich. Aber sein Zustand war nicht nur mit dem profanen Rausch des Alkohols zu erklären – den er im Übrigen als äußerst angenehm empfand. Er war erleichtert. Heute hatte er tatsächlich die Krankenstation und das E-Werk zu Gesicht bekommen, und somit war bewiesen, dass die Griechen ihn nicht angelogen hatten. Er würde sie bei Laichinger nicht verraten müssen. Denn jetzt, da er Panos und dessen Freunde kennengelernt hatte, kam ihm die geplante feindliche Übernahme des Strandes zutiefst ungerecht vor.

Die Schönheit der Insel, auf der er noch eine Nacht länger als geplant bleiben durfte, die Motorradfahrt im Dunkeln und Eleni – all das machte ihn einfach glücklich. So glücklich, dass ihn für einen Moment sogar Trauer überkam. Er erkannte jetzt, während er lachend um das Gelände schritt, um Fotos zu machen, dass er einen großen Teil seines Lebens in einem fatalen Kompromiss gelebt hatte.

32

Einige Stunden später schwankte Geissner an den Strand und setzte sich auf den Felsen, bei welchem er vor zwei Tagen Elenis Bekanntschaft gemacht hatte. Er blickte hinaus auf die schwarze See. Er war allein, die Nacht war lau, und die Ruhe vollkommen. Nur das Meer plätscherte sanft. Der Mond leuchtete orange am Horizont und ließ auf dem ruhigen Wasser eine golden glitzernde Spur entstehen, die direkt auf Jörg zulief. Einige Sterne leuchteten so hell, dass sie sich im Meer reflektierten. Die Szene war magisch, fand Geissner, und hätte in jedem Film, auf jedem Foto kitschig gewirkt. Hier aber in dieser lauen Nacht mitten in dieser Szenerie zu sitzen hatte etwas Andächtiges. Er versuchte, die Eindrücke aufzusaugen, und wollte sie niemals wieder vergessen.

Geissner bekam Schluckauf. Bis zum Morgengrauen saß er alleine vor sich hin hicksend am Strand, sah, wie der Mond wanderte, wie sich das Schwarz des Himmels zunächst dunkelblau, dann türkis färbte, bis die aufgehende Sonne warme Orange- und Goldtöne hinzumischte. Er sah kleine Fische springen und hörte die Morgenrufe der Möwen, die aufgeregt einem tuckernden Fischerboot in den Hafen folgten. Er lauschte dem leisen Klackern der Kiesel, die von den kleinen Wellen hin und her gerollt wurden, bis er mehrmals einnickte und beschloss, ins Hotel zu gehen.

Dort fand er sein Bett liebevoll gerichtet, und auf dem Tischchen standen etwas Obst und ein Krug mit Wasser. Er öffnete die Balkontüren, ließ sich in voller Montur aufs Bett fallen und schlief sofort ein.

Als er am nächsten Vormittag sonnenverbrannt und ein klein wenig verkatert, ohne Hut, aber mit blauem Rollkoffer auf die Straße trat, hatten seine Augen zunächst mit dem gleißenden Sonnenlicht zu kämpfen. Die Straße war menschenleer. Eigentlich hatte er sich von Maria und auch von Dimitris verabschieden wollen, doch er hatte keinen der beiden im Hotel finden können. Die vierzig Euro für die Extraübernachtung hatte er einfach unter die Rezeptionsklingel gelegt. Nostalgisch schaute er noch mal hoch zu »seinem« Balkon. Vielleicht würde er es irgendwann einmal schaffen, hierher in den Urlaub zu kommen.

Mit einem Seufzer machte er sich auf den Weg zum Minimarkt, um sich von seinem Freund Panos zu verabschieden. Doch der Laden war geschlossen. Die ganze Ortschaft schien verlassen. Vielleicht hielten die Bewohner eine Art Siesta.

Er klopfte an die Tür und versuchte, im Innern was zu erkennen. Nichts tat sich. Also kramte er Stift und Zettel aus seinem Gepäck, um eine kleine Notiz zu hinterlassen. Er entfernte einen Reißnagel von einem Poster, das für eine längst stattgefundene Veranstaltung warb, und befestigte damit seine Nachricht an der Tür: »Danke für alles, und wenn du mal nach Deutschland kommst, dann ruf mich an. Tel. 08 21 – 8 37 45 60, Giorgios.« Dann ging er die aufgeheizte Uferstraße entlang zum Hafen.

Auch der war wie ausgestorben. Die Fähre war noch nicht in Sicht. Die Sonne brannte heftig, und der Wind wirbelte eine hellblaue Plastiktüte die Kaimauer entlang. Sanft landete sie im Wasser, blähte sich wie ein Segel auf und nahm flatternd Kurs aufs offene Meer. Lediglich das Hafencafé am anderen Ende schien belebt zu sein, denn aus dessen Richtung war, viel zu laut, eine Art Countrymusik zu hören. Geissner rollte seinen Koffer über den grob zementierten Kai, vorbei an den Holzbooten, an denen momentan nicht gearbeitet wurde. Dennoch erkannte er, dass die Arbeit Fortschritte gemacht hatte. Einige der Boote schienen bereits fertig restauriert, andere brauchten noch viel Arbeit. Wenigstens diese bunten Boote zeugten ein wenig von Aufbruch und Optimismus, stellte Geissner fest. Damit würden sie zwar noch nicht die Krise überwinden, aber immerhin war es ein Anfang, ein Stück ehrlicher Arbeit.

Sein Blick wanderte weiter über das Meer und die wilden Felsen der Steilküste. Welch ein schönes Land. Eigentlich müsste es zu den reichsten Ländern der Welt gehören, wunderte sich Geissner, schüttelte den Kopf und sinnierte weiter über das seltsam vor sich hin dösende Inselreich der Griechen: Das Wetter hier war herrlich, daher könnte man, vorausgesetzt, es gab genug Wasser, die besten Früchte produzieren. Außerdem war da das wunderbare Meer, und durch die vielen Inseln hatte Griechenland die längste Küstenlinie Europas oder gar der Welt. An die zwanzigtausend Kilometer, das hatte er irgendwo gelesen. Eine riesige Tourismusgoldgrube. Mal ganz abgesehen von den Bodenschätzen, die wohl auch noch unter dem Meer schlummern mussten – Gas, Gold und vieles mehr. Und was machten die Griechen daraus? Nicht sehr viel, fand Geissner.

Ihm fiel eine auslaufende Farbdose auf. Er stellte sie ordentlich hin, schüttelte nochmals den Kopf und zog seinen Rollkoffer weiter durch den ausgestorbenen Hafen direkt auf das Café zu. Bis zur Ankunft der Fähre war noch über eine halbe Stunde Zeit. Geissner, der bereits wieder leicht zu schwitzen begonnen hatte, setzte sich erleichtert in den Schatten. Er war froh, dass wenigstens hier jemand zu arbeiten schien und nicht, so wie offenbar der ganze Rest der Insel, mit Mittagsschlaf beschäftigt war. Die viel zu laute Countrymusik erschien ihm allerdings als gesundheitsgefährdend, besonders in seinem verkaterten Zustand. In Deutschland gab es Richtlinien, um die Menschen vor Hörproblemen zu schützen. Den Griechen natürlich war so was egal. Lächelnd schüttelte er erneut den Kopf. Er erkannte sich selbst nicht wieder, aber er begann tatsächlich, Gefallen an dieser Art der Anarchie zu finden, auch wenn es in diesem Fall nichts zu diskutieren gab. Zu laut war zu laut.

Der Kellner trat an seinen Tisch. Geissner erkannte den Ober aus der Lyra und musste direkt an das Zitronenhuhn denken. Selbst darüber konnte er jetzt schmunzeln.

»*You want beer?*«, schrie Vasilis über die Musik hinweg.

Bier?! Um diese Tageszeit? Gott bewahre.

»*No!!! Water! Can you please turn the music down?!*«

»He?«

Obwohl Geissner, so laut er nur irgend konnte, geschrien hatte, verstand der Kellner natürlich kein Wort. Wie sollte er auch, bei der Musik? »*The music! Down!*« Geissner zeigte zu den Lautsprechern und machte dann mit Daumen und Zeigefinger eine Drehbewegung in der Luft, als würde er den Lautstärkeregler selbst bedienen.

»*Good music, he? I think, it's the Zipsy Kinx!*«, schrie der Kellner.

Geissner konnte nicht fassen, dass der auch noch stolz auf seinen Musikgeschmack zu sein schien.

Indes blickte der Kellner nachdenklich auf den Boden und rief dann: »*No, sorry. It's not the Zipsy Kinx. It's the Dixy Dsicks!*« Offenbar glücklich, dass ihm der richtige Name der Band eingefallen war, widmete er sich wieder seinem Geschäft und fragte Jörg, ob er etwas essen wolle. »*Fis is finised but you can have dsips. You want ketsup?*«

Nein, nein, nein, er wollte doch einfach nur was trinken! Keinen Fisch, keine Pommes. »*No, thank you. No chips. No fish. No ketchup.*«

»*Fis?*«

»*No fish!!!*« Geissner schämte sich augenblicklich dafür, dass er den offenbar unterbemittelten Kellner unverhohlen angeschrien hatte. Aber was sollte man schon machen, wenn man eigentlich nur ein Glas Wasser wollte und sich dann so viel geballter Blödheit gegenüberfand?

»*Yes, yes*«, sagte Vasilis. »*I turn the music down.*« Er verschwand in seinem Laden, und sofort wurde die Musik angenehm leise. Geissner atmete auf.

Der Kellner stand wieder an seinem Tisch. »*Fis?*«

»*No, thank you, water.*«

»*Entaxi. So no fis.*« Doch noch immer blieb der Kellner, der kurz enttäuscht wirkte, am Tisch stehen. Er erklärte Geissner in seinem gebrochenen Englisch, dass, sobald die Holz-*kaíkia* fertig restauriert seien, es wieder jede Menge frischen Fisch gebe, und: »*Than I can fix fis for you.*«

Geissner aber deutete auf die Fähre, die sich jetzt in weiter Ferne am Horizont abzeichnet. Er hatte nicht vor, tagelang hier zu hocken, nur um auf Fisch zu warten. »*I have to catch this boat*«, sagte er und lächelte bemüht. »*Ah, you cats this boat. Bravo! It's better to cats the boat before the cats cats the fis.*«

Hä? Hier war Hopfen und Malz verloren, einen letzten Versuch aber wollte sich Geissner noch geben. »*Okay*«, sagte er möglichst ruhig, als spräche er mit einem kranken Pferd, und machte nach jedem Wort eine kleine Pause. »*I want to drink a small water.*«

»*Entaxi, no problem*«, sagte der Ober und verschwand.

Was ein Idiot, dachte Geissner. Das war mit Abstand der dämlichste Dialog gewesen, den er je geführt hatte. Immerhin brachte Vasilis jetzt tatsächlich ein Wasser.

Stolz, als wollte er dafür gelobt werden, stellte er das Glas vor Geissner und fragte: »*And how was holidays? Nice?*«

Was gingen ihn seine Ferien an? Geissner zwang sich zur Geduld. Es gab eben Menschen unter Gottes Sonne, die ein wenig länger brauchten. »*Yes, nice, but no holidays. I was here for business.*« Mehr als dass er geschäftlich hier war, würde er nicht preisgeben. Doch der Kellner fragte in seinem gebrochenen Englisch weiter, welche Art von Geschäft es denn sei? Und als Geissner ihm in der Hoffnung, damit endlich das Ende des Gesprächs erreicht zu haben, antwortete, dass er hier sei, um etwas mit der Krankenstation und dem E-Werk zu überprüfen, stockte der arglose Kellner. Er hatte noch nie etwas von einem E-Werk auf Paladiki gehört.

»*Which electric power station? We don't have electric power station. Paladiki has cable, sea-cable.*«

Geissner starrte ihn wie vom Donner gerührt an. Moment mal. Jetzt also doch Seekabel?! Hatte er nicht gestern Abend mit eigenen Augen das Elektrizitätswerk gesehen?! Es fiel ihm wie Schuppen von den Augen: Nein! Hatte er nicht! Alles, was er gesehen hatte, war einfach irgendein Gebäude von außen, an das ein paar Schilder geschraubt waren. Nicht mehr und nicht weniger. Panos und der Doktor hatten ihn ja nicht hineingelassen. Er kramte nach seinem Smartphone, um dem Kellner die Fotos zu zeigen, die er am Abend zuvor lachend von der Anlage gemacht hatte. Doch der Ober schüttelte nur den Kopf und schwor bei allen Heiligen, dass er dieses Gebäude noch nie gesehen hatte.

Geissner fühlte sich schwach. Er hatte es doch geahnt, wenn nicht gar gewusst. Laichinger wusste es. Alle wussten das mit dem Seekabel! Aber nein, er musste sich täuschen lassen wie ein Schulbub. Hatte gegen sein Grundprinzip verstoßen, niemals Geschäftliches und Privates zu vermengen. Hatte sich wegen ein bisschen Sympathie übertölpeln lassen! Panos hatte ihn einfach reingelegt. Ausgerechnet Panos!

Vor Wut und Enttäuschung begann Geissner zu zittern. Er merkte, wie ihm das Blut aus dem Kopf schwand und sich kalter Schweiß auf seiner Stirne bildete.

»*Everything alright with you, my friend?*«, erkundigte sich Vasilis.

Panos lag neben Spyros auf dem Dach seines Lagerhauses. Von hier aus hatten sie schon die Ankunft des Deutschen beobachtet, von hier aus wollten sie auch seine Abreise mit eigenen Augen sehen. Und danach, so viel war klar, würden sie in die Lyra gehen und mit den beiden Alten auf das siegreiche Katastrophenmanagement anstoßen.

Durch sein Fernglas beobachtete er Geissner, der sich gerade in das Hafencafé setzte. Die laute Musik war bis hier oben zu hören. Vasilis hatte einen abartig schlechten Musikgeschmack, das wusste jeder im Ort. Auch der Deutsche, über dessen Abreise Panos sich wirklich freute, schien darunter zu leiden. Nichts gegen Giorgios, der war so weit in Ordnung. Meistens zwar ein bisschen steif, aber im Kern eine ehrliche Haut, und wenn er wollte, das hatte man ja gestern Abend gesehen, dann konnte er auch ganz schön Gas geben. Panos schmunzelte bei dem Gedanken an ihren gemeinsamen Lachanfall. Aber wie sagte er immer so schön: »Augen auf bei der Berufswahl!« Wer als verlängerter Arm einer im Grunde feindseligen Bank auf seine Insel kam, der durfte sich nicht wundern, wenn man ihn nicht nur mit Samthandschuhen anfasste. Natürlich hatten sie ihn anlügen müssen, dachte sich Panos, es ging schließlich um ihre Existenz!

Nun ging der Banker von dannen und ahnte nicht einmal, wie übel ihm mitgespielt worden war. Zumindest ging er mit einem guten Gefühl, und das war Panos wichtig. Unwissenheit war eben doch ein Segen.

Er lachte auf, denn er konnte durchs Fernglas sehen, wie sich Geissner und Vasilis anschrien, leider verstand er nicht, was sie sagten.

»Die plärren sich an wie die Esel«, sagte er zu Spyros, der auf dem Rücken lag und in den wolkenlosen und tiefblauen Himmel schaute. »Ah, unser Superhirn hat die Musik leiser gemacht.« Das Wummern hatte aufgehört, und die Ruhe fühlte sich selbst hier oben erleichternd an.

»Scheußliche amerikanische Unkultur. Es gibt doch genug gute griechische Musik«, brummelte Spyros und drehte sich schwerfällig auf den Bauch, griff sich sein Fernglas und spähte eine Weile hindurch.

Panos hingegen drehte sich auf den Rücken und beobachtete den Flug der Möwen. Das Leben konnte so schön sein. Warum konnte man es nicht einfach so lassen, fragte er sich, warum wollte immer irgendjemand etwas, das ihm nicht zustand? Warum schaute nicht jeder nach seinem eigenen Mist und ließ die anderen ihr Leben so leben, wie sie es für richtig hielten? Das Leben war schön. Und es war genug. Er wollte nichts, von niemandem. Nur in Ruhe gelassen werden. Die Erde bot genug für alle, dachte Panos. Die Menschen mussten nur lernen, mit weniger zufrieden zu sein. Der Kapitalismus machte die Menschen gierig, und die Gier machte alles kaputt.

»Was reden die da, die *Malakkes?*«, fragte Spyros, der besorgt durchs Fernglas schaute.

Panos drehte sich auf den Bauch, schnappte sich seinen Feldstecher und sah hinunter zum Hafencafé, in dem Geissner und Vasilis sich noch immer intensiv zu unterhalten schienen.

»Was quasselt der Idiot so viel?« Konzentriert beobachtete Panos die Mimik der beiden. »Vasilis mag ja ein feiner Knabe sein, aber ihm fehlen anderthalb Pfund im Kopf.« Er bemerkte besorgt, wie Geissner plötzlich verstummte und blass wurde. »Verdammt, der *Malakka* redet uns um Kopf und Kragen!«

Panos beobachtete weiter jede von Geissners Bewegungen. Doch der tat zunächst gar nichts mehr, saß nur da, atmete tief, schaute auf den Tisch und verharrte in dieser Position, bis die Fähre angelegt hatte. Dann trank er sein Wasserglas in einem Zug aus, stand ruckartig auf und zockelte mit seinem Rollkoffer zum Schiff. Den Rollkoffer fand Panos äußerst albern. Er selbst benutzte, seit er sechzehn war, für seine seltenen Reisen einen alten Seesack.

»Geht doch!«, sagte Panos erleichtert. »Er haut ab.«

»Zum Glück. Bei dem Weichhirn von Kellner kann man nie ganz sicher sein, ob er sich nicht verplappert.«

Die beiden klatschten sich erfreut ab.

»Scheint Abschiedsschmerz zu haben.« Panos sah noch mal durch seinen Feldstecher. Er fand, dass Giorgios seltsam melancholisch, ja fast erschüttert wirkte, wie er so mit leerem Blick den Kai hinunterlief. Jetzt fing er auch noch an, seltsam zu zucken, erst schlug er mit einem Bein aus, dann mit einem Arm. Nicht einmal Nikos und Petros, die wie immer eifrig den sehr überschaubaren Ein- und Ausstiegsverkehr mit ihren Trillerpfeifen zu regeln versuchten, konnten Geissner aus seinem eigenartigen Zustand reißen. Er schien sie nicht wahrzunehmen. Als er an ihnen vorbei war, blieb er abrupt stehen und schien etwas Richtung Boden zu brüllen. Die wenigen Fußgänger, die ihm von der Fähre entgegenkamen, drehten sich verwundert und besorgt nach ihm um.

»Irgendwas stimmt doch nicht«, sagte Spyros.

Auch Panos konnte die heftigen Emotionen, die der Deutsche beim Abschied zeigte, nicht zuordnen. Doch weiter konnte er ihn leider nicht beobachten, denn nun verschwand Geissner hinter dem Schiff aus seinem Blickfeld. Kurz darauf ertönte das Signalhorn, und die Fähre setzte sich langsam in Bewegung.

»*Kalo taxidi, file!* Gute Reise!«, rief Panos erleichtert und blickte weiter durch sein Glas in der Hoffnung, Geissner vielleicht auf irgendeinem der Außendecks zu erspähen. »Da fährt er dahin … das Arschloch.«

»Meinst du das jetzt positiv oder negativ?«, wollte Spyros wissen.

»Positiv! Ich mag ihn irgendwie.«

»Gegen die Liebe ist kein Kraut gewachsen«, spottete Spyros.

»*Adio*, mein Freund! Gib Frau Merkel einen Kuss von mir!« Panos richtete sich auf und winkte dem Schiff hinterher. Na bitte, dachte er sich, man durfte sich eben nicht alles gefallen lassen. Manchmal musste man ein kleines Kämpfchen kämpfen. Als Grieche war man eben grundsätzlich revolutionär. Schon immer. Was waren das andernorts für arme Würstchen, die sich nicht trauten, sich gegen eine Uniform, eine Behörde oder eine Bank aufzulehnen – Panos spürte echtes Mitgefühl. »Komm«, sagte er zufrieden. »Ich lad dich auf einen Plomari bei mir im Laden ein.«

»*Poli orea!*«

Die Fähre fuhr langsam den Kai entlang und gab nach und nach den Blick auf die in der Hitze flirrende Hafenkante frei. Genau in dem Moment, als Panos sich bereits erhoben hatte, um mit Spyros zu seinem Laden hinunterzugehen, um dort den Triumph gebührlich zu begießen, sah er aus dem Augenwinkel, dass hinter dem abfahrenden Schiff noch jemand stand. Eine einsame Figur.

Geissner!

Panos erstarrte und wurde kreidebleich. Instinktiv ging er wieder in Deckung und nahm sein Fernglas hoch. »Das gibt es nicht. Der ist nicht mitgefahren!«

»Was?« Spyros zuckte zusammen und setzte sein Glas ebenfalls wieder an die Augen.

»Der ist hiergeblieben!« Panos wollte es nicht wahrhaben, aber Tatsache: Da stand Giorgios. Am Hafen und nicht auf der Fähre, wo er jetzt eigentlich hingehörte.

»Scheiße! Der weiß was!«, sagte Spyros.

»Sag ich doch! Vasilis, der beknackte Kellner-*Malakka*, hat dem Bank-*Malakka* anscheinend doch irgendwas erzählt!« Panos konnte durch sein Fernglas jede Regung in Geissners Gesicht erkennen. Verdammt, jetzt hob der Deutsche auch noch den Blick und sah Panos direkt in die Linse. Er streckte den Arm aus und zeigte genau auf ihn. Panos zuckte zurück. Zum Teufel, woher wusste der, wo sie sich versteckt hatten?! Geissner sah unglaublich zornig aus, und er brüllte auch irgendwas, was Panos aus der Ferne zum Glück nicht verstehen konnte. Ertappt stieß er einen Fluch aus und ließ sich schnell hinter den Mauervorsprung fallen.

33

Geissner marschierte zurück ins Hotel. Ausgerechnet Panos!, dachte er wütend. Beinahe wäre der Betrüger damit durchgekommen. Beinahe hätte er sich blenden lassen, ihm wie ein blödes Schaf aus der Hand gefressen und wäre treudoof abgereist. Noch nie in seinem Leben hatte Jörg sich so einsam gefühlt. Von allen im Stich gelassen. Er sehnte sich nach Britta, hätte sich gerne bei ihr ausgeheult, doch sie wollte ja nichts von ihm wissen, ging nie ans Telefon, und wenn er mit unterdrückter Nummer anrief, legte sie sofort auf, sobald sie seine Stimme hörte. Von seiner Firma war auch keine Hilfe zu erwarten. Schließlich war er es, der nicht performt hatte, der die Sache hier nicht ordentlich zu Ende gebracht hatte. Und wer sollte ihm schon helfen? Er war doch der Außenseiter, der Depp, den Laichinger hierher abgeschoben hatte, in dieses Strafbataillon. Ausgerechnet als ein zartes Vertrauenspflänzchen hier auf der Insel gediehen war, wurde es mit Gewalt zertreten. Selbst Eleni, da war er sich sicher, war nur als Agentin vorgeschickt worden, um ihn weichzukochen. Verarscht hatten sie ihn! Alle! Anders konnte man es nicht ausdrücken. Er war alleine. Nur auf sich gestellt in der Fremde unter Fremden.

Wertlos stürmte er an Maria vorbei. Sie sah ihm verwundert hinterher und fragte etwas Unverständliches, doch kein Wort zu viel würde mehr über seine Lippen kommen. Hier steckten doch alle unter einer Decke, alles würde gegen ihn verwendet werden.

Er ging hinauf in sein Zimmer, schmiss sich der Länge nach aufs Bett, das Gesicht ins Kopfkissen gedrückt, und ja, er heulte. Seine Füße, die weit über das Ende des Bettes hinaushingen, bebten bei jedem Schluchzer.

Da hörte er ein vertrautes, aber in diesem Fall nicht gerade erwünschtes Geräusch: die Titelmelodie von *Bonanza*. Er drehte sich um, wischte sich die Tränen aus dem Gesicht und zog das Handy aus seiner Jacketttasche. Es war Laichinger, wer sonst.

»Scheiße«, fluchte Geissner und zögerte einen Moment, um Fassung zu gewinnen. Dann ging er ran. »Guten Tag, Herr Laichinger … Nein, meine Abreise hat sich leider etwas verzögert …« Er verstummte, als seine Stimme brach. Einige Sekunden konzentrierte er sich auf seine Atmung.

»Sen Se no dran?«, fragte Laichinger unwirsch.

Irgendwie klang seine Stimme nach Heimat, dachte Geissner. Er hätte viel dafür gegeben, sein Büro in Augsburg niemals für diese Reise verlassen zu haben. Einfach wie immer dort zu sitzen und Businesspläne abzulehnen, das wär's. »… ja, ja, ich bin noch dran.«

»I hann mehrmals versucht, Sie zu erreiche. Was treibet Se denn do d'ganze Zeit? Sie schuldet mir ä Erklärung, Härr äh …«

»Eine Erklärung?«, wiederholte Geissner, um Zeit zu gewinnen, und entschloss sich für eine reduzierte Wahrheitsversion. »Also, es gibt nun doch Probleme mit dem E-Werk … Ich kann die Echtheit nicht zu einhundert Prozent bestätigen … Daher musste ich noch etwas hierbleiben. Ich habe neue Informationen.«

»Wollet Se mich verarsche?!?«, brüllte Laichinger. Geissner hielt sein Handy vom Ohr weg. »Was hoißt do: neue Informazione?!? Wisset Se was, Sie Würschtle, moinet Se, i lass mi hier für blöd verkaufe? D'Zeit läuft ons davo! Ond was machet Sie in Griecheland? Urlaub?!? Däumle drehe, oder was? Ond des alles auf Firmenkoschte!!!«

Das hatte gerade noch gefehlt, dass ihn sein Chef anschrie. Geissner hätte am liebsten aufgelegt und weitergeheult. Sollten ihn doch alle mal … Aber er sammelte noch mal seine Kräfte und riss sich zusammen. »Es tut mir leid, Herr Laichinger. Die haben hier einfach keine Skrupel.«

»Ah ja?«, schrie Laichinger. »Vielleicht hann i ja au koine Schkrupl. Sie könnet sech überlege, was Ihne lieber isch: Entwäder Sie suchet sech en neue Tschob, oder Sie erlädige die Sach.«

»Bitte nicht, Herr Laichinger. Ich liebe meine Arbeit.«

»Davon merk i aber niks, Sie Hanswurscht!«

Das war zu viel. Geissner begann erneut zu weinen. »Meine Arbeit ist doch alles, was ich habe.« Es war egal, ob Laichinger sein Schluchzen hörte. Sollten sie alle ruhig wissen, dass er besiegt war.

Schweigen am anderen Ende. Geissner nutzte die Pause, um zu schniefen und um sich weitere Tränen von der Backe zu wischen.

»Hallo? Sen Se scho erschtiggd am Selbschtmetloid?«

»Nein, nein. Alles in Ordnung … Bitte geben Sie mir noch eine Chance.«

»Also gut, i geb Ihne no zwoi Tog. Die werdet aber von Ihrem Urlaub abzoge. Und dann erwart i Ergäbnisse, sonscht bekommet mr ä ernschthaftes Broblem, mir zwoi, verschtande?«

Geissner bedankte sich devot und verabschiedete sich. Er setzte sich aufs Bett, atmete tief ein und schwor sich, die Sache wieder geradezubiegen und seinen Job so zu erledigen, dass den Griechen Hören und Sehen verging. Das Maß war voll, nun war Schluss mit lustig, jetzt würde er beweisen, dass er kein Tanzbär war, jetzt würde er handeln!

Er öffnete die Fotogalerie in seinem Smartphone und suchte das Bild, das ihn mit Eleni, Doktor Yannis und Panos zeigte. Sein Finger schwebte über dem digitalen Papierkorb. Neue Tränen schossen ihm in die Augen. Zu schön war der Abend gewesen. Er schaffte es nicht, Eleni, die auf dem Bild so liebevoll und strahlend zu ihm hochschaute, einfach zu löschen. Auch wenn sie bestimmt nur eine Agentin von Panos war. Ja, anders konnte es gar nicht sein. Von dem *kamaki* auf ihn angesetzt, um ihn weichzukochen. Wie konnte sie sich nur für so ein würdeloses Theater hergeben?!

Wieder berührte er das Papierkorbsymbol. »Wollen Sie dieses Foto wirklich löschen?« Eine Weile betrachtete er das Bild, dann bestätigte er schluchzend mit »Ja«.

Kurz darauf trat ein entschlossener Geissner aus der Tür des Hotel Paladiki. Er hatte seine Sonnenbrille aufgesetzt, damit man seine verheulten Augen nicht sehen konnte, und ging zum Minimarkt. Als er die Tür öffnete und eintrat, drehte sich Panos nicht nach ihm um.

Er wusste genau, dass es der Deutsche war. Panos hatte fieberhaft überlegt, wie er am besten reagieren sollte, und sich am Ende dazu entschlossen, einfach so zu tun, als wäre nichts vorgefallen. Unbeirrt tat er so, als würde er Getränke im Regal ordnen. Völlig sinnlos schob er Ouzo- und Metaxaflaschen hin und her. Irgendwann, so hoffte er, würde Geissner schon merken, dass er beschäftigt war, und wieder abziehen. Doch Geissner blieb direkt hinter ihm stehen, und Panos spürte seinen kalten und unbarmherzigen Blick im Rücken. Sollte er ruhig, dachte Panos, er hatte schon weitaus hartnäckigere Fälle gehabt. Besonders schlimm war die Italienerin 1997 oder 98 gewesen, deren Namen er vergessen hatte. Die war mit allen Wassern gewaschen gewesen. Mehr noch als Maria. Da würde er sich doch nicht von dem sturen Blick eines deutschen Bankers verrückt machen lassen. Doch egal, wie sehr er sich auf die Flaschen im Regal zu konzentrieren versuchte, der Blick in seinem Rücken war bohrend. Die Sekunden fühlten sich wie eine Ewigkeit an, doch er hielt stand, versuchte, die Schauer, die ihm kalt über den Rücken liefen, zu ignorieren. Dann drehte er sich wie zufällig um und tat recht überrascht, als er Geissners unterkühlte Miene vor sich fand.

»Giorgio! Mein Freund, was für eine Überraschung! Du bist geblieben.« Panos breitete gekonnt herzlich die Arme aus und machte einen Schritt auf Geissner zu. Doch dieser gab mit einer abwehrenden Geste deutlich zu verstehen, dass er nicht umarmt werden wollte. Vielleicht, überlegte Panos, hatte der Deutsche ja das Fernglas bemerkt, das noch immer um seinen Hals baumelte. Verdammt, ärgerte er sich, wie verräterisch. Aber gut, eine verlorene Schlacht bedeutet noch lange keinen verlorenen Krieg. Panos strahlte sein bestes *kamaki*-Lächeln. Doch Giorgios schien überhaupt nicht zu Scherzen aufgelegt. Sein Blick war streng und humorlos. Teutonisch, dachte sich Panos, fehlte eigentlich nur noch die Pickelhaube.

Geissner war fest entschlossen. Nicht noch einmal würde er sich erweichen lassen und den Fehler begehen, so etwas wie Sympathie für den Griechen aufkommen zu lassen. Wie hatte er nur so leichtsinnig sein und glauben können, dieser Mann sei ein Freund geworden? Sympathie konnte man für Automarken empfinden, vielleicht auch noch für Katzen – vorausgesetzt, man hatte keine Allergie –, aber niemals sollte man sie für einen griechischen Dorfladenbetreiber empfinden, vor allem nicht, wenn man ihn erst ein paar Tage kannte. Das konnte nur zu Problemen führen. Geissner ärgerte sich maßlos über sich selbst. Oft genug hatte er im Leben erfahren müssen, dass ein offenes Herz oder gar freundschaftliches

Empfinden unweigerlich zu Schmerz und Leid führten. Das war das Einmaleins der Zwischenmenschlichkeit, fand er. Das sollten sie jedem Kind in der Schule beibringen, und der Menschheit wäre geholfen. Niemand würde mehr in Situationen wie diese geraten. Er selbst hatte das früh begriffen. Solange er denken konnte, hatte er sich immer daran gehalten und war verdammt gut damit gefahren. Und jetzt das – er hätte es besser wissen müssen. Ab jetzt würde er den Ton angeben.

Panos spürte eine seltsame Hitze im Kopf, fast fiebrig. Er fühlte sich dermaßen durchschaut und ertappt, dass sich jedes Wort, das er von sich gab, noch während er es sagte, bereits wie eine Lüge anfühlte. Vielleicht waren es ja sogar Lügen, aber wenn, dann höchstens ganz kleine – wenn überhaupt.

Normalerweise dachte Panos nicht in solcherlei Kategorien von Moral, aber mit diesem verschrobenen Deutschen war es anders. Er war zwar in feindlicher Mission gekommen, doch im Grunde war er ein guter Kerl, und Panos mochte es nicht, dass er ihn für einen Lügner hielt. Er wollte auch nicht, dass Geissner dachte, seine Sympathie sei nur gespielt gewesen. Und so ergab es sich, dass ein paar kleine neue Lügen notwendig waren. Mit der Begrüßung hatte es begonnen.

Nun holte Panos einen Teller mit gefüllten Weinblättern aus seinem Privatkühlschrank und bot sie Geissner an. »Hier, probier mal. Dolmades. Die sind hervorragend. Hat eine Cousine von mir selbst gemacht.« Letzteres stimmte sogar. Sein Kopf wurde noch heißer. Geissner durchschaute ihn, das erkannte er an dem harten Blick und seinem kalten, abfälligen Lächeln.

»Ich will das E-Werk von innen sehen«, sagte Geissner kühl.

Panos legte ein paar eingemachte Auberginen zu den Dolmades und tat überrascht. »Was? Das E-Werk? Natürlich, klar. Aber du warst doch gestern schon drinnen, oder?« Er fand die kleine Suggestion am Ende des Satzes einen Versuch wert.

Geissner schaute ihn an, als hätte Panos jetzt völlig den Verstand verloren. »Wie bitte? Wo war ich?« Geissner schnaubte verächtlich. »Ich war vor irgendeinem Gebäude, aber ich war in keinem E-Werk!«

Panos spürte wieder die Hitze im Kopf, und er hoffte, dass er nicht allzu rot wurde. Gott sei Dank war er gut gebräunt, dann würde es nicht so auffallen.

»Der Kellner am Hafen hat mir gesagt, ihr würdet über ein Seekabel mit Strom versorgt, und das Gleiche sagt man auch bei uns in der Bank.«

»Ach, diese Sache!« Panos winkte ab und versuchte, einen möglichst beiläufigen Ton zu treffen, was ihm nicht schlecht gelang. »Weißt du, der Kellner ist leider nicht der Hellste. Tragisch eigentlich. Der hat leider gar keine Ahnung. Das Kabel ist schon seit einigen Jahren stillgelegt, seit wir das E-Werk bekommen haben.« Schnell legte er aus einer Blechschale weitere öltriefende Auberginen zu den Dolmades auf den Teller. »Probier mal die Auberginen. Wirklich sehr gut.«

»Panos, hör auf, mich zu verarschen!« Geissner klang nicht mal mehr enttäuscht. »Zeig mir einfach das E-Werk. Von innen!«

Panos hob ergeben die Hände. »Natürlich, klar. Kannst du haben«, probierte er es auf die Beleidigt-Tour. »Aber was soll das bitte für eine Freundschaft sein, wenn man sich nicht einmal vertraut, Mann?«

»Vertrauen? Dir? Panos, dem großen Frauenheld, dem tollen Lebemann! Der sich selbst für Odysseus hält!« Geissner brüllte jetzt so laut durch den Laden, dass man auch auf der Straße hören konnte, wie er Panos nachäffte: »Freiheit! Freiheit! Ich brauche Freiheit!« Geissners Ton wurde wieder scharf. »Komm mir nicht mit Freundschaft! Nicht mal mit deinem eigenen Sohn willst du was zu tun haben! Alles für deine Scheißfreiheit! Du tust einfach so, als ginge er dich nichts an! Merkst du nicht, dass Dimitris dich braucht!?«

Panos fasste sich verletzt an die Brust, als hätte man ihm das Herz gebrochen. Aber in diesem Fall nicht spielerisch, sondern todernst. Was glaubte dieser Fremde, dem er gerade großzügig seine Freundschaft angeboten hatte, eigentlich, wer er war? Wegen seines Jobs hier auf der Insel herumschnüffeln, okay, das war seine Aufgabe, und letztlich war es ein Kampf auf Augenhöhe gewesen. Aber seine Nase in Privatangelegenheiten der Einwohner zu stecken, in einem Land, dessen Sitten und Gebräuche er nicht kannte, und noch dazu hier in seinem Laden – das war zu viel!

Es dauerte einen Moment, bis er seine Sprache wiederfand. »Okay. Das tat weh. Du sollst dein E-Werk haben – von innen, außen, oben, unten.« Seine Stimme war kühl, und er fixierte Geissner so lange, ohne zu zwinkern, bis der Banker den Blick senkte. Dann wurde auch Panos laut: »Wer glaubt ihr Deutschen eigentlich, wer ihr seid? Ihr mischt euch ungefragt in fremde Angelegenheiten. Da ist es doch kein Wunder, dass euch alle hassen!«

»Zeig mir einfach das E-Werk«, erwiderte Geissner kalt.

»Gut, von mir aus. Mein Cousin kann in fünf Tagen mit dem Schlüssel hier sein.«

»In zwei Tagen bin ich gefeuert! Ich kann keine fünf Tage warten!«, schrie Geissner hysterisch.

Hunde, die bellen, beißen nicht, erinnerte sich Panos eines alten griechischen Sprichworts. Oder hatte er es in Deutschland zum ersten Mal gehört? Egal. Jedenfalls fand er wieder zu seiner natürlichen Ruhe. »Das ist nicht mein Problem.«

»Oh doch. Das ist euer aller Problem! Denn wenn ihr mir nicht in den nächsten zwei Tagen beweist, dass ihr ein funktionierendes Elektrizitätswerk habt, dann werde ich angeben, dass ihr keines habt, und dann seid ihr fällig. Ich glaube, die Chancen stehen sehr gut, dass ich richtigliege.«

Panos packte Geissner unsanft am Arm, zerrte ihn Richtung Ausgang und schubste ihn vor die Tür. Geissner – bereit zur Verteidigung – hob wie ein Boxer die Fäuste hoch und tänzelte hektisch auf der Stelle herum.

Doch Panos blickte ihn nur ungläubig an. »Ich will mich nicht mit dir schlagen, du Idiot! Ich will dir was zeigen! Steig auf.«

Auf der Fahrt versuchte Geissner hartnäckig, die Distanz zu Panos aufrechtzuerhalten. Allerdings schien es auf dieser gottverdammten Insel nur unbefestigte Schotterpisten zu geben, und immer wieder musste Jörg sich an Panos festklammern. Denn um Schlaglöchern, Steinen und ausgewaschenen Rinnen auszuweichen, fuhr der Grieche in unvorhersehbaren Haken die Straße entlang, und Geissner drohte mehrfach vom Sozius zu kippen. Außerdem fuhr der Betrüger viel zu schnell für diese Straßenverhältnisse, wenn man überhaupt von Straßen sprechen wollte. Er müsse so schnell fahren, hatte Panos ihm erklärt, damit der Staub, den sie aufwirbelten, sie nicht einhole. Tatsächlich verfolgte sie eine gigantische ockerfarbene Wolke, mit der es Geissner nicht aus der Nähe zu tun haben wollte.

Das wohlige Kribbeln im Bauch verschwieg er Panos. Niemals würde er zugeben, wie sehr er sich freute, noch einmal auf dem Motorrad über die Insel fahren zu können, noch einmal durch das silbrige Laub der Oliven auf das tiefblaue Meer schauen zu können – besonders nachdem er sich innerlich schon verabschiedet hatte. Auch wenn er hier auf sich alleine gestellt war und ihm alle den Buckel runterrutschen konnten, hieß das noch lange nicht, dass er die Extratage nicht wenigstens im Rahmen der Möglichkeiten genießen konnte. Warum sollte er sich das Leben versauern lassen?

Am Rande eines Weges stoppte Panos die Maschine. Damit die Staubwolke vorbeifliegen konnte, ohne bei ihm unausweichlich einen Hustenanfall zu provozieren, hielt Geissner die Luft an, bis sie der Wind vorbeigetrieben hatte. Dann sah er sich um. Sie standen inmitten uralter Olivenbäume. Geissner hatte keine Ahnung, wie alt so ein Baum werden musste, um so urig und knorrig auszusehen – wieder und wieder in sich selbst verdreht, fast wie Stein und meterdick. Fünfhundert Jahre? Vielleicht tausend? Unterhalb des Weges erkannte Geissner den Strand, an dem er am Tag seiner Ankunft Eleni zum ersten Mal gesehen hatte. Geissner seufzte leise. Es fiel ihm schwer zu glauben, dass sie das alles gespielt hatte, nur um ihn zu ködern …

Von ihrer Position aus oberhalb des Strandes konnte Jörg die Überreste eines kleinen antiken Amphitheaters erkennen, dessen Steinstufen in den Hang gearbeitet waren und sich so der natürlichen Form des Berges anpassten.

»Komm mal mit.« Panos schritt voran.

Geissner folgte staunend. Er konnte die Griechen beim besten Willen nicht verstehen. Dieser antike Schatz gammelte hier einfach so rum. Wie konnte man nur? Nicht mal ein Schild war aufgestellt worden. Immerhin stand hier einfach mal so ein geschätzt zweieinhalbtausend Jahre altes Amphitheater, in dem jeder Depp rumlaufen konnte, wie er wollte. So wie jetzt Panos und er. Geissner entdeckte sogar Teile von Säulen, die ungeschützt im Gras lagen, halb eingewachsen. In Deutschland hätte man längst ein Dach errichtet, einen Stacheldrahtzaun drumherum gezogen und Wachpersonal beauftragt, damit die Jugendlichen hier nachts keine Gelage abhalten konnten. Man würde Eintritt verlangen, um weitere Ausgrabungen finanzieren und die Substanz erhalten zu können. Unten auf der Bühnenfläche würde man im Sommer klassische Konzerte veranstalten, auf gar keinen Fall etwas mit elektrischer Verstärkung. Kurz: Man hätte Verantwortung übernommen. Und was machten die Griechen? Nichts – außer Oliven wachsen lassen. Aber wehe, irgend so ein deutscher Archäologe würde das hier retten wollen, dachte Geissner, dann wäre das griechische Geschrei groß, und auf einmal würden sie den Wert des Reliktes erkennen, ihn maßlos in die Höhe treiben und nichts davon hergeben wollen.

Panos erwartete ihn auf einem der Ränge des Theaters. Man hatte von hier oben wirklich eine großartige Aussicht, nicht nur über die ehemalige, jetzt zugewachsene Bühne, sondern auch über den Strand und den felsigen Küstenverlauf. Genau deshalb hatte ihn Panos wohl auch hierhergebracht, denn er zeigte aufs Meer. Dort trieben in einiger Entfernung zwei große Fischerboote und ein knallgelbes ehemaliges Polizeiboot.

»Dahinten bei den Schiffen siehst du zwei gelbe Bojen.«

Tatsache. Geissner kniff die Augen zusammen und konnte mit Mühe rechts von den Schiffen in Küstennähe zwei kleine Bojen erkennen. »Ja, und?« Er hatte sich fest vorgenommen, sich auch weiterhin nicht einlullen zu lassen, obwohl seine Wut schon etwas verflogen war und er sich anstrengen musste, den kleinen Vulkan am Brodeln zu halten. Denn das alles hier war einfach zu schön.

Panos gab Geissner sein Fernglas. »Wenn du weiter rechts schaust, siehst du zwei Strommasten am Ufer. Dort kommt das Seekabel aus dem Wasser – und das ist stillgelegt!« Panos sah ihn triumphierend an.

»Aha.« Geissner war völlig unbeeindruckt. »Und genau

das würde ich jetzt gerne sehen. Aus der Nähe, wenn ich bitten darf, nicht aus drei Kilometern Entfernung.«

»Ja, ja. Ist gut. Ich kann mal fragen, ob wir morgen das Motorboot von Spyros haben können.« Panos deutete gelangweilt auf das in die Jahre gekommene gelbe Boot im Meer. »Man kann leider nicht hinlaufen …«

»Nein! Natürlich nicht!« Geissner wurde laut, fast so wie es sein Chef in so einer Situation geworden wäre. »Man kann nicht hinlaufen! Das wäre ja alles viel zu einfach!«

Noch im gleichen Moment tat ihm sein Ausbruch leid. Offenbar konnten die Griechen mit Hierarchie und Aggressionen nicht umgehen. Panos wirkte wie ein Kind, mit dem völlig ungerechtfertigt geschimpft worden war, was wiederum bei Geissner seine Wirkung nicht verfehlte. »Na gut«, sagte er versöhnlich. »Mit dem Boot also.«

Eine dumpfe Explosion ließ ihn zusammenzucken. Er duckte sich instinktiv hinter eine der Stufen des Amphitheaters und schaute nervös aufs Meer hinaus. Über einem der Fischerboote stieg eine imposante weiße Rauchwolke auf.

Panos nahm schnell das Fernglas an die Augen. »Schau dir das an!«, rief er enthusiastisch. »Spyros ist wirklich ein Teufelskerl! Das ist unsere Zukunft!«

Er hielt Geissner das Fernglas hin, damit auch er durchschauen und sehen konnte, wie das eine der schätzungsweise fünfzehn Meter langen Fischerboote sich zur Seite neigte und schäumend im Meer versank. Vom Begleitboot winkten zwei Gestalten herüber. Geissner erkannte Spyros und einen der Alten aus der Lyra. Er verstand überhaupt nichts mehr.

»Das wird ein Paradies für Fische und für Taucher. Wir bauen ein künstliches Riff!«, rief Panos weiterhin begeistert und winkte, auf der Stelle hüpfend, in Richtung des alten, gelben Bootes.

»Ein künstliches Riff?« Was sollte *der* Scheiß? Geissner

vermutete für einen Augenblick eine weitere Finte. Doch als das Boot endgültig im Meer versunken war und nur noch ein leicht schimmernder Fleck auf der Wasseroberfläche verriet, dass hier vor Kurzem etwas geschwommen war, besann er sich. Er traute den Herrschaften hier viel Schwachsinn zu, aber dass sie Schiffe versenkten, nur um ihm irgendwas vorzumachen, das glaubte er dann doch nicht. Verwirrt, aber auch etwas neugierig wandte er sich an seinen hysterischen Begleiter. »Ja, aber …«, er suchte nach den richtigen Worten. »Das waren doch gute Schiffe. Die hätte man doch noch brauchen können.«

»Genau das wollen wir aber nicht mehr.« Panos war wirklich Feuer und Flamme. »Das sind Schleppnetzboote. Die nehmen alles mit, was auf dem Meeresgrund lebt: Fische, Muscheln, Korallen. Da wird einfach alles durchgepflügt, nichts wächst mehr. Verstehst du? Damit ist jetzt Schluss. Als künstliches Riff bieten sie in Zukunft Heimat für Fische, Pflanzen und Korallen.«

Geissner blickte Panos verblüfft an. Umweltbewusstsein?! Panos?! »Das ist ja sehr ambitioniert, dass ihr hier was für eure Zukunft tun wollt«, sagte er. »Aber wenn, dann bitte mit ein bisschen Logik. Was soll das denn für eine Rechnung sein?« Wenn es ums Rechnen ging, fühlte sich Geissner immer überlegen, jedem gegenüber. »Ihr versenkt ein Boot für geschätzte zweihunderttausend Euro, damit hier in zehn Jahren vielleicht ein paar Korallen wachsen?!?«

Panos verzog wütend das Gesicht. »Du bist eben auch nur einer von denen. Euch interessiert nur der Gewinn. Immer nur Rendite, Rendite! Und was in zehn Jahren ist, ist euch scheißegal! Was wir hier machen, nennt ihr Bankmenschen ›Sanfter Tourismus‹. Ich aber würde sagen, wir versuchen zu retten, was ihr mit eurem Kapitalismus kaputt gemacht habt!«

Geissner sah den Griechen bedröppelt an. KAWUMM! Im Hintergrund krachte es ein zweites Mal. Jörg warf den Kopf herum und sah eben noch, wie Teile der Kajüte des zweiten Bootes aus einer weißen Rauchwolke heraus- und durch die Luft flogen. Sie platschten hart auf die Wasseroberfläche. Panos begann wieder, hysterisch zu hüpfen, zu rufen und zu winken. Geissner schüttelte den Kopf und atmete stoßweise aus. Das zweite Schleppnetzboot neigte sich langsam zur Seite.

34

Am späteren Nachmittag saßen Panos und Spyros in der Taverne unter der großen Platane bei einem Kaffee und die zwei Alten Barba Ilias und Barba Stavros wie immer auf ihrer Hausbank. Die vier unterhielten sich erhitzt über die zwischen ihnen stehenden Tische hinweg.

»Warum versprichst du, ihm das Seekabel zu zeigen?«, fragte Stavros. »Wie soll das gehen? Der sieht doch sofort, dass das in Betrieb ist!« In seiner Hand schüttelte er die klackernden Tavliwürfel, doch er führte den Wurf nicht aus, dazu war die Unterhaltung zu hitzig.

»Was sollte ich sonst machen?!«, fragte Panos beleidigt. »Sollte ich ihm vielleicht sagen, dass er es nicht sehen darf?!« Er gab dem schwarzen Dorfhund, der ihm zu nahe gekommen war, einen Tritt. Er mochte es nicht, wenn die Hunde bettelten, und es war auch keine Touristin in Sichtweite, die sich daran hätte stören können. »Aber ich weiß schon, wie wir das hinkriegen!«, fügte er verschwörerisch hinzu.

»Sprich«, forderte Spyros und erhob respektvoll, aber klar abwehrend seine Hand in Richtung der Alten, die schon wieder einen Einwand auf den Lippen hatten. Diese Situation verlangte nach schnellem Handeln, wusste der Bürgermeister, und ihm gegenüber saß sein bester Mann. Also erteilte er ihm das Wort.

»Wenn ich morgen mit ihm das Seekabel besichtige, wird dort kein Strom fließen! Wir werden es einfach abschalten.« Wäre Panos ein Indianer gewesen, er hätte ein »Hugh« oder »How, ich habe gesprochen« hinzugefügt. »Entschuldigung? Abschalten?« Spyros zweifelte bereits wieder an der Sache mit dem besten Mann. »Die Leitungen werden zentral in Saloniki gesteuert. Das ist dir schon klar?«

»Hört euch den Jungen an!«, sagte Barba Stavros laut und hob Blick und Hände Hilfe suchend zum Himmel. »Du kannst in der Bucht nicht so einfach ankern.«

»Wenn du das Kabel triffst, bist du tot!«, warnte Barba Ilias.

Panos rollte genervt mit den Augen. »Hört erst mal zu! Bevor ich anker, schließt ihr natürlich an Land die Leitung kurz!«

Spyros war bei dem Gedanken gar nicht wohl. »Wie soll das gehen?«

»Und das will unser Bürgermeister sein«, warf Barba Stavros verächtlich ein.

»Mit einem Drahtseil natürlich, das man über die Leitungen wirft!«, ergänzte Barba Ilias. »Zack, bumm, aus!«

»Genau, wir haben nicht viel Zeit!«, sagte Panos dramatisch, und es klang wie aus einem schlechten Sechzigerjahrethriller. Geigenmusik wäre passend gewesen. »Passt auf! Ihr versteckt euch an Land bei den Strommasten und wartet auf mich und den Deutschen. Wenn wir mit dem Boot ankommen, sing ich ein Lied. Sobald ihr das hört, müsst ihr einfach das Drahtseil über die Leitung werfen. Wenn ihr den Kurzschluss ausgelöst habt, gebt ihr mir ein unauffälliges Zeichen, damit ich weiß, dass ich gefahrlos den Anker werfen kann.«

»Ein Zeichen?« Spyros schien der ganze Plan noch immer nicht geheuer, aber er wollte nicht als Schwächling dastehen. »Wie wär's damit?« Er imitierte den Klang eines Delfins. Panos und die Alten blickten einander entgeistert an.

»Ein Delfin?« Panos sah seinen Freund an, als hätte er es mit einem komplett Schwachsinnigen zu tun. »Du bist an Land. Delfine leben im Wasser.«

»Stimmt. Dann mach ich eben einen Bussard.«

Er imitierte den Schrei eines Bussards.

»Geht doch.« Panos und die zwei Alten waren zufrieden.

In der Ferne hallte das Echo des Bussardschreis von den malerischen Bergen der schönen Kykladeninsel wider, kurz darauf meldete sich ein Esel.

Maria stand mit ernster Miene hinter der Rezeption, als Jörg gedankenverloren das Hotel betrat.

Sie schien etwas auf dem Herzen zu haben. »Sie bleiben noch länger, Herr Geissner?«

»Ja, bitte entschuldigen Sie, dass ich vorhin einfach an Ihnen vorbeigestürmt bin«, erklärte er. »Ich habe mich entschieden, meinen Aufenthalt noch um ein paar Tage zu verlängern.«

»Gut. Kein Problem.« Maria fiel es schwer, auf ihr eigentliches Anliegen zu sprechen zu kommen. »Entschuldigen Sie, eines noch, darf ich Sie etwas fragen?« Geissner, der schon in Richtung der Treppe gegangen war, drehte sich wieder zu ihr und machte eine einladende Geste.

»Es ist mir sehr unangenehm«, druckste sie, »aber ich hätte ein Anliegen … In letzter Zeit bleiben uns die Gäste ein wenig aus …«

»Ach so. Verstehe.« Geissner wollte die Sache abkürzen. »Soll ich wieder im Voraus bezahlen?«

»Äh, nein, also …« Maria gab sich endlich einen Ruck. »Sie arbeiten doch bei einer Bank, und da wollte ich Sie fragen, ob Sie vielleicht Interesse haben, mir etwas Gold abzukaufen?« Sie öffnete die Schublade unter dem Tresen und holte eine mit blauem Samt bezogene Schatulle mit goldenem Rand hervor. Vorsichtig klappte sie das Kästchen auf. Drinnen steckten zwei goldene Eheringe, ebenfalls auf blauem Samt. Auf der Innenseite des Deckels, der mit weißer Kunstseide verkleidet war, klebte ein schwarz-weißes Hochzeitsfoto. Das Hochzeitspaar stand vor dem Kirchlein, das Geissner am ersten Tag wegen seines goldüberbordenden Altars aufgefallen war. Der Mann sah stolz aus in seinem einfachen schwarzen Anzug, dessen Beine ihm ein klein wenig zu kurz waren. Die Braut war sehr hübsch und strahlte ganz in Weiß. Geissner sah es auf den ersten Blick, so frappierend war die Ähnlichkeit – es war Marias Mutter.

Marias Gesicht spiegelte ihre Emotionen, als sie die schön gearbeiteten Schmuckstücke aus der Schatulle in ihre Hand kippte und sie Geissner hinhielt. Er schaute die Ringe an. Natürlich wäre das die Gelegenheit für ein kleines Schnäppchen zwischendurch, das wusste er, dazu musste er kein Banker sein. Vermutlich waren die Ringe aus 833er oder 916er Gold, wogen vielleicht neun Gramm. Ein Gramm reines Gold kostete momentan ungefähr dreißig Euro, beide Ringe waren also etwas über zweihundert Euro wert.

Geissner sah mitfühlend in Marias Gesicht. »Das ist doch viel zu persönlich. Bitte behalten Sie die Ringe.«

Maria nickte und schloss ihre Hand wieder. Sie wirkte erleichtert und beschämt zugleich.

»Aber wenn es in Ordnung ist, würde ich schon mal mein Zimmer für heute Nacht bezahlen«, sagte Geissner und legte ihr dreißig Euro auf den Tresen. »Ich fühle mich hier sehr wohl, Maria. Ich danke Ihnen für Ihre Gastfreundschaft. Gute Nacht.«

Der deutsche Gast lächelte ihr freundlich zu und ging die Treppe hoch, Maria blieb zurück. Sie setzte sich erschöpft auf den Barhocker hinter der Empfangstheke und schaute auf die Ringe in ihrer Hand. Die ganze Zeit hatte sie mit den Tränen gekämpft, und jetzt, da sie alleine war, ließ sie sie stumm laufen. Vorsichtig und zitternd bettete sie die Ringe zurück in das Kästchen.

35 Am nächsten Nachmittag war Geissner also mit Panos zu einer Bootsfahrt verabredet, die beweisen sollte, dass das Seekabel keinen Strom führte. Das war bei Weitem das Blödeste, zu was Jörg sich jemals hatte überreden lassen. Aber aus der Nummer kam er nicht mehr raus.

Er hatte in Gesellschaft von Maria und Dimitris gefrühstückt und war dann noch mal zum Strand gelaufen, leider ohne Eleni dort zu treffen. Später war er im Hafencafé gewesen, hatte eine Kleinigkeit zu Mittag gegessen und ausführlich die *Frankfurter Rundschau* gelesen, die er zu seiner Überraschung in Panos' Minimarkt gefunden hatte. Als er jetzt um kurz vor drei aus seinem Zimmer auf den Balkon trat, um zu schauen, ob der Grieche bereits wie verabredet am gelben Motorboot auf ihn wartete, sah er, dass allerhand Leute um die frisch renovierten Holzboote herumstanden. Einige hatte er bereits kennengelernt: Doktor Yannis zum Beispiel, Maria und Dimitris, die zwei Alten Barba Ilias und Barba Stavros und natürlich Spyros. Widerwillig musste Jörg lächeln. Sein Herz schlug einen kleinen Extrasalto, als er Eleni in der Menge entdeckte.

Eines der Boote, sehr hübsch in Blau und Gelb lackiert, stand zum Wassern bereit auf einem Anhänger auf der Betonrampe. Panos saß am Steuer eines antiken Traktors, der davorgespannt war. Der Platz um die Boote herum war geschmückt. Ein wenig armselig, aber liebevoll. Jemand hatte Wimpel an einer Schnur befestigt und diese zwischen den rostigen Laternenmasten und den Häusern gespannt.

Spyros stand feierlich vor der Szenerie und schien gerade am Ende einer kleinen Rede angelangt zu sein. Mit viel

Pathos und feuchten Augen schmetterte er die Worte über den Platz: »Diesmal haben wir gearbeitet, um unabhängig zu sein. Denn, so sagte schon Platon: ›Glücklich sind die Menschen, wenn sie haben, was gut für sie ist.‹«

Geissner verstand natürlich wieder nichts von der griechischen Ansprache, aber die Feierlichkeit des Momentes war auch für ihn greifbar. Er sah, wie Spyros wichtigtuerisch seinen Sohn zu sich winkte und ihm bedeutete, die Weinflasche zu bringen, die für die Bootstaufe auserwählt worden war. Eifrig reichte der Junge sie ihm. Spyros schenkte ein Glas ein und schüttete es feierlich über den Bug des Bootes. »Wir taufen dich auf den Namen *Elpida*, Hoffnung.« Ein weiteres Glas kippte er als symbolische Opfergabe ins Meer. »Auf dass alle deine Fahrten gesegnet sein mögen.«

Das war das Zeichen für Panos, den Traktor anzulassen. Der Auspuff, der – gottlob – nach oben ragte, stieß schwarze Rußwolken aus. Panos prügelte den Rückwärtsgang rein und fuhr ruckend an. Dimitris stand knietief im Wasser, um seinen Vater einzuweisen, doch wie immer fühlte sich Panos nur gestört und scheuchte ihn aus dem Weg. Dabei kam er mit einem Reifen des Anhängers von der Rampe ab, und der Traktor neigte sich gefährlich zur Seite. Schließlich aber hatte das *kaíki* genug Wasser unter dem Kiel, und alle, die gekommen waren, applaudierten herzlich.

Dimitris zog sich in Richtung des Minimarktes zurück. Er war es seit frühester Kindheit gewohnt, dass er von seinem Vater nicht ernst genommen wurde. Wenigstens seine Mutter hatte erkannt, dass ein Kind auch Freude bereiten konnte, und ihn so behandelt, wie eine Mutter ihr Kind eben behandeln sollte – liebevoll. Nur musste er bei ihr immer darauf bedacht sein, keinesfalls an seinen Vater zu erinnern. Am besten war es, er erwähnte ihn nicht und erinnerte weder in

Gestik noch Mimik an ihn. Sich daran zu halten hatte er früh gelernt. Viel schwieriger war es aber, auch nicht wie Panos auszusehen. Denn schon als er noch ein Baby gewesen war, hatten alle im Ort gesagt, wie sehr er doch seinem Vater ähnelte. Besonders wenn er lächelte. Also hatte er sich nach der Trennung seiner Eltern auch das Lächeln abgewöhnt, und seine Mutter war meistens zufrieden mit ihm.

Gerne trat er als Verbündeter seiner Mutter im Kampf gegen die Widrigkeiten des Alltags auf, zu denen auch Panos zählte. Dass sein Vater, wie Maria gerne sagte, »emotional unbegabt« war und ungerne Verantwortung übernahm, war ein altes Lied, und Dimitris hatte sich auch damit abgefunden. Nur manchmal gestand er sich ein, dass er seinen Vater insgeheim sehr bewunderte. Instinktiv suchte er die Nähe zu ihm. Er wünschte sich, ihm mal im Laden zu helfen, die Lieferungen einzusortieren, mit ihm Besorgungen zu machen oder sein Motorrad zu waschen. Doch Dimitris durfte nur zum Einkaufen den Minimarkt betreten. Alles andere hatte ihm Panos verboten. Früher, als er noch kleiner gewesen war, hatte er sich Comichefte im Laden ausleihen dürfen, die er, wenn er sie ausgelesen hatte, unverknickt hatte zurücklegen müssen. Zweimal hatte er sich sogar ein Eis nehmen dürfen, einfach so, ohne zu zahlen. Auch wenn sein Vater ihn heute als zu alt für Comics und Eis ansah, fand Dimitris ihn ziemlich cool, vor allem wenn es um Frauen ging. Charmant sein, aber doch unverbindlich, zärtlich, aber doch männlich, lustig, aber doch ernsthaft. Die Frauen liebten diese kleinen Widersprüche, und Dimitris wollte später genauso werden. Seine Mutter sah das natürlich anders und warnte ihren Sohn immer wieder, seinem Vater auf irgendeine Art nachzueifern.

Jetzt lungerte er vor dem Laden rum. Er stand vor der großen »*Back to nature*«-Werbetafel, die Paladiki als das Galapagos des Mittelmeers anpries, und warf zum Zeitvertreib einen Tennisball immer wieder gegen das Werbeplakat.

Ohne ihn eines Blickes zu würdigen, kam Panos auf ihn zu und lief an ihm vorbei. Er war auf dem Weg zum Hafen. Bestimmt würde er ihm gleich verbieten, den Tennisball weiter gegen die Tafel zu werfen, dachte Dimitris und tat so, als würde er seinen Vater nicht bemerken.

Doch der hatte anderes im Sinn. Im Vorübergehen rief er ihm eine kurze Anweisung zu: »Ich muss kurz weg. Pass du solange auf den Laden auf.«

Dimitris wusste erst nicht, wie ihm geschah. Fassungslos starrte er seinem Vater hinterher. Langsam breitete sich ein Grinsen auf seinem Gesicht aus. Heute war sein Glückstag. Seine Enttäuschung von vorhin war vergessen, und er hob triumphierend die Arme. Wie Rocky Balboa stolzierte er in den Minimarkt, setzte sich an den Tisch hinter die Kasse und war ein glückliches Kind.

Geissner trat vor das Hotel. Es war ein perfekter Tag für eine Bootsfahrt. Er hatte seinen grauen Anzug angelegt und dazu die türkisfarbene Krawatte gewählt. Das ehemalige Polizeiboot dümpelte glucksend an der Mole.

Panos war bereits an Bord und bereitete die Fahrt vor, als Jörg an den gelben Kahn herantrat und schockiert auf das starrte, was er von Weitem für ein ordentliches Gefährt gehalten hatte. Aus der Nähe wirkte es heruntergekommen und alles andere als seetauglich. Hinzu kam, dass die gesamten Sprengutensilien vom Vortag an Deck lagen: Kabel, Sprengdynamo und in einer offenen Kiste ein halbes Dutzend Dynamitstangen!

Panos reichte ihm die Hand, um ihm an Bord zu helfen, doch er wich zurück und schaute blass in das Gesicht des Griechen. Panos verstand und nahm widerstrebend seine brennende Zigarette aus dem Mund und warf sie ins Wasser. »Mach dich locker, Giorgio. Komm schon.«

Wieder reichte er ihm die Hand, und umständlich kletterte Geissner an Bord. Einige Zeit später – Panos hatte noch eine Pumpe aus dem Minimarkt holen müssen, da sich im Rumpf des Bootes allerhand Wasser angesammelt hatte, dann hatte er festgestellt, dass der Tank leer war, und noch Diesel herangeschafft, und schließlich hatte er noch den Schlüssel suchen müssen – tuckerte das Motorboot, von Möwen umkreist, aus dem Hafen und langsam an der malerischen Felsenküste entlang. Geissner war froh, dass das Meer heute ruhig war und das Boot kaum schaukelte. Wasser war eben nicht sein Element, das war nicht zu leugnen. Aber so konnte er wenigstens so tun, als wäre er Herr der Lage. Gefahrenzulage müsste es eigentlich hierfür geben, dachte er und starrte vom Bug aus seitlich auf das vorbeiziehende Ufer. Den Blick aufs offene Meer hinaus vermied er konsequent. Auch einen Blickkontakt mit Panos versuchte er zu umgehen, was nicht leicht war, denn der saß am Heck, hatte das Steuerruder in der Hand und blickte die ganze Zeit nach vorn an Jörg vorbei.

Panos navigierte an einer gigantischen Felsenklippe entlang, als Geissner das Klicken seines Zippo-Feuerzeugs hörte. Entsetzt drehte er sich um. Panos zündete sich tatsächlich eine neue Zigarette an. Doch wohl nur, um ihn zu ärgern! Er starrte auf die Kiste mit den Dynamitstangen, auf der Panos saß. »Das machst du mit Absicht, oder?! Mach jetzt sofort die Zigarette aus!« Geissner versuchte, die Hysterie in seiner Stimme zu unterdrücken.

Der Grieche wirkte unbeeindruckt. »Zieh du lieber deine Krawatte aus.«

»Was hat das bitte sehr mit der Krawatte zu tun? Die ist nicht gefährlich! Die bringt uns nicht um!«

»Mich vielleicht schon.« Panos bot Geissner grinsend eine Zigarette an. »Willst du auch eine?«

»Mach das Ding aus! Das ist nicht lustig!« Geissner war es mittlerweile egal, ob oder wie hysterisch er klang. Es ging in seinen Augen tatsächlich um Leben und Tod. Wenn Panos die Gefahr weglächeln wollte, bitte, aber nicht, solange er mit ihm alleine auf diesem Seelenverkäufer, der noch dazu bis oben hin mit Dynamit bepackt war, irgendwo durch die Ägäis schipperte.

36 Spyros und die zwei Alten hatten es sich im hohen Gras gemütlich gemacht. Panos hatte ihnen durch die Verzögerungen bei der Abfahrt genug Vorsprung gelassen, sodass sie von einem benachbarten Strand aus an die Stelle hatten rudern können, an der das Seekabel an Land führte. Sie hatten ihr kleines Boot, das die beiden Alten normalerweise nutzten, um darin von der Mole zu ihrem *kaíki* und wieder zurück zu fahren, zwischen ein paar Felsen an dem kleinen Kiesstrand versteckt. Ein riesiges Schild in der Mitte des Strandes zeigte einen rot durchgestrichenen schwarzen Anker. Stilisierte Hochspannungsblitze machten zusätzlich auf die Lebensgefahr aufmerksam. Der Mast, an dem dieses Schild angebracht war, war auch gleichzeitig der erste Strommast, denn ab hier führte das Hochspannungskabel über Land von Holzmast zu Holzmast bis zu dem kleinen, mit Maschendraht umzäunten Umspannungswerk, das man Geissner absichtlich nicht gezeigt hatte.

Sie warteten am dritten Mast, der bereits weit genug den steilen Berg hinauf und ebenso weit vom Meer entfernt stand, dass die drei Griechen hier nicht Gefahr liefen, von Geissner entdeckt zu werden. Sie lagen gemütlich im trockenen Gras unter der Hochspannungsleitung und warteten. Barba Ilias und Barba Stavros hatten ihr Tavlispiel dabei. Um sich die Wartezeit zu versüßen, gab es außerdem etwas Brot, Wein, Ziegenkäse und Oliven. Spyros hatte gerade den Mund voll, als er den Zeigefinger hob und mit dem Kauen aufhörte. Die beiden Alten unterbrachen ihr Spiel, damit auch die Würfel und Spielsteine Ruhe gaben. Alle drei lauschten. Neben dem Summen der zahlreichen Bienen und

Käfer, dem Zirpen der Zikaden, dem Rauschen des Meeres und dem Säuseln des Windes in den langen Nadeln der Pinien war das leise Tuckern eines Bootes zu hören. Die drei sprangen auf.

Panos stellte den Motor ab. Die Ruhe nach dem permanenten Motorengeräusch war überwältigend, die Szenerie grandios. Das Wasser war so klar, dass man selbst hier, noch fünfzehn Meter vom Ufer entfernt, wo das Wasser fast ebenso tief war, jeden Stein, jede Pflanze und jedes Tier im tiefblauen Wasser erkennen konnte. Je flacher das Wasser zum Ufer hin wurde, umso heller das Blau, bis es aus eigener Kraft türkis zu leuchten schien. Die seichten Wellen schaukelten das Boot sanft und entlockten dessen Rumpf gelegentlich ein einladendes Glucksen.

Panos deutete bockig auf den Strommast mit dem Verbotsschild. »So, bitte sehr. Da hast du dein Seekabel.«

Geissner schüttelte den Kopf und holte Luft, um etwas zu sagen, überlegte es sich aber anders und ließ die Luft in einem Seufzer wieder aus. Zu sinnlos schien ihm das ganze Unterfangen auf einmal.

»Seit acht Jahren stillgelegt!«, ergänzte Panos.

Geissner holte erneut Luft und wählte einen versöhnlichen Ton: »Komm, lass uns umkehren. Du weißt genauso gut wie ich, dass da Strom durchfließt.«

»Es gibt keinen Strom in dem Seekabel!«

»Jetzt hör doch auf damit.«

»Wirst schon sehen! Los! Wirf den Anker!« Panos lehnte sich demonstrativ zurück und ließ Geissner resigniert auf das große Ankern-verboten-Schild schauen. Dann fiel ihm das Signal ein. Oups, er hatte ja mit Spyros und den Alten verabredet, dass er laut singen würde. Ruckartig sprang er auf. »Momentchen noch!«

Geissner riss erstaunt die Augen auf, als Panos laut und inbrünstig zu singen begann. Es klang, als wollte er das Meer beschwören. Seine Stimme war tief und rauchig und klang ein bisschen wie Tom Waits. Die Melodie hatte was Orientalisches. Hätte er den Liedtext verstanden, Geissner wäre noch verblüffter gewesen.

Panos hatte vergessen, sich vorher ein Lied zurechtzulegen. Im Eifer war ihm nur ein Liebeslied eingefallen, das er gerne zum Einsatz brachte, um bereits weichgekochten Frauen die letzte Hemmschwelle zu nehmen.

>*Péi kairós pou imaste choria,*
ki egó edó sti monaxiá,
ècho elpides na girisis,
sti matomeni mou kardiá ...«

Oben am Hang stand Spyros. Bereit wie der Tiger zum Sprung. Konzentriert sah er zu der Stromleitung hoch, als der Wind leise die Klänge von Panos' Lied zu ihnen wehte. Verzückt lauschte er der Melodie.

>... Zeit vergangen, seitdem wir getrennt sind
und ich hier in der Einsamkeit
habe Hoffnungen, dass du zurückkehrst
zu meinem blutenden Herzen.«

»Das ist er!«, sagte Barba Ilias und holte Spyros abrupt aus seiner Verzauberung.

»Das hör ich selbst«, bemerkte der Bürgermeister und zog sich zitronengelbe Putzhandschuhe über. Eine gewisse Aufregung war ihm anzumerken. Geschäftig schob er die Alten beiseite. »Manchmal muss man sein Schicksal selbst in die Hand nehmen.« Er ergriff das bereitliegende Drahtseil und begann, es linkisch zu schwingen.

»Die Spielräume sind verloren gegangen«, sang Panos.

»Und dich Verrückte interessiert es nicht,

da du im Kummer lachst,
bist du der Liebe Wunde.«

Spyros war noch nie ein Bewegungstalent gewesen. Feinmotorik täuschte er im Allgemeinen nur vor. Das war wohl auch der Grund, warum bei der ersten Umdrehung das Seil Barba Ilias ins Gesicht peitschte. Der Alte ging vor Schmerzen in die Knie und kauerte sich wimmernd auf den Boden. Vorsichtshalber ging auch Barba Stavros in Deckung, obwohl ihn sein Fuß mit der Metallplatte schmerzte. Doch jetzt war nicht die Zeit für Gefühlsduseleien oder gar für eine Entschuldigung, entschied Spyros. Er musste schnell seinen Auftrag erfüllen. Der erste Wurf ging daneben.

Auf dem Boot standen sich nun Panos und Geissner von Angesicht zu Angesicht gegenüber. Panos sang Jörg aus voller Kehle ins Gesicht. Wie bei einem Duell starrten sie sich in die Augen und hielten dem Blick des jeweils anderen stand.

»... echoun chathei ta perithória.
Ki esy den noiasessai trelli,
aphoú gelás sti stenachória,
eisai tou érota pligí.«

»Was soll die schwachsinnige Singerei?« Geissner fühlte sich persönlich angegriffen.

Panos beendete sein Lied. Deutlich entspannter setzte er sich wieder. »Man wird ja mal singen dürfen. Jetzt wirf den Anker ...« Da fiel ihm der vereinbarte Bussardschrei ein, den er noch abwarten musste.

»Ich werf doch den Anker nicht, wenn hier ein 30 000-V-Seekabel durchgeht.«

»Ihr Deutschen seid so überheblich. Glaubst du immer noch, ich lüg dich an?« Panos' Wut war noch nicht einmal gespielt. Er hatte sich die kindliche Fähigkeit bewahrt, sich dermaßen in ein Lügengebilde hineinzusteigern, dass er es selbst glaubte.

Spyros warf das Drahtseil erneut und traf die beiden Leitungen, die tatsächlich mitsamt dem Drahtseil begannen, prasselnd Funken zu sprühen.

»Ha!«, freute er sich. »Der Pfarrer segnet eben immer seinen eigenen Bart zuerst.« Doch anders als gedacht, schaltete sich der Strom nicht ab. Das Seil, das an den Kabeln baumelte, schlug einfach nur weiterhin Funken.

»Was ist los, wieso hört das nicht auf!?!«, wunderte sich Stavros, während Ilias versuchte, springend das Drahtseil zu erreichen, doch Spyros hielt ihn zurück. »Bist du komplett von allen guten Geistern verlassen?« Spyros zog wichtigtuerisch seine Gummihandschuhe straff, wie ein Bombenexperte in einem James-Bond-Film. »Da ist Starkstrom drauf!« Diese Alten waren naiver als Kinder, fand Spyros.

Er schob sie nochmals beiseite und sprang selbst nach dem Seilende, konnte es aber nicht erreichen. Erst als er auf einen Felsen stieg und von dort aus schräg zum Drahtseil sprang, erwischte er es. Die Gummihandschuhe griffen zu, doch deren Isolierung reichte offenbar nicht: Spyros' Muskeln verkrampften sich, sein Körper zuckte, doch er konnte seine Hand nicht vom Seil lösen. Nun begann das Drahtseil auch noch, mit Spyros langsam die Leitungen entlang bergab zu rutschen. Der Bürgermeister schrie wie ein Lamm am Spieß.

Panos hörte einen Schrei. »Ist das ein Bussard?«, fragte er.

»Woher soll ich das wissen?«

»Wenn ich's dir sage: Das ist ein Bussard!« Panos war außer sich vor Freude. Dass der Bussard mit dem Schreien gar nicht mehr aufhörte, beachtete er nicht weiter. »Jetzt wirf schon den Scheißanker!«, sagte er übermütig.

Geissner nahm zögerlich den Anker in die Hand. »Ich sag's dir, ich lass euch dermaßen auflaufen, wenn hier wirklich Strom drauf sein sollte.«

»Wirf doch, oder hast du Angst?«

»Ich hab keine Angst. Ich werd nämlich im Gegensatz zu dir befördert, wenn hier Strom drauf ist.«

»Bababab«, äffte ihn Panos nach. »Befördert, befördert. Dann wirf doch, du Feigling!«

»Gut, okay ... dann werfe ich jetzt.« Geissner warf jedoch noch immer nicht, sondern deutete die Bewegung nur an.

»Siehst du, du traust dich nicht! Gib ihn mir!«

Geissners Stolz war nun größer als seine Angst, also warf er den Anker im hohen Bogen über Bord. Dem Deutschen war seine Angst deutlich anzusehen. Mit großen Augen schaute er dem Anker hinterher, während der langsam auf den Grund sank.

Auch Panos rutschte jetzt das Herz ein wenig in die Hose. Nicht, dass er Spyros und den Alten nicht zugetraut hätte, ihre Aufgabe ordentlich zu erfüllen. Nur dass der Bussard nicht zu schreien aufhörte, verunsicherte ihn. Natürlich versuchte er, sich nichts anmerken zu lassen. Aber er hielt die Luft an und biss die Zähne zusammen. »Heilige Maria, Muttergottes ...«, sprach er ein leises Stoßgebet.

Geissner und Panos sahen gebannt dem Anker hinterher, der in immer tieferes Blau hinabsank.

Geissner riss den Kopf herum, als Spyros mit voller Wucht von hinten auf das Warnschild donnerte. Der Bürgermeister plumpste wie ein nasser Sack auf den Strand und blieb regungslos liegen. Über ihm funkte das Drahtseil fröhlich weiter.

Das war es also. Diese Griechen konnten nicht aufhören, ihn zum Narren zu halten. Geissner zog in Erwartung eines weiteren Unglücks vorsorglich seinen Kopf ein.

Auch Panos schaute besorgt zu seinem Freund hinüber und wirkte verkrampft. Die Sekunden vergingen, und alles blieb ruhig. Der Anker musste längst den Grund erreicht haben.

Erleichtert atmete er aus. »Siehst du! Sag ich doch: kein Problem.«

Die Alten kamen, so schnell sie konnten, den Berg hinuntergelaufen und kümmerten sich um den dampfenden Spyros. Wenigstens war er noch am Leben. Barba Ilias blickte besorgt hinauf zu dem funkenden Drahtseil und rief auf Griechisch zum Boot herüber. »Komisch! Da ist eigentlich gar kein Strom drauf!«

Mit einem dumpfen Knall brannten sämtliche Bordinstrumente durch. Geissners schlimmsten Befürchtungen waren Wirklichkeit geworden: Die Kette hatte anscheinend den Anker über den Grund gezogen, bis er sich im Seekabel verfangen hatte. Ein Kurzschluss setzte Ankerkette und Boot schlagartig unter Strom, sodass es an Bord in allen Ecken zischte und funkte. Selbst das Wasser um das Boot herum brodelte bedrohlich.

Auch Geissner und Panos hatte der Strom erreicht. Wenn auch bei Weitem nicht in der Dosis, die der noch immer dampfende Spyros abbekommen hatte. Doch genug, um unkontrollierbare Zuckungen auszulösen und das Sprachzentrum in Mitleidenschaft zu ziehen.

»Sch-sch-scheiße! Sch-scheiße!«, schrie Panos.

»Wir w-w-werden sterb-b-ben, du Idi-ii-idi-ioooot!«, schrie Geissner.

Kein Wunder, dass bei alldem Panos seine Kippe aus dem Mundwinkel fiel.

Nach unendlichen Sekunden hörten die Hochspannungsleitung und das Drahtseil, das immer noch darüberhing, auf, Funken zu schlagen, und es kehrte Ruhe ein. Die gleiche

Ruhe, die in der Seekabelbucht geherrscht hatte, bis vor wenigen Minuten das gelbe Boot hier eingetroffen war.

Panos und Geissner standen erschöpft, aber erleichtert an Deck und wagten es nicht, sich zu bewegen.

Zeitgleich fiel auf der ganzen schönen Insel Paladiki der Strom aus. Der Nachmittag war schon in den Abend übergegangen. Dimitris saß an der Kasse des Minimarkts und las das Zombie-Comicheft *Zorba the Ghoul*, als sich auf einmal das Licht und sämtliche Kühlgeräte und die Klimaanlage ausschalteten. Doktor Yannis schlief in einem Ruheraum der Klinik, Eleni desinfizierte das Operationsbesteck. Bei Vasilis im Hafencafé verstummten die *Dixie Chicks*, und Maria trat vor ihr Hotel, um zu sehen, ob auch die Außenbeleuchtung nicht mehr brannte.

Panos und Geissner wagten indes immer noch nicht, sich zu bewegen. Vorsichtig sahen sie sich um. Keine Funken, keine explodierenden Geräte mehr. Immerhin. Panos' Kippe rollte derweil unbemerkt über das Deck.

Panos fand als Erster die Worte wieder. »Siehst du!«, triumphierte er. »Was habe ich gesagt? Kein Str…«

Ein lautes Zischen ließ ihn verstummen. Die glühende Zigarette war an den Rand der Dynamitkiste gerollt und hatte eine der Zündschnüre entzündet.

37

Panos erstarrte, aber Geissner reagierte geistesgegenwärtig. Er war bestimmt kein Typ, der zum Helden taugte, und immer wenn es ihm an seinem Arbeitsplatz langweilig wurde und er Gefahrenszenarien in Gedanken durchspielte, ging es nur darum, wie er seine Haut retten konnte. Das mochte daran liegen, dass er sich mit Empathie schwertat. Britta fand das abnormal und hatte immer gesagt, das alleine sei schon ein Trennungsgrund. Er aber fand das nur natürlich und zitierte dann gerne seinen Leitspruch: »Wenn jeder sich selbst hilft, ist allen geholfen.«

Jetzt aber war alles anders. Ohne auch nur eine Sekunde zu überlegen, hechtete er zu Panos rüber und riss ihn mit sich über das Deck ins Wasser. Noch bevor sie wieder auftauchten, explodierte über ihnen die ganze Kiste voll Sprengstoff und machte dem altehrwürdigen Boot endgültig den Garaus. Rauchende und brennende Trümmer flogen durch die Luft und tauchten zischend ins Wasser. Spyros, der soeben wieder zu Sinnen gekommen war, kommentierte das Spektakel erstaunt mit der Beglückwünschung: »*Chronia Polla!*« – »Viele glückliche Jahre!«

Geissner strampelte unter Wasser. Später sollte es ihm vorkommen, als hätte er Minuten dort unten zugebracht. In Wirklichkeit konnten es lediglich Sekunden gewesen sein, in denen er zum ersten Mal in seinem Leben in eine – wenn auch spezielle – Unterwasserwelt abtauchte. Hier unten war es nach der Explosion vollkommen still. Wie in Trance nahm er seine Umwelt wahr. Er sah den wundersamen blausilbrigen Himmel über sich, den dunklen Schatten des Bootes, sah, wie einzelne orange und gelbe Feuerflecken den Spiegel des Wasserhimmels durchdrangen. Er sah, wie Trümmerteile um ihn herum einschlugen und vom Wasser gebremst wurden. Mit Rauch gefüllte weiße Blasen stiegen von den geschwärzten Teilen nach oben. Er sah Panos, der mit eleganten, kräftigen Zügen aus der Gefahrenzone tauchte. Und er sah, wie sich der verbliebene Rumpf des gelben Bootes, dessen Heck nicht mehr vorhanden war, gleichzeitig nach hinten und zur Seite neigte, um zu ihm in die Tiefe zu sinken.

Dann tauchte er auf. In einiger Entfernung entdeckte er Panos, der immer wieder mit dem Kopf unter Wasser verschwand. Offenbar suchte er nach ihm. Als Panos ihn nun unversehrt, aber orientierungslos an der Wasseroberfläche sah, begann er sofort, in seine Richtung zu schwimmen. Geissner registrierte, dass der Grieche ihm etwas zurief, sah Mundbewegungen, konnte aber nichts verstehen. Es dauerte einen Moment, bis ihm aufging, dass er überhaupt nichts mehr hörte. Lediglich ein monotones Pfeifen hatte sich in seinem Ohr eingenistet.

Panos hatte ihn erreicht und griff aufgeregt nach seinem Handgelenk. Jörg ließ es geschehen. Panos' Mund bewegte sich weiter. Seine Mimik sah seltsam aufgeregt aus. Geissners Hand wurde aus dem Wasser gehoben, und er staunte – sein kleiner Finger fehlte. Blut pulsierte aus der frischen Wunde. Er betrachtete ungläubig seine blutende Hand, während der Grieche ihn in Richtung des Ufers zog.

Jörg fühlte sich seltsam wohlig. Er lag schwerelos im Wasser, blickte in den tiefblauen Himmel, in dem hoch oben einige Möwen kreisten. Der unversehrte Bug des Kahns, auf dem er gerade noch gestanden hatte, versank senkrecht im Meer. Wie in Trance fiel sein Blick auf ein Stück Treibgut neben seinem Arm. Ein Finger trieb vorbei – sein Finger. Zum Vergleich hielt er seine rechte Hand über die Wasseroberfläche und schnappte zu.

Das Erste, was er hörte, als das Fiepen in seinem Ohr Minuten später nachließ, war der durchdringende Lärm eines hochtourig laufenden Außenborders. Geissner saß in einem winzigen Boot, das die beiden Alten aus einer verdeckten Ecke des Strandes gezogen hatten. Die vier Griechen um ihn herum waren alle von dem Ausflug gezeichnet und in heller Aufregung.

»Wie schrecklich! Das ist so schrecklich«, jammerte Barba Stavros.

Und Barba Ilias rief: »Beeilt euch! Beeilt euch!«

»Wie konnte das nur passieren?«, lallte Spyros.

Geissner verstand natürlich kein Wort, aber Spyros' fremdes Gebrabbel schien auch für seine Landsleute schwer verständlich. Er war sich nicht sicher, ob der Bürgermeister bei Sinnen war oder ob er sich noch immer in einer Parallelwelt befand. Jedenfalls war er neben ihm am stärksten von dem komplett misslungenen Täuschungsmanöver mitgenommen.

Jörg saß im Bug des Bootes und schaute sich die Hektik regungslos an. Er hatte sich der Situation ergeben und ließ den Wind sein Haar zerzausen. Das Einzige, was ihn noch leicht beunruhigte, war ihre Entfernung zur Küste und die wenigen Zentimeter zwischen Wasseroberfläche und Bordkante. Ganz entgegen dem, was der lärmende Motor vermuten ließ, dümpelte diese Nussschale mehr vor sich hin, als dass sie durchs Wasser flog. Der Außenborder schien vollkommen überlastet und drohte jede Sekunde seinen Geist aufzugeben. Dafür ruderte Panos mit aller Kraft, um dem Boot zusätzlichen Schub zu geben.

Barba Ilias rief erneut: »Schneller, schneller!«

Geissners rechte Hand – die mit dem fehlenden Finger – war provisorisch mit einem Stofftaschentuch verbunden, das an entsprechender Stelle bereits blutdurchtränkt war. In der anderen hielt er den abgetrennten Körperteil fest umklammert. Er öffnete langsam die Hand, um den Finger zu betrachten. Seltsam grau und wächsern sah er aus, irgendwie nicht zu ihm gehörend. Geissner schaute sich eine ganze Weile apathisch seinen ehemaligen Finger an. Dann blickte er Panos ins Gesicht. Der Grieche setzte zwei Ruderschläge aus. Unsicher lächelte er ihn an, um dann wild weiterzurudern.

»Das wird schon wieder, wirst sehen«, munterte Panos ihn auf und versuchte vergebens, Ruhe auszustrahlen. Dann schrie er noch auf Griechisch: »Kühlt den Scheißfinger!!!«, und es klang hysterisch für seine Verhältnisse.

»*Entaxi*«, sagte Barba Ilias. Er kletterte umständlich über den rudernden Panos und nahm Geissner den Finger aus der Hand. Beruhigend zwinkerte er ihm zu.

Auch Spyros, der noch ziemlich mitgenommen aussah, zeigte wieder Leben und holte unter seiner Bank eine kleine Kühlbox hervor. In dieser hatte er unter anderem eine Flasche Ouzo der Marke Plomari aufbewahrt, die er jetzt zuckend öffnete. Barba Ilias reichte ihm vorsichtig den Finger.

»Die ist zwar nicht richtig kalt, aber desinfiziert vielleicht«, sagte Spyros zuversichtlich. Entschlossen setzte er die Flasche an, trank einen kräftigen Schluck, nahm Barba Ilias den Finger aus der Hand und stopfte ihn mit etwas Mühe und Gewalt durch den Flaschenhals. Ein leises »Plopp!«, und der Finger schwamm im Ouzo. Spyros bestaunte einen Moment lang fasziniert die ungewöhnliche Flaschenpost, doch Barba Ilias entriss sie ihm und stellte sie zurück in die Kühlbox.

Geissner wurde zusehends blasser.

»Giorgio …« Panos' Stimme klang warnend. Geissner reagierte nicht. »Giorgio!«, rief Panos noch mal, zärtlich wie eine besorgte Mutter, die ihr Kind ruft.

Geissner blickte auf und sah ihn an. Sein Blick war ruhig

und freundlich. Panos lächelte erleichtert. »Du wirst sehen, Doktor Yannis ist ein guter Chirurg. Er wird deinen Finger wieder annähen. Wir sind bald an der Krankenstation.

Der Außenbordmotor heulte noch einmal auf, bevor er dampfend und gluckernd den Geist aufgab. Panos fluchte: »*Skata! Ante pniksou!* Das kann doch wohl nicht wahr sein!«

Ohne wertvolle Sekunden an den Motor zu verschwenden, lehnte er sich nur umso kräftiger in die Riemen. Das Boot schien sich tatsächlich mit unveränderter Geschwindigkeit durch das Wasser zu schieben. Hätten die Männer aber sehen können, wie klein sich ihr Boot vor der gewaltigen Kulisse der Steilküste ausmachte, wie langsam es an der Szenerie vorbeizog oder wie unendlich das offene Meer wirkte, sie hätten schier die Hoffnung aufgegeben. Doch das verbat sich. Jeder Ruderschlag von Panos brachte sie ein winziges Stückchen näher an den Hafen, und von dort war es nur ein fünfzehnminütiger Katzensprung bis zur Krankenstation.

In Paladiki-Ort dämmerte es bereits, und im Minimarkt war es wegen des Stromausfalls ziemlich finster. Dimitris tastete im Schein eines Feuerzeuges vergebens am Sicherungskasten herum. Er fand die Kerzen im Regal für Haushaltswaren, öffnete eine Packung mit Heiligenmotiven und zündete sie an. Im rötlichen Schein des Lichts bemerkte er, dass die Kühlregale und Gefriertruhen zu tauen begonnen hatten. Verzweifelt legte er Tücher und Lappen aus, um das tropfende Wasser aufzuhalten. In der Truhe mit dem Speiseeis war bereits nichts mehr zu retten. Dimitris nahm eine labberige Tüte Schokoeis heraus und sah sie an. Ihm war wirklich zum Heulen zumute. Ausgerechnet heute, ausgerechnet, als er den Laden hüten durfte! »Nein, nein, nein …«, flüsterte er.

Die anderen Einwohner Paladikis kämpften kaum gegen den Stromausfall. Die meisten hatten auch keine Tiefkühlfächer oder gar Tiefkühltruhen, die hätten auftauen können. Hatte man mal etwas zum Einfrieren, konnte man es bei Panos im Laden oder bei Vasilis in der Lyra vorbeibringen. Der Arbeitstag der Fischer fing grade erst an. Bis morgen früh, wenn sie mit ihrem Fang wieder in den kleinen Hafen einliefen, würde der Fehler schon wieder behoben sein. Außerdem waren es die Menschen hier gewohnt, dass nicht immer alles funktionierte. So herrschte draußen an der Hafenpromenade Paladikis eine besonders friedliche Atmosphäre. Der Ort wirkte noch ruhiger als sonst. In der Lyra hatte Vasilis seinen Fischkühlschrank bereits mit einer Matratze abgedeckt, Kerzen aufgestellt, sein *bouzouki* ausgepackt und zur Freude von Einheimischen wie Touristen begonnen, melancholische Lieder zu spielen. Wer kalte Getränke dazu wollte, so Vasilis, der solle sie lieber jetzt gleich trinken.

So nahm auch keiner Notiz davon, als ungefähr eine halbe Stunde später ein kleines überladenes Boot mit fünf Männern, einer schwer verletzt, einer an den Riemen, in die Hafenbucht einbog. Auch als dieses Boot weitere zwölf Minuten später endlich die Mole erreicht hatte und zwei der Männer, einer von ihnen mit einer Ouzoflasche in der Hand, einen völlig erschöpften Basketballspieler im Laufschritt zum Minimarkt trugen, dachte keiner an einen Notfall. Vielmehr wurde vermutet, dass bei einer kleinen Lustfahrt einer über den Durst getrunken worden war.

Dimitris hatte weiter verzweifelt gegen die Flut aus Tauwasser gekämpft, die ihm aus drei Tiefkühltruhen und zwei Kühlschränken entgegenfloss. Er hatte geglaubt, verhindern zu müssen, was nicht mehr zu verhindern war, doch letztlich war er erschöpft dem stetigen Rinnen erlegen, und die Kühlgeräte waren nun sämtlich abgetaut. Er war in den letzten zwei Stunden sicherlich dreißigmal mit dem Eimer zum Waschbecken gerannt, um ihn auszuleeren. Doch jetzt saß er frustriert auf dem Boden neben einer riesigen Pfütze und wrang resigniert Wasser aus einem Schwamm in den Eimer, als Panos verschwitzt und mit wirrem Blick in den Laden gestürmt kam. Dimitris erschrak furchtbar. Jeder Schritt seines Vaters gab ein platschendes Geräusch von sich.

»So eine verfluchte Scheiße!«, brüllte Panos.

»Papa!«, sagte Dimitris. »Ich kann nichts dafür. Ich habe versucht, die Sicherungen ...«

Panos hatte nur Augen für das Chaos im Laden. »Verfluchte Scheißeeeeee!!!!!«, unterbrach er seinen Sohn.

Der bezog Panos' Wut natürlich auf sich und wich instinktiv zurück.

Panos aber war der Junge in diesem Moment völlig egal. Es galt, Geissners Finger zu retten.

Er hatte es verbockt, hatte versucht, dem Deutschen einen Bären aufzubinden, und ihn überredet, über einem 30 000-V-Seekabel einen Anker auszuwerfen. Er hatte aus reiner Bockigkeit auf einem Boot voller Dynamit eine Zigarette geraucht. Und jetzt fehlte dem Gast ein Finger. Auch wenn es nur der kleine war, es war ein Finger!

Panos hechtete keuchend durch die Pfützen auf seinen kleinen Privatkühlschrank zu und riss das Eisfach auf. Auch darin war schon alles angetaut. »Verdammt ...« Er kippte alles aus dem Kühlschrank. Dann packte er das Gerät und riss es berserkerhaft mitsamt der Steckdose aus der Wand.

Dimitris hatte sich, vor Angst, Scham und Schreck wimmernd, in eine Ecke gekauert.

»Heilige Maria, Muttergottes ...« Panos ging mit seinem Kühlschrank unter dem Arm aus dem Geschäft und ließ den bibbernden Dimitris zurück, der jetzt seine Tränen nicht länger zurückhalten konnte. Draußen waren Barba Ilias und Barba Stavros, dessen Gesicht noch immer von dem Schlag mit dem Drahtseil gezeichnet war, mit Spyros' altem Pick-up vorgefahren. Panos wuchtete den Kühlschrank auf die Ladefläche. »Viel Eis ist nicht mehr drin, aber bis zur Krankenstation sollte es reichen.«

Spyros stieg auf die Ladefläche, legte vorsichtig die Fingerflasche in das Eisfach und setzte sich so hin, dass er während der Fahrt den Kühlschrank sichern konnte. Barba Stavros saß am Steuer, und sein rechter Fuß spielte bereits nervös mit dem Gaspedal, als Panos plötzlich innehielt.

Er starrte für einen Moment ins Leere.

»Was ist los?«, fragte Barba Stavros. »Warum geht's nicht weiter?«

Abrupt drehte sich Panos um und lief zurück in den Laden. Er sah sich um, aber der Minimarkt war leer. »Dimitri?«, rief er.

Hinter dem Tresen hörte er ein leises Schniefen. Panos folgte dem Geräusch und entdeckte den Jungen weinend am Boden. Obwohl sich die Welt gerade schneller drehte als je zuvor, hatte Panos mit einem Mal die innere Ruhe, die es braucht, um einen anderen Menschen wirklich wahrzunehmen.

Dimitris sah unsicher, aber hoffnungsvoll zu seinem Vater auf. »Es ist nicht deine Schuld«, sagte Panos mit ruhiger Stimme. »Es war ein Stromausfall ... entschuldige. Ich bin ein Idiot.« Er lächelte seinem Sohn aufmunternd zu. »Ich war schon immer ein Idiot ... Komm her!« Er nahm Dimitris' Hand und zog ihn vom Boden hoch. »Hör zu. Was hältst du von einer Festanstellung? Auf Lebenszeit? Mit ganz normaler Bezahlung?«

Dimitris sah ihn mit großen Augen an und wischte sich die

Rotze von der Nase. Er nickte, und Panos umarmte ihn. Das Gesicht des Kleinen ging ihm genau bis zum Bauch, und jetzt musste auch Panos mit den Tränen kämpfen. Zum ersten Mal seit er und Maria sich getrennt hatten, wurde sich Panos bewusst, welches Gottesgeschenk es war, ein Kind zu haben, Vater zu sein.

Dimitris' Herz schlug stark und laut. Nase und Mund des Jungen waren in Panos' Bauch begraben, sodass er aus Atemnot die Umarmung kaum länger als ein paar Sekunden aushielt.

Panos ging es ähnlich – eine Sekunde länger und er hätte zu Heulen begonnen. Wie ein Hund bei Vollmond.

Von draußen drang ein leises Wimmern herein.

Panos gab Dimitris einen Kuss. »Ich muss noch was erledigen. Bis später.«

Dimitris nickte und lächelte erlöst, frei und glücklich.

38

Kurz darauf war der Pick-up mit Spyros, den beiden Alten und dem Kühlschrank unterwegs durch die stockschwarze Nacht. Barba Stavros rumpelte gnadenlos über die Schlaglöcher der kurvigen Inselstraßen und versuchte, mit Panos mitzuhalten. Der fuhr mit seiner BMW und Geissner hinten drauf vorweg.

Geissner hatte darauf bestanden, mit dem Motorrad zu fahren. Der Wind wehte ihm durch die Haare. Schwach hielt er sich mit der gesunden Hand an Panos fest. Die rechte hatte er seitlich erhoben und bemühte sich, die Stöße möglichst abzufedern. Der Fahrtwind kühlte das Blut, das an seinem Unterarm hinabrann. Die Nacht war lau wie alle Sommernächte auf Paladiki. Geissner schaute über Panos' Schulter in den gelblichen Lichtkegel des Scheinwerfers, sah die Kurven auf sie zurauschen und ließ sich vertrauensvoll in jede Schräglage fallen. Er sah den Buschwald geheimnisvoll vorbeiziehen, der durch das Spiel aus Licht und Schatten zum Leben zu erwachen schien. Er genoss die Vibration des starken Motors, das kräftige Knattern, das alle anderen Geräusche verstummen ließ – das Motorrad war der Mittelpunkt der Welt. Alles drumherum war still und flüchtig. Nur er, Geissner, und sein griechischer Freund auf dem Motorrad waren real. Euphorie packte ihn. Er lächelte still, aber aus vollem Herzen.

Sie fuhren durch einen Pinienwald, Geissner legte seinen Kopf in den Nacken und staunte über die Brillanz der Myriaden von Sternen über ihnen. Er beugte sich zu Panos vor. »Mach das Licht aus.« Seine Stimme klang schwach.

»Spinnst du?«, rief Panos verblüfft und fügte voller Anerkennung hinzu: »Verrückter Deutscher!«

Panos erfüllte seinen Wunsch. Einige Herzschläge lang hatten sie wieder das Gefühl, in ein schwarzes Loch zu fahren – eher zu fallen – oder mit verbundenen Augen auf dem Motorrad zu sitzen. Es kribbelte gewaltig im Bauch. Dann aber begannen die Sterne, das Leuchten zu übernehmen, so hell, dass sie den Pinien sogar Schatten entlockten. Sie rückten ein ganzes Stück näher an die Erde, die Insel, an Geissner und Panos heran. Jörg betrachtete glücklich den Himmel. Ja, er hatte zwar einen kleinen Finger verloren, aber er war glücklicher denn je. Scheiß auf den Finger.

Das Motorrad hielt auf dem Parkplatz der Krankenstation. Als Panos den Motor abstellte, überkam Geissner eine plötzliche und intensive Traurigkeit. Die plötzliche Stille war so aufdringlich, dass seine Ohren sich mit einem Rauschen dagegen wehrten. Jetzt bog auch der Pick-up ein. Die Krankenstation, die eben noch dunkel vor dem leuchtenden Himmel stand, strahlte im Licht der Autoscheinwerfer kurz auf. Spyros schnappte sich den Ouzo aus dem Kühlschrank, sprang ächzend und doch erstaunlich grazil von der Ladefläche und hielt sich die Flasche an die Backe, als wäre es eine Babyflasche, deren Temperatur er messen wollte. Sein Gesichtsausdruck verriet, dass sie nicht mehr wirklich kalt war. Doch dies war kein Moment für Pessimismus. Der Bürgermeister hatte heute dreißigtausend Volt überlebt, dachte Geissner. Warum sollte es dann nicht auch möglich sein, einen beschissenen kleinen Finger anzunähen?

»Na ja, wenn wir uns beeilen … Ich hol Yannis«, murmelte Spyros und humpelte mit der Flasche und einer Taschenlampe eilig in das Gebäude, gefolgt von Barba Ilias und Barba Stavros.

Panos und Geissner blieben alleine zurück. Einen Moment lang war es absolut still. Dann begann ein Grillenmännchen, das durch Motorrad und Pick-up kurzzeitig verschreckt und verstummt war, seine mit winzigen Schrillzähnen besetzten Flügel so fleißig aneinanderzureiben, dass ein Gesang entstand, der paarungsbereite Weibchen anlockte. Erst zweimal zaghaft, dann schon sicherer und routinierter. Sogleich fühlten sich weitere Grillen herausgefordert, wagten auch einzusetzen, und kurz darauf schienen alle Pinien in der Umgebung zu kreischen. In der Ferne heulte ein Hund. Der gewölbte Sternenhimmel ließ die zwei Männer, die Insel, das Meer und den Planeten, auf dem sie durchs Weltall flogen, klein und Gott umso größer erscheinen.

»Das wird schon wieder«, sagte Panos zu Geissner. »Yannis kriegt das hin. Er kann gut nähen. Schon seine Mutter war Schneiderin.«

Geissner lächelte schwach. Weniger über den Witz als über Panos' Versuch, ihn zum Lachen zu bringen. Die Rettung seines Fingers erschien ihm in Anbetracht dieser Liebenswürdigkeiten fast nebensächlich. Er hatte Freunde gefunden. »Schön war's trotzdem«, sagte er müde.

Panos lächelte. »Ja. Das war es, mein Freund.«

Geissners Telefon klingelte. Panos half ihm, es aus der Tasche zu fummeln. Das Display zeigte »Dr. Laichinger« an. Wen sonst? Geissner nahm das Gespräch an. »Sie rufen leider außerhalb der Geschäftszeiten an!«, sagte er und drückte auf die rote Fläche, um das Gespräch zu beenden.

Panos lachte laut auf. Ja, sein deutscher Freund steckte wirklich voller Überraschungen.

Dann ging alles sehr schnell. Barba Ilias, Spyros und Eleni waren mit einem Rollstuhl herbeigeeilt. Geissner hatte kraftlos die schönste Frau angelächelt, die ihm in seinem Leben begegnet war, und sie hatte zurückgelächelt. Dann fand sich Geissner auf der Krankenliege im Behandlungszimmer wieder. Kerzen verbreiteten eher eine romantische als eine OP-

Stimmung. Eleni blickte Geissner sanft in die Augen, stellte sich dann hinter ihn und hielt seine verletzte Hand nach oben. Doktor Yannis entfernte mit zitterigen Händen den provisorischen Verband. Als er die Wunde sah, musste er schlucken. Ohne wirklich hinzusehen, griff er sich die Ouzo-flasche mit dem Finger und nahm zur Beruhigung einen kräftigen Schluck. Erst als er absetzte, sah er, dass darin etwas schwamm. »Oh, *Mezcal!*«, sagte er anerkennend. Offenbar hielt er den Finger für die üblicherweise in der mexikanischen Spirituose schwimmende Agavenraupe.

Hätte Eleni gewusst, dass es sich bei dem Wurm in der Flasche um Geissners kleinen Finger handelte, hätte sie Doktor Yannis die Flasche bestimmt nicht weggenommen und sie schon gar nicht in den Mülleimer geworfen. So aber war sie sich sicher, damit etwas zum guten Gelingen der Operation beizutragen.

Panos holte die Flasche mit demonstrativer Ruhe und Zuversicht wieder aus dem Mülleimer. »Moment«, sagte er lächelnd. »Die brauchen wir noch.«

Geissner war dankbar für Panos' Bemühungen, ihn zu beruhigen. Doch er war schon ruhig. Sehr sogar. Er hatte sein Schicksal längst in Gottes Hand gegeben. Auch jetzt, als Panos sich an der Flasche zu schaffen machte, um den Finger herauszubekommen, war Geissner der Einzige im Raum, der tatsächlich gelassen blieb. Der Finger wollte ums Verrecken nicht aus der Flasche, und es blieb Panos nichts anderes übrig, als sie kurzerhand im Waschbecken zu zerschlagen. Aber auch das war kein Anlass, an dem positiven Ausgang der Operation zu zweifeln. Eleni nahm den Finger aus den Scherben, reinigte und desinfizierte ihn und übergab ihn dem Doktor. Der machte sich zitternd an die Vorbereitung der OP.

»Das wird schon«, flüsterte Panos Jörg ins Ohr. »Manche

Ärzte sind am besten, wenn sie einen kleinen Schwips haben.«

Vertrauensvoll ließ Geissner seinen Kopf nach hinten auf Elenis Brust sinken. Es war ein unwirklicher Moment, als er so dalag und direkt in Elenis Augen sehen konnte. Es war absurd, aber Geissner hatte sich noch nie so wohlgefühlt wie in diesem Augenblick – mit nur neun Fingern, in der kleinen Krankenstation von Paladiki, kurz bevor er in Ohnmacht fiel.

Panos erschrak, als Geissner, nachdem Doktor Yannis mit erstaunlich ruhiger Hand den ersten Stich vollführt hatte, zusammensackte. Er schüttelte ihn ein wenig und gab ihm eine sanfte Ohrfeige, wie er es in amerikanischen Filmen gesehen hatte. Nur es half nichts.

»Riechsalz!«, rief Panos. »Hat irgendwer Riechsalz?«

»Das nimmt man seit fünfhundert Jahren nicht mehr«, erklärte Ilias.

»Hey, Giorgio!« Panos schüttelte Geissner erneut. »Wach auf! Was soll der Scheiß?!«

Eleni schaute besorgt.

»Zähne zusammenbeißen, Herr Kommissar!«, sagte Spyros.

Geissner rührte sich nicht. Sein Gesichtsausdruck war friedlich, und er bekam nichts von dem Geschehen um sich herum mit. Später konnte er sich nur an ein sanftes Drehen erinnern. Dazu war ihm auf eine angenehme Weise warm. Vielleicht hatte er sogar das Gefühl, dass dies ein guter Moment zum Sterben war. Er hatte Freunde gefunden, sich vor seinem Chef behauptet und in wenigen Tagen gelernt, wie schön das Leben sein konnte. Eigentlich müsste jetzt sein bisheriges Leben wie ein Film vor seinem geistigen Auge vorüberlaufen. Irgendwie erwartete er das, obwohl er ja ohnmächtig war und nicht darüber nachdenken konnte. Er versuchte, sich an seine Geburt oder zumindest an Teile seiner Kindheit zu erinnern, aber es wollte ihm nicht gelingen. Stattdessen sah er das Elektrizitätswerk. Wolken rasten gespenstisch schnell über das Firmament. Vor dem Werk graste ein Schaf und starrte ihn eindringlich an. Das Schaf sprach zu ihm. »Sie hädded sech des Eleggdrizitätswärgg glei von inne angugge solle, Härr …«, sagte das Schaf.

»Jawohl, Herr Dr. Laichinger«, flüsterte Geissner.

39 Geissner blinzelte. Laichingers Gesicht schwebte über seinem. Fast wäre Jörg wieder ohnmächtig geworden. Er schloss erneut die Augen in der Hoffnung, noch immer in einem Traum gefangen zu sein. Doch als er sie wieder öffnete, saß noch immer sein Chef am Krankenbett. Er brauchte Minuten, bis er sich damit abgefunden hatte, dass das keine Illusion, nicht einmal ein Albtraum oder ein Horrortrip, sondern Realität war, aus der es kein Entrinnen gab.

Laichinger hockte mit ernster Miene da und ließ Geissner alle Zeit der Welt, um wieder zu sich zu kommen. Geissner musterte seinen Chef mit wirrem Blick, schloss noch einmal die Augen, um sie kurz darauf wieder zu öffnen, ihn noch einmal entsetzt anzustarren, angsterfüllt im Zimmer herumzublicken, ein leises Wimmern auszustoßen und festzustellen, dass er in seinem Hotelzimmer war, seinen Homer-Simpson-Schlafanzug trug, ansonsten niemand im Raum war. Seine rechte Hand war dick eingebunden. Ob seine griechischen Freunde es geschafft hatten, seinen Finger zu retten, konnte er nicht sehen, dafür war der Verband zu dick. Er fasste mit der linken Hand an die entsprechende Stelle und erschrak: Der Finger war nicht dran. Er verzog schmerzvoll sein Gesicht und sog Luft durch seine zusammengebissenen Zähne. Laichinger legte ihm mitfühlend die Hand auf den Arm. »Was hänn die bloß met Ihne gmacht?«, fragte er und schüttelte den Kopf. »I mach mr solche Vorwürf, dass i Se do nogschiggt hann.« Wirklich? Sein Chef machte sich Vorwürfe? Das waren aber ungewöhnlich mitfühlende Worte. Geissners Gesicht entspannte sich ein bisschen. »So schlimm war's gar nicht.«

»Tapfr. Sehr tapfr.« Laichinger schüttelte weiter den Kopf. »Aber Ihr Oinsatz war gwieß net umsonscht. Mir hänn se em Sagg.«

Geissners Blick wurde auf einen Schlag starr. Wie im Sack? Panos, Spyros? Nein! Das wollte er beileibe nicht. Er fühlte sich mit einem Mal flau. Am liebsten wäre er für immer im Bett geblieben, hätte nie mehr Stellung bezogen oder etwas entschieden.

»Die hänn Ihne ä ganz schöne Gschicht auftischt«, sprach Laichinger weiter. »Des E-Wärgg isch net echt.«

Geissner sah Laichinger traurig an. Obwohl er es geahnt hatte und spätestens seit gestern sicher wusste, hatte er insgeheim gehofft, dass er diese Wahrheit niemals an Laichinger würde weitergeben müssen. Er hatte verdrängt, dass sein Wissen den Ausverkauf der Insel und den Ruin der Gemeinde bedeutete und – bei dem Gedanken wurde ihm besonders schlecht – dass er für immer das Vertrauen von Panos, Eleni, Spyros und allen anderen verlieren würde. Dieser Menschen, die ihm trotz seiner Aufgabe eine Chance gegeben und ihn letztlich in ihre Herzen gelassen hatten.

»Wirklich? Nicht echt!«, sagte Geissner schwach.

Laichinger nickte ihm triumphierend zu. »Dr Schtrand isch onsrer, Geissner. Mir bauet da ä Hotelanlag no, die sech gwasche hot. Die werdet ons des no danke, die Feddas.«

Geissner konnte sich ganz und gar nicht freuen und auch nicht so tun, als ob. Er wurde wütend. Fetas? Was sollte das abfällige Gerede? Am liebsten wäre er seinem Chef an die Gurgel gegangen. Aber er konnte ja nicht einfach aus seiner Haut, aus seinem Leben schlüpfen. Er war eben Jörg Geissner aus Augsburg, er arbeitete seit neunundzwanzig Jahren für die AVA-Bank, und hier saß sein Chef an seinem Krankenbett und war zufrieden mit ihm. Traurig legte er den Kopf zur Seite und starrte ins Leere, was Laichinger vermutlich als Nachwirkungen des posttraumatischen Syndroms verbuchte.

Einige Häuser weiter am anderen Ende der Hafenpromenade stand Panos mit seinem Sohn im Minimarkt und erklärte dem Jungen alles, was mit seiner neuen »Festanstellung als gleichberechtigter Minimarkt-Betreiber« einherging. Er zeigte ihm, wie er die Liste mit den Waren zu führen hatte, worauf es bei den Bestellungen ankam, welche Händler bevorzugt zu kontaktieren waren und wie die alte Kasse funktionierte.

»Und hier drückst du für die Summe«, erklärte er.

Dimitris schaute feierlich zu seinem Vater, der ihm aufmunternd zunickte. Dann drückte er die schwere Taste, die Kassenlade flog auf, und der Beleg wurde ausgedruckt. »Einheimische und schöne Frauen bekommen fünfzig Prozent Rabatt.« Panos packte Dimitris am Oberarm, schaute ihm gespielt streng in die Augen und hob den Zeigefinger der anderen Hand. »Was haben wir über Frauen gelernt?«

Dimitris' Antwort kam wie aus der Pistole geschossen: »Es gibt nur schöne Frauen!«

»Bravo.« Das war sein Sohn! Wie hatte er das nur so lange übersehen können? Er gab dem Bub einen Kuss auf die Stirn. Dann wandten sie sich wieder der Kasse zu, und Panos setzte erneut seine ernste Miene auf. »Deutsche, Briten und Russen zahlen doppelt. Amerikaner dreifach. Der Rest Normalpreis, klar?«

»*Entaxi*, verstanden«, sagte Dimitris, und beide lachten.

Die Ladentür öffnete sich, und Geissner kam herein. Fröhlich sprang der Junge auf und eilte zu ihm. »Giorgio!«, rief er und wollte seinem Vater beweisen, was er gelernt hatte: »*We have beer! Four Euro for you, my friend.*«

»Der zählt als Einheimischer«, klärte Panos seinen Sohn auf Griechisch auf, der sofort schaltete.

»*One Euro!*«, korrigierte er sich, und alle drei lachten.

»Sɔ bringt mich der Junge um Kopf und Kragen.« Panos hielt sich die Hände vors Gesicht. Dann zerstrubbelte er Dimitris' Haar. »Gut gemacht, mein Sohn, bravo!« Er war bester Laune, bis sein Blick auf Geissners Hand fiel. Ein Schatten überkam sein Gesicht. Sein schlechtes Gewissen war nicht zu übersehen. »Tut mir echt leid wegen dem Finger.«

Doch Geissner winkte ab, denn auch ihn belastete sein Gewissen. »Und mir tut es um euren Strand leid.«

»Ach, das ist halb so wild. Weißt du, in Griechenland gibt es ein Sprichwort: ›Manchmal gewinnst du, manchmal verlierst du.‹ Die sollen nur kommen. Hier wollten schon viele investieren. So was kann dauern.«

Beide versuchten zu lächeln, doch sie wussten, dass die Zeiten sich geändert hatten. Geissner sprach es aus. »Ich weiß nicht … jetzt mit der Krise und der EU …«

»*Fuck the EU*«, ergänzte Panos mit einem Zitat der amerikanischen EU-Beauftragten.

Wieder versuchten sie zu lachen und umarmten sich wie zwei Brüder. Panos patschte Geissner so kräftig auf den Rücken, dass er richtig schön durchgeschüttelt wurde und mit Hustenreiz zu kämpfen hatte.

»Oho. Aua. Au, au«, gluckste Geissner.

Sie blickten sich glücklich an. »Sag mal, Herr Kommissar, bist du böse, wenn ich nicht mit zum Hafen komme? Ich hab's nicht so mit Abschied.«

Geissner spürte einen Stich in der Brust, wiegelte aber ab. »Nein, nein. Ist mir ganz recht. Mir liegt das auch nicht so.«

Das war der ganze Abschied gewesen – kurz und schmerzlos.

Später im Hotel wurde Geissner schwermütig und musste sich vollständig aufs Kofferpacken konzentrieren und unnötigerweise sogar seine benutzten Schlafanzüge pedantisch zusammenlegen, um nicht in Tränen auszubrechen. Doch es half nichts. Jeder Handgriff brachte ihn dem endgültigen Abschied ein Stückchen näher, und in seinem Hals machte sich mit hemmungsloser Selbstgefälligkeit ein Frosch breit. Aber er hatte keine Wahl. Dies war nur ein Ausflug gewesen, ein flüchtiger Ausbruch. Ob er die Insel und seine Freunde jemals wiedersehen würde? Wahrscheinlich nicht, da machte er sich nichts vor. Aber trotz seiner Gewissheit, dass das Leben kein Wunschkonzert war, wie Britta immer gesagt hatte, fühlte seine Abreise sich grundfalsch an. Gerade jetzt, wo er so glücklich war, sollte er gehen? Zurück in eine Welt voller Mobbing, Ignoranz und Phantasielosigkeit? Zurück in eine Welt ohne Höhen und Tiefen, in eine Welt ohne Liebe?

Das Signalhorn der Fähre riss ihn aus seinen Gedanken. Es war der untrügliche Beweis, dass die Zeit nicht stillstand, dass man sein Schicksal nicht einfach umschreiben konnte, wie man wollte. Der Frosch im Hals tat weh, als Geissner das Hotel verließ. So gerne hätte er sich von Maria verabschiedet, doch die Rezeption war verwaist, und auch hinter dem Perlenvorhang war niemand zu finden. Stattdessen wartete Laichinger vor dem Hotel und mahnte zur Eile, denn die Fähre hatte bereits mit dem Anlegemanöver begonnen.

Die Uferstraße war menschenleer. Geissner zog seinen blauen Rollkoffer und trottete hinter Laichingers rotem Samsonite her, der zwei Meter vorauspolterte. Sein Boss telefonierte in einer Lautstärke, dass seine Stimme in ganz Paladiki-Ort widerhallte. Geissner war fast schon wieder froh, dass keiner seiner griechischen Freunde in der Nähe war, denn Laichingers lautes und selbstverliebtes Tönen während der mittäglichen Siesta wäre ihm dann nur peinlich gewesen.

»Mir könnet do net wiedr äwig rummache«, rief Laichinger. »I tät sage, des macht älles dr Bilfinger ... Bis wann brauchtr d' Pläne? ... Gut, des kann ons dr Härr äh ... dr Härr Geissner übersätzä ... der isch ab morge wiedr im Büro ... Doch, doch, der hot Zeit ... Nå soll er halt älles andre absage, oder mir suchet ons en Neue! Saget Se ehm des!«

An der Ecke, die zum Kai führte, hielt Geissner inne und drehte sich noch einmal wehmütig um. Von hier aus konnte er links das Hotel sehen und rechts, am anderen Ende der kleinen Straße, den Minimarkt und die Taverne. Alles schien verlassen, selbst der weiße Plastikstuhl vor Panos' Laden, in dem er sonst seine Mittagspause zu verbringen pflegte, war leer.

»Kommet Se, Härr äh ...«, rief Laichinger kurz nach hinten, drehte sich wieder um und ging telefonierend weiter. Sein Hemd klebte am Rücken, und es hatten sich einige dunkle Schweißflecken gebildet. Ein Esel schrie kläglich. Pelagos! Wenigstens einer, der sich von mir verabschiedete, dachte Geissner und lief schicksalsergeben hinter seinem Chef her.

Genau in dem Moment, als Jörg Geissner begann, sich mit seiner einsamen Abreise abzufinden, sah er Maria und Dimitris aus dem Schatten des Hafencafés heraustreten. Sofort war er wieder da, der Frosch im Hals. Mutter und Sohn traten ihm entgegen, und Dimitris reichte ihm ein selbst gemaltes Bild, das ihn mit Panos auf dem Motorrad zeigte. Jörg schloss gerührt zuerst den Kleinen und dann Maria in die Arme. Als er dann noch weitere Gestalten aus dem Café treten sah, hatte er tatsächlich mit den Tränen zu kämpfen – Spyros, Barba Ilias, Barba Stavros, Eleni und sogar Doktor Yannis waren gekommen, um ihm Lebewohl zu sagen. Alle waren da. Nur Panos fehlte. Geissner wunderte das nicht, ein alter Rock'n'Roller neigte einfach nicht zu sentimentalen Abschiedsszenarien.

Während Nikos und Petros, wie üblich übereifrig, den sehr überschaubaren Ein- und Ausstiegsverkehr zu regeln versuchten, schüttelte Geissner schluchzend und überschwänglich Hände und drückte einen nach dem anderen seiner wirklich sehr lieb gewonnen Paladikianer an sich. Er bedankte sich für alles, dafür, dass sie zum Abschied gekommen waren, für die Gastlichkeit und für eine wunderbare Zeit.

»Efcharistó«, sagte er in seinem besten Griechisch. *»Efcharistó!* Es war so schön bei euch. *Thank you for a wonderful time!«*

»Auch wir danken Ihnen«, sagte Maria, drückte ihren Dimitris an sich und lächelte Geissner an.

Jörg wischte sich ein paar Tränen von der Backe und umarmte Maria erneut. Spyros beschwerte sich lauthals über die trillernden Polizisten. »He, ihr zwei Clowns! Könnt ihr vielleicht mal fünf Minuten Ruhe geben?« Die beiden senkten kleinlaut ihre Pfeifen, immerhin war es der Bürgermeister, der hier sprach. »Noch mal Verzeihung wegen deines Fingers, Herr Kommissar.«

Geissner konnte sehen, dass er sich wirklich schämte, einen Gast der Insel nicht ganz vollständig auf die Heimreise zu schicken. Aber er winkte ab. »Ach, den braucht man doch eh kaum. Ich weiß gar nicht mehr, wozu der da war.« Er lachte aufgekratzt über seine Bemerkung, und auch Spyros rang sich ein Lächeln ab. *»Adio!«*, sagte Geissner genau so, wie Panos es ihm beigebracht hatte, und schüttelte die Hände der beiden Alten.

Sie schenkten dem Fremden ein knorriges Lächeln. Barba Stavros hob den Daumen und sagte auf Deutsch: »Auf Wiedersehen.«

»Grüß mir Frau Merkel«, ergänzte Barba Ilias auf Griechisch. Die Griechen lachten, und etwas zeitversetzt, nachdem Maria übersetzt hatte, auch Geissner.

Dann wandte er sich dem etwas geknickten Doktor Yannis zu, der ihm als Abschiedsgeschenk ein kleines verschlossenes Glas überreichte, in dem in einer klaren Flüssigkeit Geissners Finger taumelte.

»*I brought your finger.*« Er senkte beschämt den Kopf.

»*Don't worry. It wasn't your fault.*« Geissner sah keinerlei Schuld bei Yannis. »*You did your best. Thank you very much.*«

Als Letztes verabschiedete er sich von Eleni. Geissner wusste nicht so recht, wie er ihr gegenüber seine Gefühle äußern sollte, deshalb hatte er alle anderen zuerst verabschiedet und ihr zwischendurch immer wieder nur verliebte Blicke zugeworfen. Jetzt übernahm sie die Initiative und gab Geissner einen dicken Kuss auf die Wange. Schlagartig änderte sich seine Gesichtsfarbe. Sie sagte: »*Chaírete*«, was zugleich »Auf Wiedersehen« und ein segnendes »Lebewohl« bedeutete. Ihre Stimme klang so rau und zart, dass Geissner auch ohne Übersetzung verstand, was sie meinte.

Er lächelte, nahm ihre Hand und sagte ruhig: »Ja, *very nice to meet you*, *efcharistó*.« Und weil Geissner völlig ausgeblendet hatte, was um ihn herum geschah, und nur noch Augen für sie hatte, gab er Eleni einen flüchtigen Kuss auf den Mund.

Die Zeit stand für eine Hundertstelsekunde still.

Geissner hätte jeden Moment wieder in Tränen ausbrechen können, also drehte er sich schnell um und lief zur Rampe, die in den Bauch der Fähre führte. Er zog seinen

Rollkoffer über das ölverschmierte Blau der geriffelten Oberfläche.

»Ein netter Basketballspieler«, sagte Barba Ilias. Alle nickten. Ja, hier ging wahrlich ein Gast, der ihnen ans Herz gewachsen war.

Geissner hatte seinen Koffer die defekte Schiffsrolltreppe hochgetragen und war durch das Treppenhaus aufs Oberdeck zu Herrn Laichinger gegangen.

»Toll, dass Se d'Größe hänn, sech von dene Leut no so förmlich zu verabschiede. Reschpekt!«, lobte der und sah Geissner bewundernd an. Er deutete mit dem Kinn auf die Griechen, die gute zehn Meter weiter unten auf dem Kai standen. »Nach ällem, was die met Ihne gmacht hänn – wirklich, Reschpekt, Härr äh …!«

Was für ein grandioses Missverständnis, dachte Geissner und lachte leise. Das also war der Mann, für den er all die Jahre gearbeitet hatte und mit dem er noch weitere zwanzig Jahre bis zu seinem Rentenalter zu tun haben würde.

Geissner reagierte nicht. Was hätte er auch sagen sollen? Er fühlte sich einfach nur beschissen. In was für einem Leben war er da gefangen? In einem, in dem er einer Arbeit nachging, die ihm keinerlei Freude bereitete. Das war keine Freiheit! Das war überhaupt nichts.

Während er in seinen Gedanken versunken auf den Hafen starrte, wurden bereits die Leinen losgemacht, der Anker gelichtet, und das riesige Schiff setzte sich langsam in Bewegung. Geissner sah, wie sich der Spalt, der zwischen Fähre und Anlegestelle entstand, mit trübem dunklem Wasser füllte. Er hob die Hand zum Abschiedsgruß. Diese Menschen dort unten wussten im Gegensatz zu ihm, was Freiheit bedeutete. Für sie war sie selbstverständlich, brachte auch Sorgen und Pflichten mit sich, gehörte aber zum Leben wie das Wasser zum Meer. Geissner wurde bewusst, dass er noch nie den Mut zur Freiheit gehabt hatte, dass sein ganzes bisheriges Leben im Grunde nur im Vermeiden von Freiheit bestanden hatte. Das, was er immer als seine Tugenden gesehen hatte – Disziplin, Fleiß, Kontrolle und letztlich auch sein Vermeiden von Beziehungen –, war nichts anderes als Angst vor Freiheit. Freiheit und vor der Verantwortung, die mit ihr einherging und die aus einem Menschen erst einen Menschen machte. Es waren keine Gedanken, vielmehr eine Erkenntnis, die über Geissner kam.

Während er noch seinen Freunden winkte, sah er plötzlich Panos die Mole entlangrennen. Ja! Es war Panos, und er rannte in Richtung des Schiffes. »He! Odysseus!«, rief er aus rauchiger Kehle und winkte ihm zu.

Geissner konnte auf die Entfernung seine Gesichtszüge nicht genau erkennen, doch er hätte schwören können, dass auch Panos verheult aussah. »Odysseus!«, rief Panos ein zweites Mal seinem Freund hinterher. Irgendwie klang er verzweifelt, als hätte Geissner etwas Wichtiges vergessen.

Geissner reckte leidenschaftlich die Faust in den Himmel. »Odysseus!«, rief er zurück. Seine Stimme klang befreit und hallte von der ganzen Insel wider.

»Was soll dr Plödzinn?«, fragte Laichinger, und sein Mund war vor Ekel verzerrt. Er hatte keinerlei Verständnis für diese Art von Gefühlsausbruch. Im Gegensatz zu Dimitris, der sofort verstand und ebenfalls die Faust in den Himmel reckte.

»Odysseus!«, ahmte der Junge seinen Vater begeistert nach.

Panos, der mittlerweile bei der Gruppe angelangt war, legte stolz den Arm um seinen Sohn. »Ja. Odysseus!«, keuchte er.

Jörg Geissner stand regungslos auf dem Sonnendeck des nun langsam beschleunigenden Schiffes und dachte nichts mehr –

er handelte. Entschlossen stellte er seine Aktentasche neben seinem Koffer ab und das Glas mit seinem Finger darauf. Dann riss er sich mit fahrigen Bewegungen das Jackett und die Krawatte vom Leib, rief noch einmal laut: »Odysseus!«, und kletterte über die Reling. Höchstens eine halbe Sekunde zögerte er. Dann sprang er in das von der Schiffsschraube aufgewühlte Wasser, während er noch einmal mit sich vor Adrenalin überschlagender Stimme den Namen des alten griechischen Helden rief.

An Land erscholl sein inbrünstiges »Odys…!«, beim »…seus« war er schon mit einem lauten Platschen ins Meer eingetaucht, und Wasser war ihm in den Mund geschossen.

Der Aufprall war schmerzhaft. Aus mangelnder Koordination war sein Sprung zu einem halben Bauchplatscher geworden. Doch er beachtete den Schmerz gar nicht. Auch merkte er nicht, dass ihm sein Verband beim Eintauchen abhandengekommen war. Er fühlte sich frei, und – ja, bei Gott – er war es auch.

Eleni zögerte keine Sekunde. Noch bevor Geissner wieder aufgetaucht war, sprang auch sie mit einem lauten »Odysseus!« in die Fluten. Panos folgte.

Geissner tauchte prustend und jauchzend wie ein Kind aus den Fluten auf und schwamm wie wild in Richtung Mole. Als er sah, dass mittlerweile all seine neuen Freunde ins Wasser gesprungen waren – sogar die beiden Alten –, kannte sein Glück keine Grenzen mehr.

Natürlich hatte man es schon erlebt, dass jemand von einem Schiff ins Wasser gesprungen war, aber von einer großen Fähre, noch dazu vom Sonnendeck, davon würde man noch lange auf Paladiki sprechen.

Dank an:

Alexis Sorbas
Angelika Mönning
Aron Lehmann
Bastian Pusch
Bert Fizz
Dan Maag
die Einwohner und Freunde der Insel Ios und
  des südlichen Pelions
Eileen Sprenger
Familie Gkikas
Familie Lutos
Familie Martsoukos
Familie Plakiotis
Familie Platis
Familie Tziafas
Familie Valmas
Florian Glässing
Hannes
Homer
Jimmy
Johannes Raspe
Julia Eisele
Laki
Lieferservice Saigon Perle, Pasing
Lotti & Finn
Mari
Michl
Mikis Theodorakis
Nikos Kazantzakis
Odysseus
Otto Waalkes
Pantaleon
Simon Happ
Tatjana
Tilman Birr
unsere Eltern